Erich Küthe & Fabian Küthe

Marketing mit Farben

Gelb wie der Frosch

Unter Verwendung künstlerischer Collagen von Thomas Schiefers
sowie Kompositionen und Farbporträts von Axel Venn

Erich Küthe & Fabian Küthe

Marketing mit Farben

Gelb wie der Frosch

Inhalt

▦	8		Vorworte	Prof. Siegfried Vögele, Prof. Dr. Jürgen Hesse
■	12	Kapitel 1	Farbfaszination	Farbe als Gestaltungsmittel
■	32	Kapitel 2	Farbnamen	Sprachspiele als Wettbewerbsfaktor
■	50	Kapitel 3	Farbordnungen	Spektren, Farbkreise und Farbkörper
■	62	Kapitel 4	Farbphysiologie	Von physikalischen Reizen und menschlichen Reaktionen
■	96	Kapitel 5	Farbpsychologie	Wie aus archetypischen Quellen Assoziationen, Synästhesien und Farbanmutungen werden
■	132	Kapitel 6	Farbsysteme	Farbregister und Farbordnungen für das Marketing
■	142	Kapitel 7	Farbästhetik	Auf der Suche nach schönen Farbkompositionen

■ 158 Kapitel 8   Farbkompositionen   Ästhetische Hinweise zu den Prinzipien
                                         der Klarheit und des Kontrastes

■ 180 Kapitel 9   Farbwelten   Ästhetische Hinweise zu den Prinzipien
                                         der Stimmung und der Assoziation

■ 196 Kapitel 10   Farbtrends   Die (Er-)Findung von Zukunftsfarben

■ 230 Kapitel 11   Farbwahl   Traditionen, Präferenzen und Entscheidungen

■ 262 Kapitel 12   Farbmarketing   Mit Farbentwürfen erfolgreich sein

■ 278 Literaturverzeichnis

■ 283 Register

Vorwort von Prof. Siegfried Vögele

Sie haben »Ja« gesagt zu diesem Buch – sogar ein großes »JA«. Sonst würden Sie nicht dieses Vorwort lesen. Wissen Sie eigentlich, warum Sie dieses Buch in Ihren Händen halten und darin blättern? Aus beruflichen Gründen? »Na klar,« sagen Sie, schließlich arbeiten Sie tagtäglich an der Marketing-Front und müssen sich zwangsläufig über neue Trends informieren. Das gehört auch zu Ihrem Job. Warum aber ausgerechnet dieses Buch? Schließlich bietet der Buchmarkt unzählige Titel zum Thema Marketing an.

Nun, dieses Buch fällt in der Masse der Publikationen auf. Erstens durch sein Format – es hat kein typisches Buchformat, sondern es ist quadratisch. Dann diese schwarzen und gelben Streifen auf dem Titel. Sehr auffällig! Wissen Sie auch warum? In der Natur gibt es kein Streifenmuster – auch das Zebra hat keine geraden Streifen. Die Natur hat mit ihren verschlungenen Mustern und Motiven das menschliche Gehirn schon vor Urzeiten konditioniert. Deshalb reagiert es merkwürdig, sobald es Streifen in Bilder umwandelt. Im Mittelalter mussten übrigens Geldwechsler und Gesetzesbrecher gestreifte Kleidungsstücke tragen, damit sie in der Masse der gesetzestreuen Bürger auffielen. In vielen Banken ist heute noch der Nadelstreifenanzug Pflicht – jetzt wissen Sie, warum.

Vermutlich hat Sie auch dieser merkwürdig rätselhafte Titel stutzig gemacht. Sie haben sich länger als zwei Sekunden dieses Buch angesehen, weil Sie sich gewundert und gefragt haben: »Was soll das denn?« Das ist gut so, denn Sie wurden aufmerksam. Der Haupttitel »Marketing mit Farben« klingt ja noch brav und nicht besonders aufregend, aber die Verbindung mit dem Untertitel »Gelb wie der Frosch« macht den Buchtitel so herrlich spannend und unverwechselbar, denn er ist in seiner Aussage falsch. Wir klären Sie nun auf, warum sich die Autoren, Erich und Fabian Küthe, und die Herausgeber auf diesen Titel verständigt haben.

In unserem Kulturkreis assoziieren wir mit dem quakenden Frosch die Farbe Grün – natürlich sagen wir »Froschgrün« und nicht »Froschgelb«. Wird diese Assoziationskette aber durchbrochen, reagiert unser konditioniertes Gehirn wie ein Getriebe auf Sand. Es kommt ins Stottern und läuft nicht mehr rund, weil es aufgefordert wird, sich mit einem neuen Sachverhalt zu beschäftigen.

Und genau das wollen die Autoren mit diesem Buch erreichen. Sie sollen sich über die Bedeutung von Farbe im Marketing nicht nur informieren, sondern auch auseinandersetzen. Zum Beispiel darüber, dass jede Farbe einen Namen haben muss – eben »Froschgrün« und nicht »Froschgelb«.

Das Buch von Erich und Fabian Küthe ist von großer Bedeutung, weil sie darin die Funktion und Wirkung von Farben für das Marketing und besonders für das Direkt-Marketing aufzeigen. Bislang haben wir uns auf die Fixation des Auges durch Bilder, Grafiken und Headlines konzentriert und dabei vergessen, dass der Mensch ein visuelles Wesen ist, das primär auf Farben reagiert. Ansonsten hätte der Homo sapiens die Steinzeit wohl nicht überlebt. Wie hätte er sonst den Reifegrad von Früchten erkennen sollen, wenn nicht an der Farbe? Es lagen ihm ja keine anderen Informationen vor. Auch der Homo sapiens im Medienzeitalter reagiert noch so. Dies haben mein Kollege Robert K. Bidmon und ich nachweisen können. Nicht jedes Bild und jede Headline ziehen den Blick im gleichen Maße an – farbige Bilder sind attraktiver als schwarz-weiße, warme Farbtöne mehr als kalte, grelle Farben mehr als dunkle oder mittlere. Warum das so ist, erklären Erich und Fabian Küthe sehr verständlich und eindrucksvoll.

Deswegen freue ich mich, dass wir mit diesem Buch die Wissensreihe des Siegfried-Vögele-Instituts eröffnen. Es wird sicherlich zu einem Standardwerk, weil Sie hier schnell und informativ einen Überblick über das Marketing mit Farben erhalten. Ich wünsche Ihnen eine spannende und aufschlussreiche Lektüre!

Ihr

Prof. Siegfried Vögele

Vorwort von Prof. Dr. Jürgen Hesse

Prof. Dr. Jürgen Hesse ist seit 2001 Direktor des Siegfried-Vögele-Instituts in Königstein im Taunus und seit 1981 Professor für Betriebswirtschaftslehre und Marketing an der Bundeshochschule für Post und Telekommunikation in Dieburg. Er studierte Betriebswirtschaftslehre in Berlin und Nürnberg.

»Marketing mit Farben: Gelb wie der Frosch« – der erste Band der Wissensreihe des Siegfried-Vögele-Instituts ist da! Mit dieser neuen Buchreihe begrüßen wir Sie, die sich tagtäglich mit dem Thema Marketing mehr oder weniger intensiv beschäftigen, und laden Sie dazu ein, unser Institut näher kennen zu lernen.

Das »Siegfried-Vögele-Institut – Internationale Gesellschaft für Direktmarketing« trägt einen berühmten Namen, der uns verpflichtet, Kompetenz zu vermitteln und Innovationen anzuregen: Siegfried Vögele. Sein Wirken hat in der Theorie und Praxis des Direktmarketings tiefe Spuren hinterlassen. Die einen bezeichnen ihn als »Vordenker«, die anderen verehren ihn sogar als »Direktmarketing-Guru«. Diese Titel verbergen die Tatsache, dass sein Weg bis zur im Detail ausgearbeiteten »Dialogmethode« hart und steinig war.

Das Institut will seine Arbeit fortsetzen und seine Denkanstöße und Impulse an alle weitergeben, die unmittelbar an der Marketing-Front arbeiten. Denn Wissensvermittlung und die Veröffentlichung von wissenschaftlichen Studien – das sind die Ziele des Siegfried-Vögele-Instituts. Unsere Fachdozenten und Referenten werden nicht nur praxisrelevante Informationen – angefangen von der Neukundengewinnung über Textgestaltung bis hin zu Database-Marketing – vermitteln, sondern auch Einblick in neue wissenschaftliche Erkenntnisse geben und Grenzen des Marketings ausloten, weil das Siegfried-Vögele-Institut primär Multiplikator von neuen Ideen und neuen Trends für das Marketing sein will.

Was wir damit meinen, zeigt der erste Titel unserer Wissensreihe: »Marketing mit Farben«. Die Funktion von Farben im Marketing ist bislang nicht hinreichend beachtet, schon gar nicht diskutiert worden. Die Autoren, Erich und Fabian Küthe, eröffnen mit ihrem Werk nicht nur eine wichtige Debatte, sondern geben gleichzeitig Antworten für die Praxis und Theorie.

Zum Beispiel beim Thema Trendfarben. Welcher Marketingmensch hat sich damit noch nicht beschäftigt? Die Autoren beobachten, dass die Suche nach der Trendfarbe zu einem »richtigen Business« geworden ist. Berater, Agenturen, Institute, auch interessierte Firmen veröffentlichen Listen, Paletten und Collagen mit den so genannten Zukunftsfarben. Grund genug für die Verfasser, sich einmal generell damit zu beschäftigen, wie man mögliche Farbtrends generiert.

Sie ziehen dafür nicht nur die Theorien der Farbforschung oder die Methoden der Trendforschung heran, sondern bringen Ordnung in das System der Farbtrends, stellen Methoden und Prinzipien bereit und legen dar, welche Farbtrends für farbpolitische Entscheidungen zu akzeptieren sind. Eine wohltuende Klärung, die jedem in der Direktmarketing-Praxis hilft, seine täglichen Fragen und Probleme zu lösen.

Erich und Fabian Küthe gehen sogar noch einen Schritt weiter: Sie wenden ganz bestimmte »Techniken« an, die sich durch ihren Komplexitätsgrad voneinander unterscheiden, um dem Trend auf die Spur zu kommen. Sie warnen jedoch davor, Farbtrends mit den Mitteln und Ergebnissen der Farbforschung zu entwickeln. Nichtsdestotrotz sensibilisieren und informieren sie uns für diesen Teilbereich einer Disziplin. Deswegen ist auch ihr Fazit voll und ganz nachvollziehbar: Die Trendforschung für Farben sollte immer speziell für einen Problembereich initiiert werden. Überlegen Sie immer genau, wie lange der Farbzyklus andauern wird!

Doch dies ist nur eine von vielen spannenden Schlussfolgerungen, welche die Autoren im Folgenden vorstellen. In diesem Sinne wünsche ich Ihnen eine aufschlussreiche Lektüre und hoffe, dass ich Sie auf das Siegfried-Vögele-Institut neugierig gemacht habe.

Ihr

J. Hesse

Prof. Dr. Jürgen Hesse

Farbe als Gestaltungsmittel

Bei »Farbe« denkt jeder an Newton, Goethe, das Bauhaus, die Vespa-Farben der 50er

Jahre, eventuell auch an das Thema »black magic« der 80er Jahre. Aber kennen Sie

das Geheimnis von »Lila«? William Perkin, ein steinreicher Mann mit Geschäftssinn,

wollte eigentlich ein Malariamittel finden und stieß quasi per Zufall auf die Farbe

Mauve (verhülltes Lila). Diese faszinierende Geschichte eines einzigen Pigments

verdeutlicht, wie spannend der Umgang mit Farbe ist [Garfield].

Vom Unbunten über das Bunte
zum farbigen Sehen

Überleben mit Farben (Folge 1)   Eine der problematischsten – weil widersprüchlichsten – Fragen der Farbtheorie ist die nach der Entwicklungsgeschichte des Farbensehens. Die Darwin'sche Evolutionstheorie (es überleben nur die »Fittesten«, d.h. die
am besten ihrer Umwelt angepasst sind) ist auch zur Erklärung der Entwicklung des
menschlichen Farbensehens brauchbar [vgl. dazu Kapitel 10: Farbtrends].

Es gilt als gesichert, dass einfache Lebewesen nur schwarz-weiß differenzieren können. Unsere Vorfahren, die Früchte fressenden Primaten, müssen aber schon in der Lage
gewesen sein, reife von unreifen Früchten zu differenzieren – nur so konnten sie überleben. Bei der Frage, welche Rezeptoren in der Netzhaut dies ermöglichten, beginnt schon
der Streit. Die einen behaupten, das Urfarbenpaar sei Gelb und Blau (und damit die
große Differenzierungsmöglichkeit für Grün gesichert), andere formulieren ein nicht mehr
nachweisbares Farbenpaar A und B usw. [vgl. Sölch, S. 28 ff.].

Genauso sicher ist man, dass »echtes« Farbsehen erst viel später entstanden sein
kann. Aber vererbt worden ist die große Differenzierungsbreite für Grün und die geringe
für alle anderen bunten Farben. Es gibt ein sehr anschauliches Bild nach Ladd-Franklin
[zitiert nach Sölch, S. 28], welches die Evolution der Sehleistungen des Menschen cha-
rakterisiert.

Heute überleben (natürlich!) auch Farbenblinde, weil einem unterentwickelten Far-
bensinn kein Selektionspotenzial mehr zukommt. Und so müssen wir feststellen, dass der
Farbsinn überlebenstechnisch unbedeutend geworden ist – aber die anthropologische Entwicklung nicht abzuleugnen ist und weiter wirkt. Als Emotionen (psychologisch), als Eindruck und als Empfindung (physiologisch) spielen die Farben eine zentrale Rolle. Wem es
gelingt, »die Farbe« ökonomisch richtig einzusetzen, wird die merkantil größten Erfolge
haben – die Evolutionsgesetze sind nämlich ewig gültig.

Überleben mit Farbe (Folge 2) Im Marketing können wir nur »überleben«, wenn unsere Hardware (Produkte usw.) sowie die Software (Werbung, Mailings usw.) richtig gestaltet ist. Damit sind die Zentralfragen des Marketings angerissen: Wie werden Maßnahmen realisiert (d.h. gestaltet)? Wann sind diese Aktivitäten richtig (d.h. erfolgreich)?

Jede Marketingaktivität setzt den Einsatz von so genannten Gestaltungsmitteln voraus [vgl. Koppelmann, S. 323 ff.]. Wir unterscheiden die einfachen (elementaren) Mittel der Gestaltung von den aggregierten (komplexen). Zu den elementaren Gestaltungsmitteln rechnet man:

- das Material (Metall, Glas, Keramik, Kunststoff usw.)
- die Form (Erscheinungsform, Formate usw.)
- die Oberflächen (Muster, Strukturen usw.)
- die Zeichen (Bild, Schrift usw.)
- die Farben

Zu den komplexen Gestaltungsmitteln zählen die technischen Prinzipien wie Funktions-, Konstruktions- und Ausführungsprinzipien. Nur am Rande sei vermerkt, dass man auch durch den Zukauf von Produktteilen oder -elementen dem Produkt ein besonderes Gepräge geben kann.

Nun ist der Einsatz der Gestaltungsmittel mit Kosten verbunden. Extrem teuer ist der Einsatz neuer »Prinzipien« – hierzu muss das gesamte Produktdesign geändert werden. Auch der Materialwechsel ist mit sehr großem Aufwand verbunden, weil er in das Design eingreift.

Weniger aufwändig ist ein Styling, in dem man Zeichen, Formen oder Oberflächen variiert oder differenziert. Die preiswerteste Lösung ist aber gleichzeitig die einschneidendste: die Veränderung der Farbe. Durch den Wechsel einer Koloration wird der Charakter eines Produktes, einer Architektur, eines Mailings usw. signifikant verändert. Diesem Wechsel der semantischen Anmutung (Ausstrahlung) durch das Gestaltungsmittel Farbe liegen mehrere Gesetze (oder Thesen) zugrunde:

- Farbe bricht Form
- Farbe ist Oberfläche oder Fläche
- Farbe vor Zeichen
- Farbe symbolisiert Gestaltungsprinzipien
  und außerdem
- Farbe schafft Gestalt
- Farbe steuert Emotionen

Farbe bricht Form   Wir wollen zu diesen Gesetzmäßigkeiten einige Hinweise geben, weil die folgenden Kapitel dadurch begründet werden. Entwicklungsgeschichtlich ist es verständlich, dass die Farbe von Früchten, die den Genusszustand anzeigen, existenzieller für das Überleben der Spezies Mensch war als die Größe oder eine schöne Oberfläche. Und so stehen wir heute vor der Tatsache, dass Farbe gestaltauflösend wirkt. Konturen und Strukturen der Form werden durch Kolorationen komplett überdeckt. Unsere Bildbeispiele nach Wienands [S. 77] zeigen das.

Die Gestalt der Figur wird durch den Farbcode völlig zerstört.   Fehlende Tektonik eines Bauwerks (Bunker) wird mit Farbe kaschiert.

Farbe ist Oberfläche oder Fläche »Farbe« kommt im Bewusstsein immer dual codiert vor: Die Farbe des Himmels ist Blau ohne Anfang und Ende (also dimensionslos). Die Tischplatte vor Ihnen ist jedoch begrenzt durch Länge und Breite, die Farbe hat zwei Dimensionen, sie hat eine Erstreckung. Deutlich begrenzte Farben (Oberflächenfarben) wirken intensiver, d.h. kompakter als Flächenfarben. Das macht den Umgang mit Farben so spannend – jede Koloration kann also Oberflächen- oder Flächenfarbe sein.

Interessant hierbei: Wir müssen analysieren, ob Farben als Oberflächen- oder Flächenfarben eingesetzt werden; das hängt natürlich vom Betrachtungsabstand oder von der Nutzung ab. Noch ein Hinweis: Die »Monitorfarben« nehmen da eine problematische Zwischenstellung ein – mal hellere Flächenfarbe, mal intensivere Oberflächenfarbe. Ohne diese Erkenntnisse [vgl. Kapitel 4: Farbphysiologie] können sich problematische Fehlbeurteilungen bei der Farbpolitik einschleichen.

Farbe vor Zeichen Die Zeichen gliedern sich in allgemeine Zeichen (Linien usw.) sowie Wort- und Bildzeichen. Man kann diese Symbole nur dann optisch wahrnehmen, wenn sich diese als Figur vor einem Hintergrund abheben. Die so genannte Lesefreundlichkeit hängt davon ab, in welcher Farbe (z.B. die Schrift) und welchem Grund (z.B. das Papier) sie gestaltet sind. Normalerweise wird man bestrebt sein, die Lesbarkeit zu steigern (schwarze Schrift auf weißem Grund). Wir werden jedoch zeigen, dass es auch umgekehrt Sinn macht (Verringerung der Lesbarkeit!).

Noch wichtiger als diese Differenzierung ist die Frage der Bewusstwerdung von Farbe und Zeichen. Grundsätzlich ist es so, dass zuerst Farbe, dann Bilder und erst zum Schluss Wortzeichen wahrgenommen werden. Vögele [S. 95] geht im Zusammenhang mit den so genannten Kurzdialogen bei Briefen davon aus, dass zuerst Bilder, dann Headlines in weniger als 20 Sekunden wahrgenommen werden. Heute wissen wir mehr: Der erste Eindruck ist immer die Farbe! Die Farbe überlagert jede Art von Zeichen.

Farbe symbolisiert Gestaltungsprinzipien   Heute wird versucht, Produkte »selbsterklärend« zu gestalten. Man gibt Produkten eine Sprache in Form von Symbolen, damit sich die Bedienung visuell auf den ersten Blick erschließt. Hierzu bedient man sich der bekannten Bildzeichen (so genannte Piktogramme). Eindeutiger sind Farben, die durch ihren Symbolgehalt Konstruktion (oben oder unten) oder Funktion (ein oder aus) erklären. Bei Fernbedienungen kann man gut ablesen, wie sensibel oder besser kenntnisreich man das Gestaltungsmittel Farbe einsetzt, um den Gebrauch zu visualisieren.

Farbe schafft Gestalt   Die Gestalttheorie basiert auf der Beobachtung einfacher geometrischer Phänomene (siehe Fernbedienungen unten). Die menschliche Wahrnehmungsleistung ist also nicht formorientiert, sondern immer auch zeichenbezogen, d.h. semantisch. Wir erkennen »mehr«, als die bloße Anordnung vorgibt.

Bang & Olufsen setzt
Farbe gestaltgebend ein.

Hier wirkt die Farbe
gestaltauflösend
(Ordnung wird gemindert).

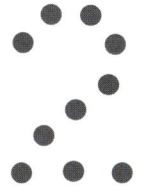

Wir erkennen eine Zwei
und nicht zehn Punkte.

Wir erkennen Buchstaben
und nicht drei Balken.

Man spricht in diesem Zusammenhang von Gestaltwahrnehmung oder dem Ganzheits-
prinzip der Wahrnehmung. Die Begründung für Gestalten meint man in der Übersummativität gefunden zu haben: Die Gestalt ist »mehr« als die Summe der sie bildenden Teile
(nicht drei Balken, sondern »K« usw.). Man bedauert heute einen sich ausweitenden
Gestaltverlust. Den Grund hierfür sieht man im Zersetzen, Atomisieren und Individuali-
sieren der gestaltbildenden Faktoren. Wir wollen an einigen Beispielen diesen Gestaltverlust aufzeigen [vgl. Wienands, S. 16 und Abbildung S. 19 links].

Dieser Gestaltverlust oder die mangelnde Prägnanz bezieht sich nicht nur auf die
Architektur, das Design oder die Grafik, sondern auch auf die Ökonomie und alle anderen
Wissenschaften. Das Gestaltungsmittel Farbe kann nun diesen Prägnanzverlust ausgleichen, indem man mit Kolorationen die so genannten Sehgesetze unterstützt. Im Folgenden eine kurze Interpretation und Illustration der Wahrnehmungsprinzipien (Gesetze)
der Ganzheitspsychologie:

Prinzip der Nähe   In der Prozessabfolge (Aktualgenese) der Wahrnehmung zieht der
Betrachter zuerst die räumlich näheren Figuren zu Gestalten zusammen. Wir kennen das
von den Sternbildern wie dem Großen Wagen. Mit Hilfe der Farbe ist dieser Prozess noch
einfacher möglich, wenn man die Figuren farblich markiert. Man ordnet viel schneller
farbgleiche Figuren zusammen als formgleiche. Bei der Arbeit mit Collagen [vgl. Kapitel
12: Farbmarketing] macht man von diesem Prinzip häufig Gebrauch.

Figur-Grund-Beziehung   Gerade mit Farben ist die räumliche Wirkung besonders gut
nachvollziehbar. Durch Überschneidungen lässt sich deutlich eine Figur-Grund-Beziehung
erreichen. Wir zeigen hier ein schon klassisches Beispiel von E. Barts [Experiment Bauhaus, S. 45].

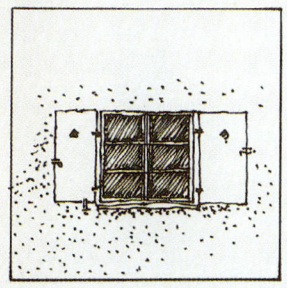

Gestaltverlust: Primärmerkmale der Architektur (Giebel, Fenster, Tür) verlieren ihre Prägnanzfunktion.

Das Prinzip der Nähe: Zusammenhänge werden durch Farbe deutlich.

Figur-Grund-Beziehung durch Farben

Gesetz der Geschlossenheit Beim scannenden Betrachten sucht das Auge unbewusst nach »geschlossenen, abgegrenzten Figuren oder Sehfeldern«. Nachdem der Sehbereich als eingegrenzt erkannt wird, gibt man sich dann gezielt der näheren Identifikation des Feldes hin. Ein Entwurf von H. Beyer aus dem Jahre 1926 verdeutlicht hervorragend, wie man das Prinzip der Geschlossenheit mit Farbe realisiert [aus: Experiment Bauhaus, S. 158].

Gesetz der Spiegelbildlichkeit Uns scheinen die Gestalten besonders angenehm und harmonisch, die eine Spiegelgliedrigkeit aufweisen. Auch eine plakative Buntheit wird gemindert, wenn diese symmetrisch angebracht wird. Hier ein Beispiel einer Einladung zu einer Vernissage (siehe Abbildung S. 21 rechts).

Gesetz der durchgehenden Linie Der Wahrnehmungsprozess ist dann vollkommen, wenn er ungestört abläuft. Jede zusätzliche Fixation (d.h. Ablenkung) führt zu einem Gestaltbruch. Mit Hilfe der Farbe ist es einfach, die Gestaltqualität zu erhöhen, indem man für einheitliche Blickführung sorgt. Die Beispiele von Wienands [S. 73] belegen das.

Gesetz der Gleichartigkeit Mit Hilfe der Farbe gelingt es, zusammenhängende Gestalten (Gruppen) zu bilden. Wir zeigen hier an zwei Beispielen [nach Wienand, S. 80] wie man farblich ganz bestimmte Details z.B. beim Interieurdesign zu visuellen Einheiten zusammenschließen kann [vgl. S. 22].

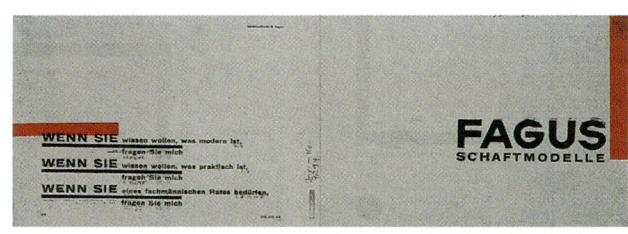

Gesetz der Geschlossenheit am Beispiel eines Werbedrucks

Plakative Buntheit wird durch Symmetrie gemildert.

Fixationen im Kaminsockel

Gestaltqualität:

Erhöhung durch einheitliche Sockellinie

Die beige Esstisch-Lampe tritt
in Kontakt zum Vorhang.

Die rote Sideboard-Lampe tritt
in Kontakt zum Vorhang.

Farbe schafft Emotionen   Unter »Emotion« (Gegenteil Kognition) soll hier der »wilde«, »irrationale«, nicht durch Verstand oder Vernunft dominierte Teil der Psyche verstanden werden [vgl. T. Staedler, Lexikon der Psychologie, S. 227 f.]. Wir beschäftigen uns mit der Facettierung dieses wichtigen Begriffs bezogen auf Farben ausführlich in Kapitel 5: Farbpsychologie. Hier als Einführung eine generalisierende Betrachtung.

Je nach Kulturkreis werden die psychologischen Wirkungen (also Emotionen) von Farben unterschiedlich gesehen. Besonders die chinesische Interpretation in Gestalt von Feng-Shui hat momentan Konjunktur. Die völlig unübersichtliche, zum Teil auch widersprüchliche Literatur kann man so interpretieren, dass Farben definitiv Auswirkungen auf Grundstimmungen und Lebensbereiche haben. Hier ein Zitat von K. Berger [K. Berger, Feng Shui, S. 62]: »Wenn Sie Ihre Partnerschaft verbessern oder eine neue Beziehung eingehen wollen, legen Sie ein rosafarbenes Kissen in die Partnerschaftsecke oder stellen Sie rosafarbene Rosen dort auf. Wenn Sie sich mehr Austausch mit Ihren Eltern oder Geschwistern wünschen, stellen Sie einige Grünpflanzen in Ihre Familienecke oder streichen Sie die Wand dort grün an.«

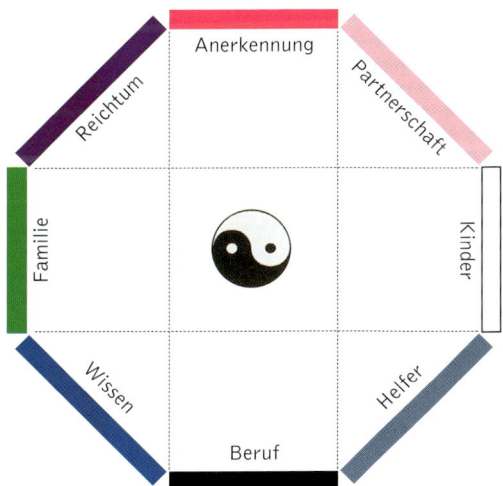

Feng-Shui: Man unterstellt folgende Zusammenhänge zwischen Farbe und Lebensbereich.

Aus ganz anderen Quellen (nämlich empirischen Studien) werden Ergebnisse der Ergonomie gespeist [Einfluss der Ergonomie auf das Design, Hrsg. R. Bosch GmbH, Stuttgart 1989, S. 42]. Die Forschungsergebnisse sind unkommentiert.

	Farbwirkung psychisch	Farbwirkung physikalisch
	fröhlich, intelligent, sonnig, warm	leicht
	gefährlich, aggressiv, dynamisch	schnell, schwer
	kühl, beruhigend, sauber	weit
	ungefährlich, sehr beruhigend, gesund	weit
	warm, erdverbunden, statisch	schwer
	klinisch, sauber, steril	vergrößert, leicht
	modern, schlicht	leicht
	elegant, technisch, statisch, passiv	schwer, verkleinert

So kann Farbe wirken.

Überleben mit Farben (Folge 3): Farbe und Direktmarketing Erfolgreiches
Farbmanagement ist in allen Bereichen unternehmerischen Handelns angesagt. Die Überdrussgesellschaft in unserer heutigen Form erlebt ein »Reizgewitter«, welches den überlegten Einsatz von Kolorationen geradezu herausfordert. Wir wollen die Bedeutung des
Farbmarketings an einem klassischen Fall der Kommunikation aufzeigen – dem Direktmarketing.

Im Zusammenhang mit der Gestaltung von Direktwerbemedien (adressierte bzw.
unadressierte Werbesendungen) spielt die Koloration eine zentrale Rolle. Die Bedeutung
ergibt sich logisch aus der Evolution, wie wir versucht haben nachzuweisen: zuerst Farbe,
dann Bild, zuletzt Text. Das Problem hierbei ist, dass die gesamte Literatur des Direktmarketings das Thema Farbe ausspart [Vögele, Holland, Dallmer usw.] oder aber in nai-
ver Form darüber berichtet [Schwalbe, Graumann, IFAM: Institut für angewandte Mar-
keting-Wissenschaft usw.]. Um dem Direktmarketing neue Impulse zu geben, wurde dieses Buch in Zusammenarbeit mit der Deutschen Post erarbeitet. Zur Verdeutlichung des
Themas Farbe wollen wir anhand einiger Basisfehler herausarbeiten, wie man das vorlie-
gende Buch nutzen kann.

Farbe und Zielgruppe Das IFAM stellt folgende Behauptungen zum Thema Zielgruppen auf:

altersbezogene Vorlieben

- Kinder: alle Grundfarben, kaum Mischtöne
- jüngere Menschen: helle, lebhafte Farben
- Pubertät: seltene, problematische Farben
- Erwachsene: satte, glänzende Farben, Mischtöne
- ältere Menschen: dunkle, abgeschwächte Farben

schichtbezogene Vorlieben

- höheres Einkommen: Pastelltöne, Farbkompositionen, abgestufte Farbnuancen, zarte, gediegene Farben
- niedriges Einkommen: glänzende, unkomplizierte Farben, knallige Töne

Diese soziodemographisch orientierten Empfehlungen sind nicht haltbar. In der Literatur gibt es keine Empfehlung, die eine solche generalisierende Aussage rechtfertigen würde. Wie man zielgruppenbezogen agiert, zeigen wir Ihnen in Kapitel 11: Farbwahl.

Besonders problematisch sind jedoch Hinweise, die »Mentalitäten« von Zielgruppen als Anknüpfungspunkt wählen:

- Kopfarbeit: Blau
- Handarbeit: Rot
- introvertierte Menschen: schwere, dunkle Farben, Mischfarben
- extrovertierte Menschen: stark glänzende Farben, Vollfarben

Intellektuelle Leistungen und menschliches Verhalten korrelieren nicht mit Farben. Welche Korrelationen in Form von Assoziationen bisher erforscht wurden (z.B. Liebe und Rot) zeigen wir in Kapitel 5: Farbpsychologie.

Farbe und Gefühlswelt   Es ist immer wieder versucht worden, aus Farbkompositionen heraus so genannte gefühlsbezogene Empfindungen abzuleiten. Auch hier spricht das IFAM Empfehlungen aus:

🟥	⬜	Rot | Grau:	Vitalität
🟥	🟨	Rot | Gelb:	Herausstellung
🟥	🟦	Rot | Blau:	kontrollierte Kraft
🟨	🟦	Gelb | Blau:	Internationalität
⬛	⬜	Schwarz | Weiß:	Nüchternheit, Sachlichkeit
🟦	⬜	Blau | Weiß:	Sauberkeit
🟩	⬜	Grün | Weiß:	Natürlichkeit, Frische
🟧	🟩	Orange | Grün:	Nährwert
🟥	🟨	Purpur | Gold:	Anspruch
🟦	🟨	Blau | Gold:	Vornehmheit
⬜	🟨	Silber | Gold:	Reserviertheit
🟪	🟪	Violett | Rosa:	Gepflegtheit
🟩	🟨	Grün | Gelb:	Natürlichkeit

Leider sind die Aussagen nicht brauchbar, weil immer das Verhältnis der Farben untereinander berücksichtigt werden muss. Rot und Grau kann nur dann Vitalität bescheinigen, wenn die Basisfarbe Rot und die Akzentfarbe Grau ist. Darüber hinaus spielt auch die Art des Rots (Urrot oder Bordeauxrot) und vor allem die Koloration des Graus (kaltes oder warmes Grau) eine dominierende Rolle. Über diese Probleme berichten wir in Kapitel 7: Farbästhetik.

Farbe und Lesbarkeit   Dieses Thema dürfte im Direktmarketing eine besonders große Rolle spielen und deshalb gibt das IFAM auch hier Empfehlungen als Ranking:

Farbe der Schrift	Farbe der Fläche
■ Schwarz	■ Gelb
■ Gelb	■ Schwarz
■ Grün	□ Weiß
■ Rot	□ Weiß
■ Schwarz	□ Weiß
□ Weiß	■ Blau
■ Blau	■ Gelb
■ Blau	□ Weiß
□ Weiß	■ Schwarz
■ Grün	■ Gelb
■ Schwarz	■ Orange
■ Rot	■ Gelb
■ Orange	■ Schwarz
■ Gelb	■ Blau
□ Weiß	■ Grün
■ Schwarz	■ Rot
■ Blau	■ Orange
■ Gelb	■ Grün
■ Blau	■ Rot
■ Gelb	■ Rot

Das Problem hierbei ist, dass nicht zwischen Nah- und Fernwirkung der Farbe unterschieden wird. Wie jeder von den Ortsschildern (schwarze Schrift auf gelbem Grund) weiß, haben diese Farben die beste Fernwirkung; das gilt auch für die Autobahnschilder (Weiß auf Blau). Welche Schriften auf welchem Hintergrund besonders gut zu lesen sind, wenn man Fern- und Nahwirkung unterscheidet, zeigen wir in Kapitel 4: Farbphysiologie, S. 70f.

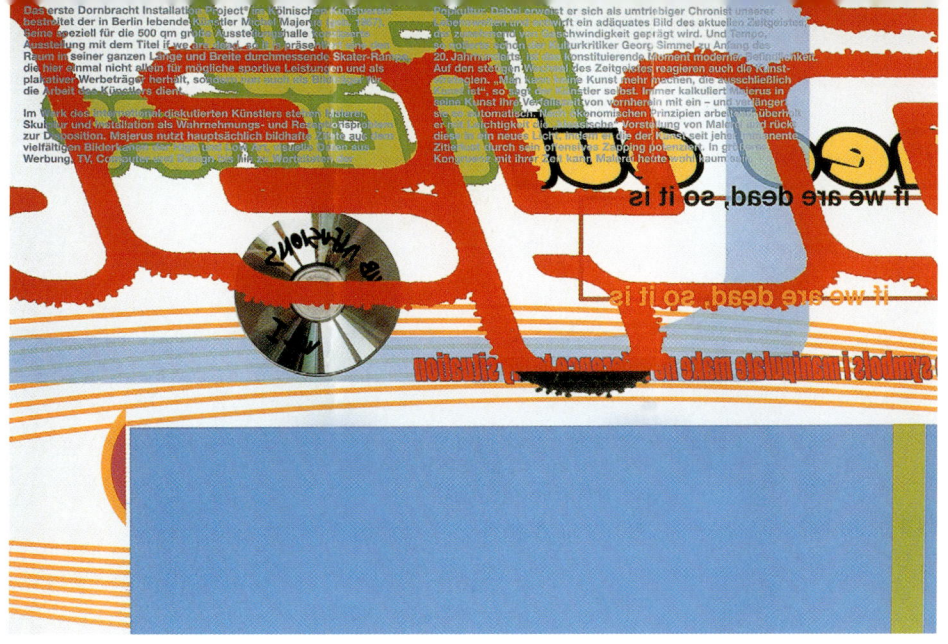

Darüber hinaus gibt es jedoch viel bedeutsamere Prinzipien bei der Gestaltung von Mailings, z.B. das »Prinzip der unmöglichen Farbgebung«. Sich bewusst über die Lesbarkeitsforderungen hinwegzusetzen, sie geradezu ins Gegenteil zu verkehren, ist ein interessanter Faszinationstrick. Wir zeigen oben ein Beispiel, welches für sich selbst spricht.

Farbe und Ästhetik

Eine möglichst »schöne« Farbkombination, bei der es nicht auf Erkennen, sondern auf Harmonie und angenehmen Kontrast ankommt, fordert z.B. Schwalbe [S. 93/94]. Er nennt auch Kompositionsregeln nach dem Prinzip der Komplementarität:

- Purpurrot mit Grün
- Violett mit Gelb
- Blau mit Orangerot usw.

Diese Aussagen sind doppelt falsch, weil es sich einerseits bei diesen Empfehlungen nicht um Komplementärfarben (wir berichtigen das in Kapitel 7: Farbästhetik) und andererseits nicht um Kontraste bei den Komplementärfarben handelt, sondern um angenehme, »dem Auge schmeichelnde« Kompositionen. Warum das so ist, zeigen wir in Kapitel 4: Farbphysiologie.

Der Bildschirm: Probleme der Computerfarben Alle Mailings werden heute am Computer entworfen. Hierbei ergibt sich jedoch ein Problem, an das Sie überhaupt noch nicht gedacht haben – das Sie vermutlich aber immer empfunden haben: Der Computer »kann« wunderschöne blaue, auch violette Farben [zu den Farbnamen vgl. Kapitel 2]. Bei Rot hapert es ebenso wie bei Grün. Die Farbtöne der Pantone-Karte [vgl. dazu Kapitel 6: Farbsysteme] wollen sich irgendwie nicht genauso auf den Bildschirmen darstellen lassen.

Dieses Problem hat einen farbtechnologischen Hintergrund: Die Bildschirmfarben sind im so genannten RGB- (Rot-, Grün-, Blau-)Modus angelegt. Das entspricht der additiven Farbmischung, die in Kapitel 3 ausführlich erörtert wird. Alle Farben, die vom Menschen wahrgenommen (und durch Farbanstriche hergestellt) werden können, sind in einem Farbschema angeordnet, welches wie eine Schuhsohle aussieht. Man erkennt die große Differenzierungsmöglichkeit für Grün und die abnehmende für die anderen Farben (Abbildung S. 31 links).

Im Computer werden alle bunten Farben nun dadurch erzeugt, dass man durch Überlagerung der Farben Violett (Blau genannt), Grün und Rot die fehlenden Farben Blau, Magenta und Gelb erzeugt. Das Problem hierbei ist jedoch, dass dabei kein »vernünftiges« Gelb entstehen würde (Abbildung S. 31 Mitte). Um trotzdem einen akzeptablen Gelbton zu erhalten, wendet man einen Trick an. Man arbeitet nicht mit Urgrün, sondern mit einem gelbstichigen Grün, und beim Rot erhöht man den Orangeanteil. Dadurch ergibt sich ein anderes Farbdreieck im RGB-Modus (Abbildung S. 31 Bild rechts).

Die Computerfarben liegen in einem Farbdreieck, welches technisch bedingte Einbußen im Bereich Grün und Rot hat. Man sollte sich also bei Kreationen von grafischen Produkten immer vergewissern, ob die Möglichkeiten des Farbdruckes auch auf dem Bildschirm ausgeschöpft werden. Es hilft auch wenig, dass nun ein neuer Farbraum (SRGB = Standard) fürs Internet und für Windows 2000 normiert wurde. Damit ist die Kompatibilität zwischen den Geräten gesichert, aber die reale Darstellungsmöglichkeit der Grundfarben wurde auf Kosten der Farbeinheitlichkeit nochmals reduziert. Durch die Erhöhung der Farbnuancen (also die Steigerung des Ausmischungsgrades) wird die generelle Farbgebungsmöglichkeit jedoch nicht ausgeschöpft.

Wir wollen an dieser Stelle mit den Beispielen und Problemaufrissen aufhören. Die Konsequenz ist in jedem Falle, dass die Farbpolitik, das Gestaltungsmittel Farbe im Direktmarketing, bisher eine untergeordnete Rolle gespielt hat. Darüber hinaus sind die Hinweise und Empfehlungen oft generalisierend verzerrt, wirklich falsch oder so eng, dass eine Uminterpretation nicht möglich ist. Auch der naive Glaube an die absolute Farbrichtigkeit des Computers ist zu relativieren.

Die wichtigste Regel ist und bleibt: Farbfaszinationen schaffen – unmögliche, unerwartete Farbkompositionen realisieren, den größtmöglichen Eindruck und die aus dem Langzeitgedächtnis wirkende Anmutung zu initiieren – und vergessen Sie nicht: Schöpfen Sie den Farbreichtum der Drucktechnik aus! Zur Revidierung, Ermutigung, Wissensvermittlung dieses Buch.

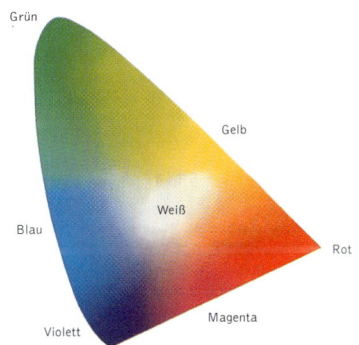

Die CIE-Normfarbtafel mit den Regenbogenfarben (Spektralfarben) auf dem Kurvenzug und der Purpur- bzw. Magenta-Geraden als Abschluss.

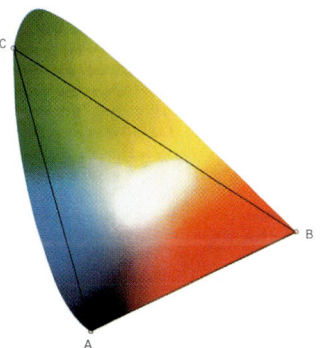

Die Punkte A, B und C entsprechen den drei Grundfarben. Durch Mischung können daraus nur die Farben erzeugt werden, die im Inneren des dargestellten Dreiecks liegen. Man erkennt: Ein gesättigtes Gelb ist nicht möglich.

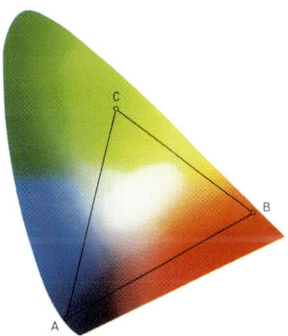

Um ein akzeptables Gelb zu erhalten, wird das Urgrün und das Urrot verändert.

Sprachspiele als Wettbewerbsfaktor

Die ganze Tour de France 2001 ist ein »Fest in Magenta«. Gemeint sind die Siege

der Telekom. Wissen Sie eigentlich, wie dieser Farbname entstand?

Im Jahr 1858 sitzen vier Chemiker der IG-Farben zusammen und brüten darüber,

wie das purpurfarbene neue Pigment nun heißen soll. Brainstorming war noch nicht

erfunden! Drei denken nach – einer liest Zeitung. Dem Bildungsbeflissenen wird

es endlich zu bunt: »Ihr habt Probleme – nichts als flache Begriffe und bei Magenta-

Solferino tobt eine Schlacht mit bisher über 50.000 Toten.« Die drei Kreativen

stocken – klingt doch gut, das Wort »Magenta«! An die vielen Toten werden sich

nachfolgende Generationen nicht mehr erinnern.

Das Problem der allgemeinen Farbworte   »Man sieht nur das, was man weiß« und »man weiß nur das, wofür man ein Wort hat« [Goethe im Dialog mit Eckermann]. Das gilt erst recht für Farben. Ein Farbeindruck kann zwar ohne Worte eine »Farbempfindung« auslösen, zu kaufwirksamen Anmutungen kommt es jedoch leichter, wenn die Farbe eine »richtige« Bezeichnung hat [vgl. dazu auch Kapitel 5: Farbpsychologie]. Zur Einstimmung in die Verständigungsproblematik ein paar Beispiele:

- Die Hinweisschilder sind in RAL 1004 verkehrsgelb.
- Der PKW ist skarabäus-metallic.
- Die Waschtischarmatur ist verchromt.
- Die Sanitärkeramik ist »whisper-blue«.
- Die Schreibtischplatte ist sepiabraun.
- Der Teppichboden ist perlgrau.
- Der Sportwagen ist urgrün.
- Die neue Identitätsfarbe ist Magenta.
- Unsere Fliesenkollektion heißt »Tropical«.

Diese Liste enthält zuerst einmal bekannte Farbnamen mit einem variierenden Vorbegriff:

»Verkehrs«	-----	dann	-----	Gelb
»Whisper«	-----	dann	-----	Blau
»Sepia«	-----	dann	-----	Braun
»Perl«	-----	dann	-----	Grau
»Ur«	-----	dann	-----	Grün

Farbfelder Gelb bis Grün sind so genannte »Allgemeine Farbworte«. Diese geschriebenen Zeichen (oder gesprochener Lautkomplex) sind ausschließlich dazu da, Farben von Gegenständen und Farben der Außenwelt zu benennen. Es ist ein Verdienst der so genannten inhaltsbezogenen Grammatik [Weißgerber, S. 288], gezeigt zu haben, dass es in der deutschen Sprache nur elf allgemeine Farbworte gibt – außer den schon fünf genannten noch: Weiß, Schwarz, Rosa, Lila, Violett und Rot.

Diese allgemeinen Farbworte werden jedoch nicht wie Vokabeln linear hintereinander im Gedächtnis abgespeichert. Um die Zugriffsfähigkeit zu steigern, werden sie nämlich – so die inhaltsbezogene Grammatik – als Sprachfeld gegliedert. Felder sind zwei- oder drei-dimensionale Figurationen – sie können kreisförmig, winkelförmig oder auch prismatisch sein. Felder [vgl. dazu Kapitel 9: Farbwelten] sind topologische Räume, die sich nach außen klar abgrenzen und die sich im Innern nur durch die einbezogenen Elemente gliedern.

Das sprachliche Feld der Farben hat nach Weißgerber eine Rautenform, welche durch die Pole Schwarz und Weiß und Grün und Rot begrenzt ist. Alle anderen Farbworte fügen sich in dieses Feld ein. »Grau« kann also nur »vergegenwärtigt« werden, wenn man »Weiß« und »Schwarz« kennt. »Violett« ergibt sich aus seinen Bezügen zu Grau, Schwarz, Blau und Braun.

Trotzdem ist die Verständigung mit allgemeinen Farbworten problematisch. Diese Raute der »Sprachworte« ist im »kollektiven Unbewussten« (C.G. Jung) wohl doch nicht generell verankert, auch wenn Weißgerber meint, das empirisch bewiesen zu haben. Das Schema der geistigen Zwischenwelten zeigt »Feldbezüge« für die elf allgemeinen Farbworte. Achtung: Hier geht es nicht um Mischung, sondern um Memoration (Behalten bzw. Speichern).

Urfarben Um die Verständigung mit bunten Farben zu vereinfachen, bietet es sich an, zuerst einmal die so genannten Urfarben oder archetypischen Farben zu positionieren. Diese Farben sind im kollektiven Unbewussten eines Kulturkreises verankert und können jederzeit memoriert werden.

Vergleichenden Studien zufolge benutzen differente Kulturen zwar unterschiedlich viele Farbbezeichnungen, diese werden aber immer in einer festgelegten Abfolge in die Sprache aufgenommen. Alle Kulturen benutzen Farbnamen, die für Schwarz und Weiß stehen, und Rot, Gelb, Grün und Blau kommen als nächste dran. Höher entwickelte Kulturen fügen noch Braun und andere Farben hinzu [Goldstein, S. 126].

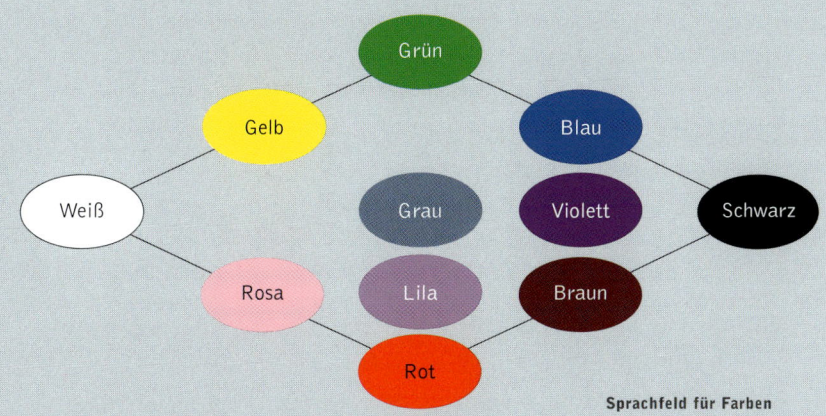

Sprachfeld für Farben

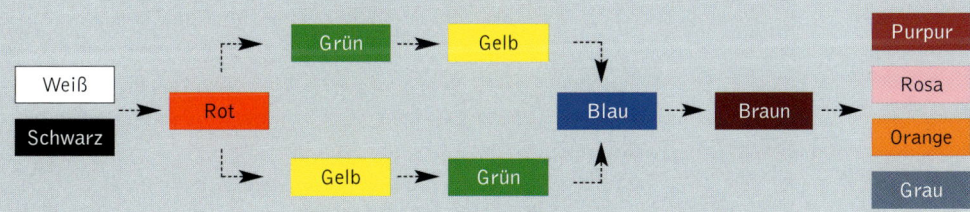

Entwicklung des Farbbewusstseins

Die Ordnung von Farbnamen in verschiedenen Kulturen folgt dem abgebildeten Muster. Kulturen, die nur zwei Farben kennen, verwenden Schwarz und Weiß als Farbnamen. Kulturen mit drei Farben verwenden Schwarz, Weiß und Rot, und Kulturen mit vier Farben haben darüber hinaus entweder noch ein Wort für Grün oder für Gelb [Goldstein, S. 127].

Im deutschsprachigen Kulturkreis haben wir es demnach – wie Weißgerber gezeigt hat – mit einer ausgeprägten Kulturstufe der Farben zu tun. Vergleicht man die Ausführungen von Weißgerber und Goldstein, stellt man fest, dass beide mit 11 Farbbegriffen arbeiten. Unterschiede gibt es lediglich bei Purpur und Orange [Goldstein] und Violett und Lila [Weißgerber]. Während sich die drei letzten Farbwerte selbst erklären, scheint es nötig, den schillernden Begriff »Purpur« etwas näher zu analysieren.

Purpur ist ein natürliches Pigment, welches aus der Purpurschnecke gewonnen wird. Es herzustellen war überaus arbeitsintensiv und vom Rohstoff her sehr teuer. Nur der Adel und die Kirche konnten sich den Luxus dieser Farbe leisten. Da es zwei Nuancen des Purpurs gibt – eine blaue und eine rote Variante –, vereinbarte man einen Verwendungscode. Der blaue Purpur für den König, deshalb wird er »Purpur der Macht« genannt, und der rote Purpur für die Bischöfe, deshalb heißt er »Purpur des Glaubens«.

Im 19. Jahrhundert war es mit dem Luxus des Purpurs vorbei. Chemikern der IG-Farben gelang es, einen synthetischen Farbstoff zu erzeugen, der genau zwischen den beiden natürlichen Farbtönen des Purpurs liegt. Es handelt sich dabei um einen synthetischen Teerfarbstoff (zwischen Violett und Rot), der im Jahre 1858 erstmals hergestellt wurde und seinen Namen nach der Schlacht bei Magenta-Solferino erhielt [vgl. Seufert, Stichwort: Magenta]. Nun ist auch geklärt, was im Eingangskapitel mit der »CI-Farbe Magenta« gemeint ist. Es handelt sich um eine Farbe aus der Retorte, die im normalen verwenderbezogenen Sprachspiel so gut wie nicht vorkommt und als »violettes Rot« bezeichnet werden kann. Über die Geschichte der Namensgebung haben wir schon berichtet.

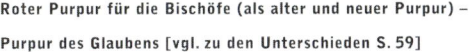

Roter Purpur für die Bischöfe (als alter und neuer Purpur) –
Purpur des Glaubens [vgl. zu den Unterschieden S. 59]

Blauer Purpur für die Könige –
Purpur der Macht

Red and blue chair: Die de-Stil-Gruppe entschied sich für den Primärfarben-Trias.

Primärfarben Aus kommunikativer Perspektive sind die Urfarben von den Primärfarben zu trennen. Primärfarben wurden von Delacroix um 1830 zuerst vorgestellt und entsprechend eines Schemas mit Sekundärfarben erweitert.

Primärfarben finden in der Kunsterziehung Verwendung und sind die Basis der so genannten künstlerischen Farbmischung. Mit den Veröffentlichungen von de Stil und Itten ist es allgemein bekannt, dass Rot, Gelb und Blau die Primärfarben sind.

Durch die Formulierung von Tertiärfarben ergibt sich ein zwölfteiliges Farbmodell. Wir zeigen hier als Verständigungsbasis und nicht als Arbeitsunterlage für Farbentscheidungen diese Darstellung. Josef Albers [vgl. dazu Kapitel 7: Farbästhetik] verwendet für seine Farbharmonien den gleichen Ansatz in einer strengen Dreieckdarstellung.

Interessant an der Verkettung von allgemeinen Farbworten ist, dass es einige Farben gibt, die im Sprachbewusstsein nicht mit einer anderen zu kombinieren sind. Vom allgemeinen Sprachverständnis her gibt es also keinen Farbennamen für Rot-Grün, Gelb-Blau bzw. Violett-Gelb und umgekehrt. Diese Spracherfahrung nimmt schon die so genannten Komplementärfarben vorweg. Es handelt sich dabei um Farben, die, wenn man sie miteinander mischt, keine Nuancierung der Farbe ergeben, sondern ein Schwarz. Doch davon im nächsten Kapitel.

Primärfarben und Sekundärfarben nach Delacroix.

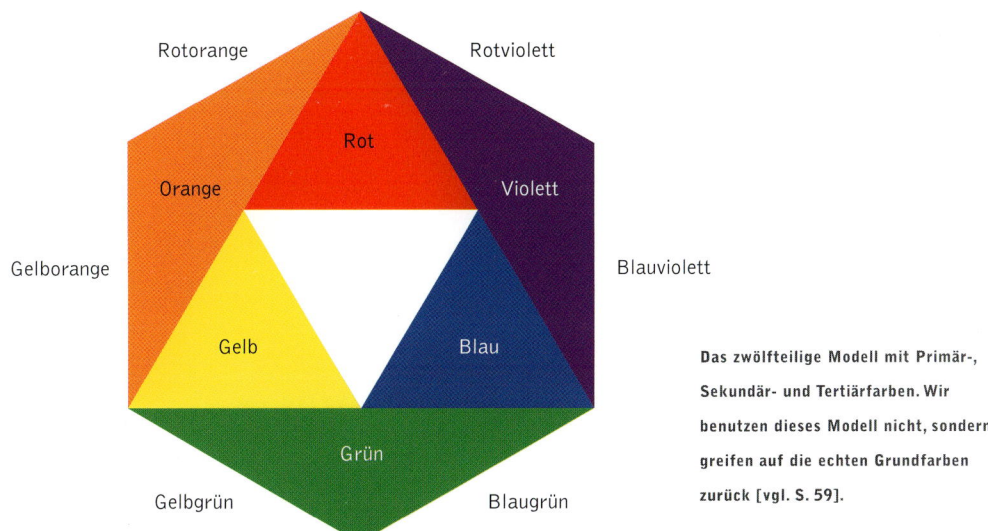

Rotorange
Rotviolett
Rot
Orange
Violett
Gelborange
Blauviolett
Gelb
Blau
Grün
Gelbgrün
Blaugrün

Das zwölfteilige Modell mit Primär-, Sekundär- und Tertiärfarben. Wir benutzen dieses Modell nicht, sondern greifen auf die echten Grundfarben zurück [vgl. S. 59].

Untersucht man die Farbverbindungen mit einer Matrixanalyse, ergibt sich deutlich, welche Farbwerte verbunden werden können.

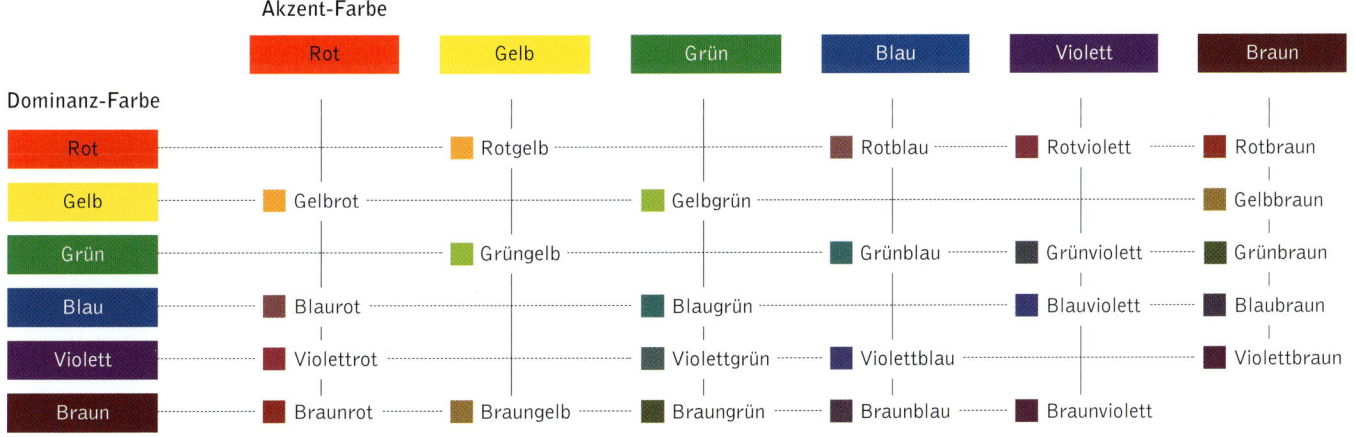

Akzent-Farbe

	Rot	Gelb	Grün	Blau	Violett	Braun
Dominanz-Farbe						
Rot		Rotgelb		Rotblau	Rotviolett	Rotbraun
Gelb	Gelbrot		Gelbgrün			Gelbbraun
Grün		Grüngelb		Grünblau	Grünviolett	Grünbraun
Blau	Blaurot		Blaugrün		Blauviolett	Blaubraun
Violett	Violettrot		Violettgrün	Violettblau		Violettbraun
Braun	Braunrot	Braungelb	Braungrün	Braunblau	Braunviolett	

Die Ergänzung der allgemeinen Farbworte   Im Zuge der künstlichen Herstellung von Farbstoffen erweiterte man die allgemeinen Farbworte durch »generische« Bezeichnungen. Sie weisen auf die Ausgangsstoffe hin, die man zur Pigmentherstellung brauchte, oder beschreiben den Herstellungsprozess oder die geografische Herkunft, z.B.:

- Bleiweiß
- Cadmiumgelb
- Cyanblau
- Strontiumgelb
- Kobaltgrün
- Zinkgrün
- Sienabraun
- usw.

Der Vorteil der generischen Farbworte liegt darin, dass hier erstmalig eine eindeutige Farbdefinition gelang. Cyanblau z.B. ist ein Urblau, welches immer ein hinreichend ähnliches Kolorit hat. Die **eigenschaftsorientierte** Farbwortergänzung ist die nächste Etappe. Der Glanzgrad, die Helligkeit oder die Sättigung von Farben [vgl. zu den Begriffen Kapitel 6: Farbsysteme] wird benutzt, um Grundfarben zu verändern:

- Brillantrot ist ein Rot mit hohem Glanzgrad
- Pastellblau ist ein Blau mit hohem Weißanteil
- Tiefgrün ist ein Grün mit einer hohen Sättigung usw.

Noch zwei weitere Möglichkeiten werden benutzt: **assoziative und anmutungshafte** Grundfarbwortveränderungen: Assoziation [vgl. Kapitel 5: Farbpsychologie] sind Reiz-Reaktionsmuster, die die menschliche Fähigkeit der Transformation von Symbolen aus einem Sprachspiel in ein anderes nutzen: »Verkehrsgelb« bezeichnet ein Gelb, so wie es bei Verkehrsschildern benutzt wird. »Urgrün« ist ein unverfälschtes, ursprüngliches, d.h. archetypisches Grün.

Schon bald reichte auch diese Nuancierung nicht mehr aus, man ersetzte die Farbworte durch so genannte **Bezug nehmende Bezeichungen**. Diese weisen auf farbige Gegenstände hin, die aus der realen Umwelt entlehnt sind. Bezogen auf unsere Eingangsbeispiele bedeutet das: Perl-Grau (so »grau« wie eine Perle), Sepia-Braun (so braun wie der Drüsenfarbstoff des Tintenfisches) usw.

 Von der Verwendung der Bezug nehmenden Bezeichnungen wird besonders stark im RAL-Register Gebrauch gemacht. Besorgen Sie sich einen Farbfächer, dann können Sie nachvollziehen, dass ein Graublau besser als Basaltgrau und ein Graugelb besser als Zementgrau zu beschreiben ist.

Die neueste Waffe im Kampf um neue Farbworte ist die »anmutungshafte« Grundwort-
veränderung. »Whisper«-blue ist dafür ein gutes Beispiel. Hier handelt es sich um ein
»geflüstertes« Blau, ein Hauch von Blau, ein Blau, bei dem man hinhören muss [vgl. Synästhesien Kapitel 5: Farbpsychologie], damit man die Nuance erkennt. Bei der Kreation
von anmutungshaften Bezeichnungen stehen Wortklang und Expressivität im Mittelpunkt.
Gute Beispiele sind

- Laserblau: strahlendes, helles Blau
- Manhattangrau: neutrales, modernes Grau
- Amarantrot: dunkles Rubinrot

Die Farbpalette der Hersteller von Künstlerfarben (z.B. Schmincke, Faber-Castell usw.)
bieten ebenfalls Nachhilfe in Farbnamen durch generische und Bezug nehmende Bezeichnungen.

Die Materialfarben und Sonderfarben Zusätzlich zu den elf allgemeinen und den
unendlich vielen Bezug nehmenden Bezeichnungen gibt es jedoch noch eine andere Farb-
kategorie, das sind die so genannten Materialfarben. Die Mineralien, die Gläser, die Hölzer, die Steine, die Lederprodukte - jede Kategorie bringt eine eigene Farbpalette hervor.
Besonders beliebt sind die Namen der Halbedelsteine (Türkis, Rubin, Topas usw.). Wir
können nur empfehlen, die Fachsprachen der Materialtechnologien zu Rate zu ziehen,
um zu neuen Farbnamen zu kommen. Die bekanntesten Materialfarben sind die Metallfarben. Nur Metalle (z.B. Eisen, Gold, Kupfer, Silber, Nickel, Edelstahl usw.) haben einen
natürlichen Glanz. Zusätzlich ist ihnen eine Farbcharakteristik eigen, die zwischen bläulich (Chrom) und gelblich (Gold) schwankt.

Nr.	Farbe		Nr.	Farbe
101	weiß		171	lichtgrün
103	elfenbein		170	maigrün
102	strohgelb		168	moosgrün
104	zinkgelb		167	wiesengrün
105	kadmium zitron		165	wacholdergrün
106	chromgelb hell		158	meergrün
107	zitron		159	hooker's grün
108	kadmium dunkel		172	grünerde
109	chromgelb dunkel		174	zedergrün
111	gelborange		173	olivgrün
113	orange hell		175	sepia dunkel
115	saturnrot		177	sepia hell
117	zinnober		176	van-Dyck-braun
118	scharlach dunkel		178	nougat
121	geraniumrot hell		180	umber
126	karmin dunkel		179	bister
127	karmin hell		182	braunocker
133	bordeaux		183	goldocker
123	fuchsia		185	neapelgelb
128	purpur rosa		184	siena natur
129	krapplack rosa		186	terracotta
125	magenta dunkel		187	ocker gebrannt
119	magenta hell		188	rötel
134	karmoisin		189	zimtbraun
135	violett rötlich		191	pompejanischrot
141	delfter blau		190	venezianischrot
137	blauviolett		192	indischrot
136	purpur		193	karmin gebrannt
138	violett dunkel		194	rotviolett
139	violett hell		124	karminrosa
146	smalteblau		130	fleischfarbe dunkel
140	ultramarin hell		131	fleischfarbe mittel
120	ultramarin		132	fleischfarbe hell
143	kobalt dunkel		270	warmgrau I
144	kobalt hell		271	warmgrau II
147	lichtblau		272	warmgrau III
145	phthaloblau hell		273	warmgrau IV
152	phthaloblau dunkel		274	warmgrau V
110	azurblau		275	warmgrau VI
151	preußischblau		230	kaltgrau I
149	orientblau		231	kaltgrau II
155	nachtgrün		232	kaltgrau III
153	pfauenblau		233	kaltgrau IV
154	türkis		234	kaltgrau V
156	blaugrün		235	kaltgrau VI
161	viridian		199	schwarz
162	französischgrün		099	schwarz weich
163	saftgrün		250	gold
112	laubgrün		251	silber
166	grasgrün		252	kupfer

Farbworte für Künstlerfarben.

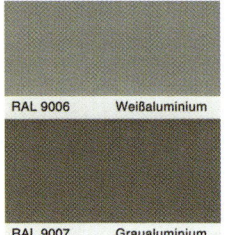

RAL 9006   Weißaluminium

RAL 9007   Graualuminium

Metallfarben nach RAL

Zur Positionierung der Metallfarben zwischen kalt und warm   Kein Farbsystem hat bisher die Metallfarben inkorporiert. Nur das schon sehr alte RAL-System [vgl. Kapitel 6: Farbsysteme] wartet mit zwei Sonderfarben auf (Weiß- und Graualuminium).

Und nun zu den Metallics: Jede bunte und unbunte Farbe kann mit Metallpigmenten versetzt und damit im Charakter verändert werden. Unser Eingangsbeispiel »skarabäus-metallic« bedarf der Erklärung!

Zuerst einmal: Skarabäus hört sich gut an! Wer die doppelte Assoziation entschlüsselt, hat aber ein Aha-Erlebnis: Der Skarabäus ist der berühmte ägyptische »Pillendreher«, ein Käfer, der seine Exkremente formal ausgefallen behandelt. Im Schatz des Tut-ench-Amun wird dieser Pillendreher in dunkelblauem Halbedelstein (Lapislazuli) als Silhouette dargestellt (Abbildung S. 44 unten). Das ist die Lösung: »Skarabäus-metallic« ist ein dunkles Mineralblau, welches darüber hinaus mit silbernen Metallicpartikeln luxuriert wurde. Da man die – zugegebenermaßen sehr schöne Geschichte – bei der Farbgebung nicht mitliefern kann, ist man auf den Klang der Worte angewiesen. Und »Skarabäus« hat einen guten Klang, auch wenn die kulturgeschichtlichen Hintergründe den meisten nicht bekannt sind.

Die Skala der Metallics ist fast nicht mehr überschaubar - jeder Metallton lässt sich mit jeder Grundfarbe mischen.

Zum Schluss bleibt nur noch der Hinweis auf »Spezialfarben«. Spezialfarben sind hier als Restgröße zu verstehen. Neben den Leuchtfarben gibt es Lasurfarben, opake Farben und Effekt-Farben. Ein Spezialgebiet, in das wir uns jedoch nicht verirren sollten:

Skarabäus-Armband,

Ägyptisches Museum

Kairo

Leuchtfarbe:	z.B. Feuerwehrrot
Lasurfarbe:	Holzlasuren decken die Unterschicht (Maserung) nicht ab
transluzente Farben:	durchscheinende Farben (begrenzt transparent)
opake Farben:	deckende Farben zwischen Lasur und Lack (erinnern an Farbschichten)
Effekt-Farben:	Perlmutt-Effekt, Solar-Effekt, Hammerschlag-Effekt, Brillanz-Effekt usw.

| Chrom | Zink | Edelstahl | Alu | Platin | Nickel | Silber | Bronze | Gelbgold | Rotgold |

kalt:
blauer Glanz

grau:
neutraler Glanz

warm:
rotgelber Glanz

Positionierung der Metallfarben zwischen kalt und warm.

Da Metallfarben im Vierfarbdruck nicht farbgenau zu erstellen

sind, versucht man Farbschatten zu generieren.

Schaffung neuer Farbworte Mit der Bezeichnung »Magenta« wurde
erstmals ein neues Farbwort künstlich geschaffen. Das kann man natürlich
auch heute noch tun. Nur der Wortklang, seine Melodie, ist bedeutsam.
Beispiele hierfür sind:

- Inka
- Bali
- Canary
- Buffalo
- usw.

Wichtig ist jedoch bei allen Phantasiebezeichnungen, dass der symbolische Rahmen oder die Assoziationskette und evtl. auch die Synästhesien
adäquat sind. Auch der Wortklang muss interessant sein (vgl. Skarabäus).
Näheres zu diesem Farbphänomen in Kapitel 5: Farbpsychologie.

Schaffung neuer Begriffswelten Oft reicht es nicht mehr aus, sich banale adjektivistische Bezeichnungen auszudenken. Man benötigt umfassende Farbwelten, in denen man ganze Kolorits unterbringen kann. Bei der Entwicklung von Kollektionen behilft man sich dabei mit so genannten Begriffswelten.

Hier einige Beispiele:

- Fresco
- Tropical
- Stempel
- Meeresfauna
- Wasserwirbel
- Barock
- Reptil
- Muschel
- Horizont
- Refugionalismus
- Regionalismus

- Ethno
- Batik
- Mystic
- Atmospheric
- Rich Colonial
- Reminiszenzen an die Antike
- Craquelé
- Konformismus
- Raureif
- verblühte Rosenblätter
- erfrorene Waldbeeren

Wir zeigen hier an drei Farbcollagen, wie gezielt man eigentlich sehr nahe beieinander liegende Begriffswelten differenzieren kann [vgl. dazu Küthe/Thun, Marketing mit Bildern, S. 25]:

Konformismus

Refugionalismus

Regionalismus

Im Modebereich geht man sogar verstärkt dazu über, nur noch abstrakte Begriffsfelder, also so genannte expressive Farbwelten, zur Farbcharakteristik heranzuziehen.
Hier ein Beispiel:

Die einfachen Begriffe

- Opulenz
- Völlerei (in Form und Farbe)
- Schlemmerei
- Fülle (prachtvoll, stilvoll, lustvoll)
- Sinnlichkeit

- Kräftigkeit
- Omnipotenz
- Triumph
- Pracht (raffinierte Sultans-, Märchen-Farben)

werden in schöne Begriffsfelder übertragen:

- High-Protz
- Potenz-Zierde
- Odalisken-Zauber
- Drallheit

- Libido-Farbigkeit
- Kraftstrotz
- Spektakel
- etc.

und diese in noch viel schönere Begriffsfelder umgesetzt:

- Schlemmerei in opulenten Farben
- Triumphale, elitäre Pracht
- High-Prunk in zauberhafter Drallheit

Schlemmerei in opulenten Farben

Triumphale, elitäre Pracht

High-Prunk in zauberhafter Drallheit

Die adäquaten Begriffe für Farbnuancen oder ganze Kollektionen lassen sich z.B. aus so genannten Farblexika [vgl. Seufert, Kornerup/Wanscher usw.] heraussuchen. Leider sind expressive neue Farbworte hier nicht zu finden. Aus diesem Grund ist viel Kreativität nötig, um zu neuen attraktiven Bezeichnungen zu kommen. Bewährt haben sich Synektik-Prozeduren als Methode für gezieltes Suchen nach Farbworten [vgl. dazu auch Kapitel 10: Farbtrends].

Bei der Synektik bildet man bewusst Analogien und Abstraktionen. Letztere können sich z.B. auf Personen beziehen:
- Ist die Farbe männlich oder weiblich?
- Welche Vornamen kann man der Farbe zuordnen?

Auch Analogien zur Natur lassen sich bilden:
- Welche Pflanze?
- Welches Tier?
- usw.

Durch geschickte Kombination von Phasen der Abstraktion, Analogie und Konfrontation erreicht man neue ungewohnte Ergebnisse.

Zum Schluss zeigen wir noch einen 39-teiligen Farbkreis, der sich an den Farben des Regenbogens (Spektralfarben) orientiert. Das Besondere hierbei sind die Farbworte. Neben den allgemeinen Farbworten (Gelb, Violett usw.) tauchen auch Bezug nehmende Bezeichnungen (Fuchsia, Kirschrot usw.) auf. Interessant auch die Verwendung von Phantasiebezeichnungen wie Azur, Capri, China usw.

Zusammenfassung Farbnamen sind nicht eine »noch zu erledigende« Randaufgabe des Produktmanagements. Der Markterfolg einer Kollektion oder einer Einzelfarbe hängt entscheidend vom gewählten Farbwort ab. Der Außendienst ist ohne expressive Farbvokabeln und Harmoniekennungen wenig effizient.

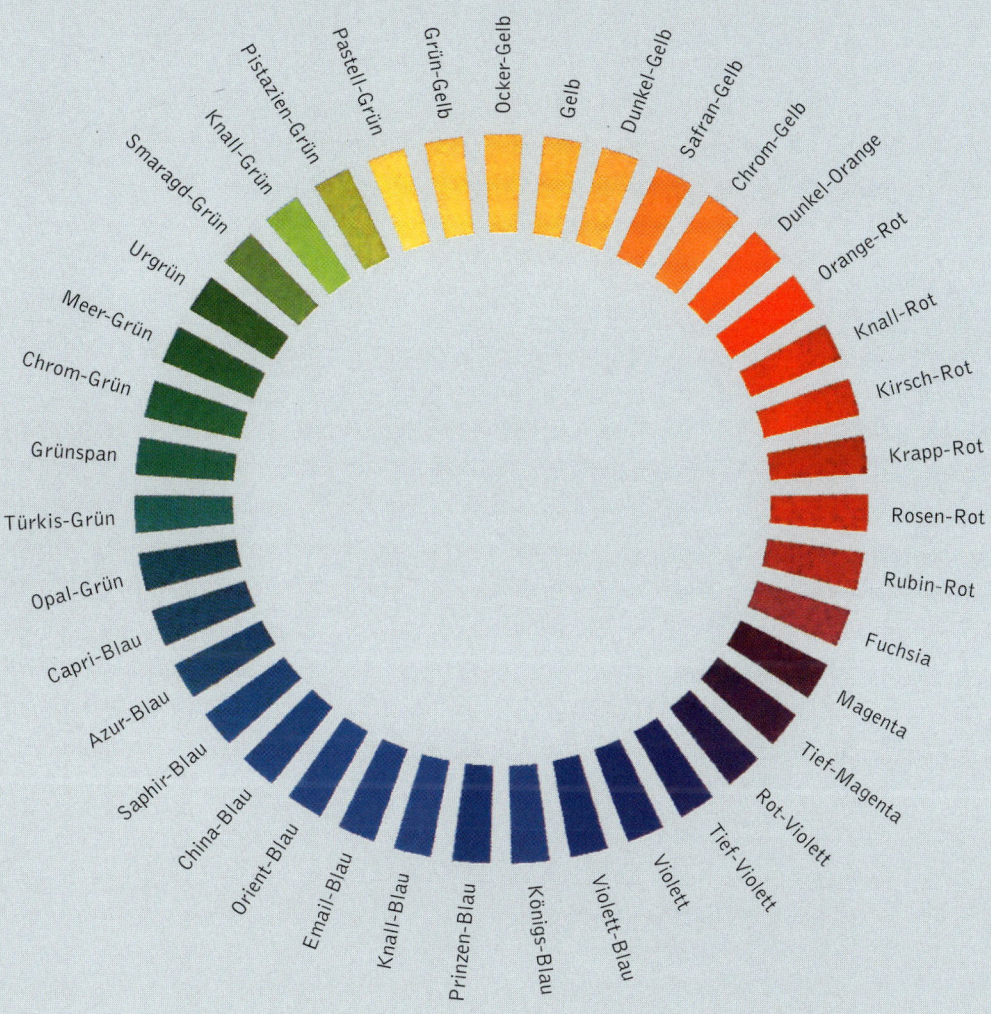

Farbkreis mit expressiver Verwortung (kein Farbsystem)

Spektren, Farbkreise und Farbkörper

Für uns ist es unbegreiflich: Der Servicetechniker, der den Präsentationsbeamer

justiert, redet dauernd von einem RGB-System und sein Kollege, der den Farbkopierer

repariert, hat eine Kontrolle nach dem CMYK-System durchgeführt. Was soll denn das?

Beide Systeme produzieren doch farbige Bilder! Sie werden mit unserer Hilfe diese

Kommunikationsbarrieren schnell durchblicken!

Die Entwicklung der Farbenlehre ist eng mit der Suche nach Grundfarben und ihren Vermischungen verbunden. Zahl und Anordnungen haben eine lange Geschichte, in der sich fünf Entwicklungslinien aufzeigen lassen, aber letztlich zu zwei Systemen mit jeweils drei Elementarfarben geführt haben.

(1) Lineare Farbordnungen von hell nach dunkel Die griechischen Naturphilosophen glaubten, dass Farben aus dem Kampf zwischen Licht und Finsternis entstehen. Eine Idee, die bei den Schattenreihen [vgl. Kapitel 8: Farbkompositionen] wieder auftaucht. »Die Mischfarbe zwischen Weiß und Schwarz ist Rot«, sagten die Griechen. »Zwischen dem Weiß des Tages und dem Schwarz der Nacht liegt das Rot der aufgehenden und untergehenden Sonne« [Gerritsen, S. 24]. Diese Vorstellung bleibt bis ins ausgehende Mittelalter bestimmend. Eine schöne Elementarfarbanordnung, welche nach gotischem Maßwerk strukturiert ist, zeigt folgende Abbildung. Die bunten Farben (Gelb = Flavus, Rot = Rubeus, Blau = Caeruleus) sind zwischen Weiß (Albus) und Schwarz (Niger) aufgespannt.

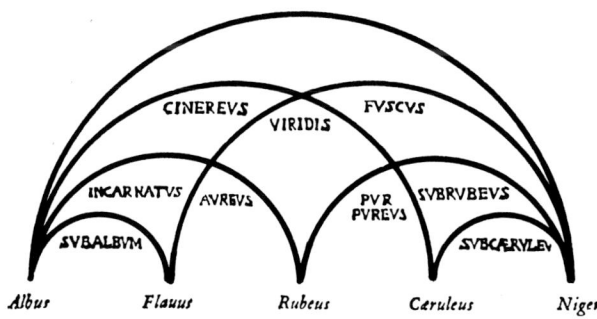

Gotisches Maßwerk als Farbsystem [vgl. Kirchner 1616]. Man erkennt sehr schön, wie die bunten Farben Gelb und Blau sich zu Grün (Viridis) verbinden; Rot und Weiß ergeben »fleischfarben« (Incarnatus), also Rosa.

(2) Newton-Versuche und Spektren Mit der linearen Farbordnung zwischen Weiß und Schwarz räumte der Physiker Isaac Newton (1643–1727) auf: Er zerlegte das Tageslicht mit Hilfe eines Glasprismas in eine fortlaufende Reihe von nur bunten Farben. Dieses farbige Band nennt man Spektrum. Newton identifizierte sieben Farben (Spektralfarben) und gab ihnen die Bezeichnung Rot, Orange, Gelb, Grün, Blau, Indigo und Violett. Die Spektralfarben sind mit den Regenbogenfarben identisch, so dass man sich auch ohne kompliziertes technisches Gerät bei entsprechender Wetterlage von der Richtigkeit des Farbspektrums überzeugen kann.

Alle diese Farbnamen gelten heute noch, nur »Indigo« nennt man inzwischen Violett-Purpur. Betrachtet man dieses Spektrum auf seine Verteilung der Farben genauer, so wird man feststellen, dass Rot, Grün und Violett im Gegensatz zu den anderen Farben stärker vertreten sind. Es sind die Grundfarben der Physik.

In diesem physikalischen Spektrum kommen jedoch – im Gegensatz zur linearen Farbordnung der Griechen – die Farben Schwarz und Weiß nicht mehr vor. Das wirft natürlich Probleme auf – in Punkt 5 dieses Kapitels zeigen wir die Problemlösung. Es hat dann noch etwa 100 Jahre gedauert, bis der Physiker Thomas Young (1773–1829) die Frequenzen des Spektrums bestimmt hat (von 400 bis 800 nm = 1 nm = 10^{-9}m). Es hat nochmals 50 Jahre gedauert, bis gemessen wurde, welche Intensitäten die einzelnen Farbanteile haben. Je nach Lichtart können die spektralen Anteile stark schwanken. Heute wird die Lichtfarbe von Beleuchtungskörpern als Spektrum angegeben. Die Verteilung der Farbanteile und ihre Intensität (so genannter spektraler Fluss) gibt die Qualität der Lichtfarbe an.

(3) Goethe: Farbdreiecke und Kreise Johann Wolfgang von Goethe (1749–1832) hat seine ab 1810 veröffentlichten Abhandlungen zur Farbe immer höher als sein dichterisches Werk eingeschätzt. Seine Farbenlehre wird beherrscht von dem Versuch, Newton und seine physikalischen Versuche zu diskreditieren.

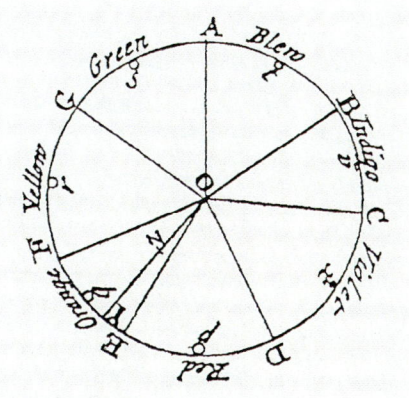

Isaac Newtons Experimente mit Lichtstrahlen, die er durch Prismen leitete, gaben den Anstoß zu einer physikalischen Farbtheorie.

Farbenrad: Newton arrangiert die Farben des Spektrums nach ihrer Reihenfolge und ihrem jeweiligen Anteil als Erster in Kreisform [aus Gage].

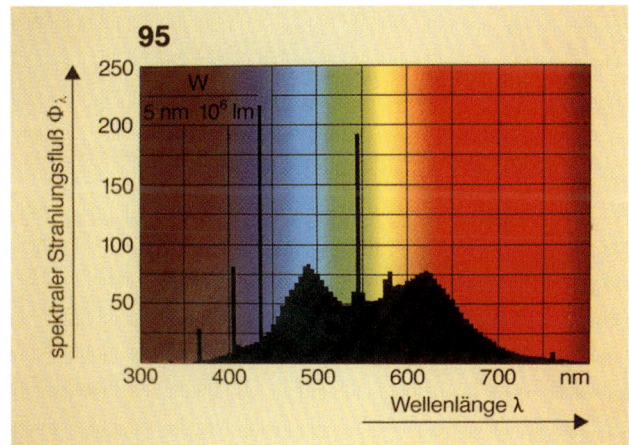

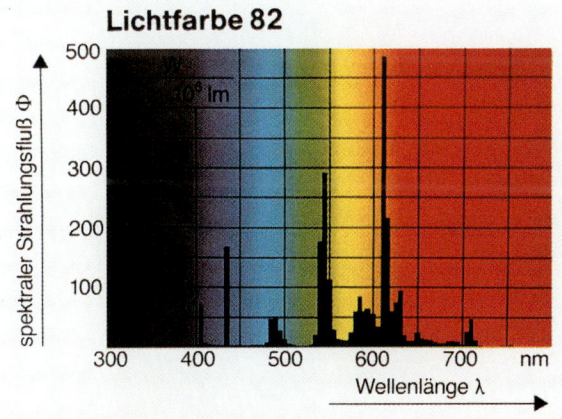

Der spektrale Fluss von Lichtfarbe 95 ist erheblich ausgeglichener und besitzt nicht wie Lichtfarbe 82 ein starkes Maximum des Flusses im Bereich des roten Lichts. Deshalb kommt die Lichtfarbe 95 dem natürlichen Tageslicht »näher«.

Drei Dinge haben Goethes Widerspruch herausgefordert:

a) Alle Farben entstehen aus dem Grau, der so genannten Trübe, und nicht aus dem weißen Licht. Diese Überlegung war der Idee der griechischen Naturphilosophen nicht unähnlich, die ja alle Farben zwischen Weiß und Schwarz einordneten. Goethe hat für seine Idee, die auf der Naturbeobachtung beruht, folgende Erklärung: Das Sonnenlicht ist farblos; wenn der Himmel jedoch bewölkt ist (also trübe!), erscheinen die Sonnenstrahlen gelb. In der Abenddämmerung (wieder trübe!) ist der Himmel dunkelrot.

b) Drei, aber ganz andere Grundfarben gibt es! Seine Naturphänomene überträgt Goethe auf »Versuche«, wobei er weiße Papierstreifen auf schwarzem Untergrund durch quadratische Glastuben betrachtet. Dabei entstehen so genannte Kantenspektren, die im Gegensatz zu den Newton-Spektren Gelb, Blau und Purpur als zentralen Farbanteil aufweisen. Das kann man sehr einfach an einer CD überprüfen.

Der entscheidende Satz: »›Gelb, Blau und Purpur‹ sind als Trias jeweils gegeneinander gestellt« hat bei den Physikern für Heiterkeit, bei den Künstlern jedoch für viel Beifall gesorgt. Aber trotzdem: Purpur, Blau und Gelb nehmen die drei Grundfarben der Drucktechnik schon vorweg.

Links: An einer CD kann man die Kantenspektren überprüfen: Hier gibt es auch Magenta (d. h. Purpur).

Rechts: Farbdreieck nach Goethe mit den Grundfarben Purpur, Blau und Gelb.

Darüber hinaus hat Goethe ein Schema der Seelenkräfte entwickelt und den Farben Berufe und Mentalitäten zugeordnet, z.B. Purpur = Herrscher (hier erkennt man noch die Symbolik des Purpurs), Gelb = Bonvivant (Symbolik der Leichtigkeit), Blau = Geschichtenschreiber/Lehrer (Symbolik der Rationalität). Darüber hinaus hat Goethe sein Schema der Grundfarben weiter entwickelt. Wie phantasievoll er mit den Grundgestimmtheiten umgeht, erkennt man am äußeren Rand.

c) Farben müssen polaren Charakter haben. Newton hatte seine sieben Grundfarben in unsystematischer Kreisform angeordnet. Er berücksichtigt dabei die spektralen Prozentanteile. Goethe fertigte daraus einen Kreisel, der – wenn er in Rotation versetzt wird – sich wieder zu Weiß ergänzen sollte: also das »weiße« Tageslicht wieder »hervorbringen« sollte. Leider kam dabei immer Grau heraus, und das bestärkte Goethe natürlich in seiner »Trübetheorie«.

»Dass alle Farben zusammengemischt Weiß machen, ist eine Absurdität, die man nebst anderen Absurditäten schon ein Jahrhundert gläubig und dem Augenschein entgegen zu wiederholen gewohnt ist« [Goethe, Farbenlehre § 558, zitiert nach Pawlik, S. 145]. Heute wissen wir natürlich ganz genau, warum bei den Kreiseltests Grau ent-

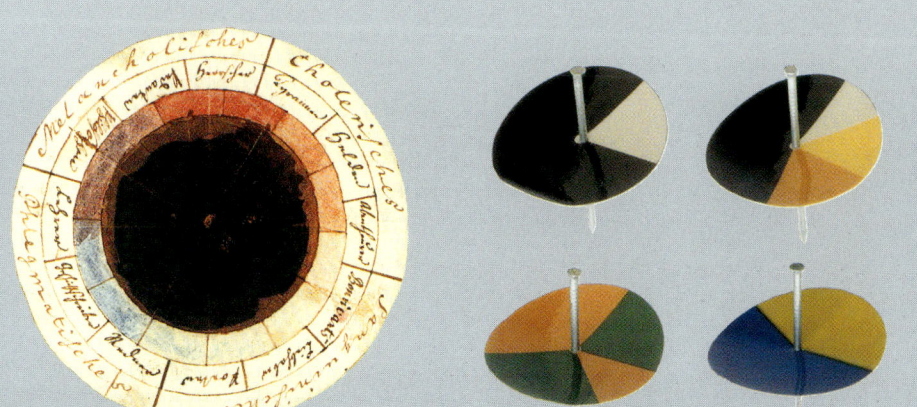

Links: Goethes Schema der Seelenkräfte für Berufe und Mentalitäten.

Rechts: Sie können sich selbst überzeugen: Alle Kreiseltests, mit unterschiedlichen Farbanteilen aufgebaut, ergänzen sich nie zu Weiß – es wird auf eine Weise immer wieder Grau.

stehen muss (Pigmente und nicht Farblichter werden verwendet). Für Goethe war es die Aufforderung, einen anderen Farbkreis zu konstruieren, einen Farbkreis, der aus drei Grundfarben abgeleitet und zu sechs Farben erweitert wird:

Als Besonderheit hat dieser die Polaritätenkennung, Gegenfarben, also jene, die wir heute als Komplementärfarben bezeichnen und von Goethe als »harmonisch« interpretiert wurden. Der Goethe´sche Farbkreis setzte sich wegen seiner Regelmäßigkeit in der künstlerischen Lehre durch, weil er außer der harmonischen Farbkennung noch andere Farbkennungen formulierte. Im Kapitel 7: Farbästhetik berichten wir darüber ausführlich.

(4) Zusammenschau: zwei Theorien, ein System
Hätte man die Versuche von Goethe und Newton einmal genauer betrachtet, wären Missverständnisse und Fehlinterpretationen bei den Grundfarben erspart geblieben. Wir zeigen hier eine Originalabbildung von Martin [S. 45], der die Zusammenhänge und Unterschiede didaktisch hervorragend gegenübergestellt.

Es gibt heute zwei Tatbestände, die auch breite Schichten für die notwendige Revision der Kontrastlehre der Künstler sensibilisiert haben: das Aufkommen der Farbkopierer und die elektronischen Farben des Bildschirms. Die Drucktechniker (Dreifarbendruck + Schwarz, so genanntes CMYK-System, K steht für Schwarz) wussten schon immer: Cyan (Blau), Magenta, und Yellow (Gelb) sind ihre Grundfarben. Heute kann sich jeder leicht selbst überzeugen; ein Farbkopierer hat drei Pigmentreservoirs mit den genannten Farben und eines für Schwarz.

Alle Farbnuancen lassen sich durch eine Intensitätsveränderung der Farben und eine entstehende Überlagerung (Zusammendrucken) erzeugen. Man nennt übrigens die Theorie, die hinter der Drucktechnik steht, »subtraktive Farbtheorie«. Die Erklärung ist leicht einzusehen, wenn man von zwei Grundannahmen ausgeht:

1. Die Newton'sche Regel: Weißes Licht besteht aus den Grundfarben Rot, Grün und Violett.
2. Die Komplementär-Regel: Ein Pigment absorbiert die Komplementärfarbe und reflektiert die eigene Farbe.

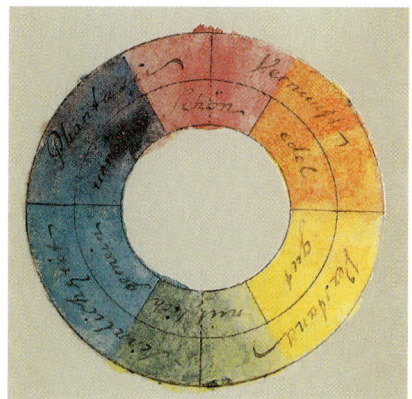

Der Goethe'sche Farbkreis als Faksimile [aus: Kultur und Technik, 1995]; Goethe hat seinen Farbkreis geomerisiert (Polaritäten) und außerdem Empfindungen und Verstandsleistungen zugeordnet.

Die Grundfarben des Farbkopierers lassen sich gut an diesem Testblatt studieren.

Newton 1666	Goethe 1791
Objektiver Versuch mit Prisma. In ganz verdunkelter Kammer Licht nur durch ein schmales Loch im Fensterladen durchgelassen.	Subjektiver Versuch mit Prisma. In frisch geweißtem Zimmer Licht nur durch schmalen Fensterstab gehindert.

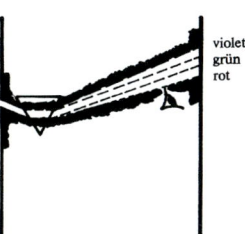

violett
grün
rot

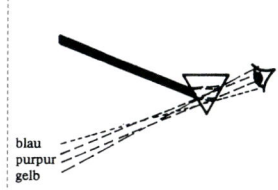

blau
purpur
gelb

Newtonsches Spektrum	Goethesches Spektrum
Homogene Lichtstrahlen verschiedener Brechbarkeit sind im Licht enthalten.	Farben entstehen an Hell-Dunkel-Grenzen durch Wechselwirkung von Licht und Finsternis.
Strahlungen als Quantitäten	*Farben als Qualitäten*

Farbordnung als Kreis	Farbordnung als Dreieck
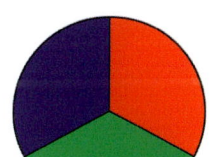	

Newton (Farbordnung als Kreis, links) und Goethe (Farbordnung als Dreieck, rechts) im Vergleich nach Martin. Interessanter Hinweis: Goethe präzisiert die Farbnamen Purpur durch die Bezug nehmende Bezeichnung »Pfirschblüt« (pfirsichblütenfarbig) – toll!

Nun die Erklärung der subtraktiven Farbmischung am Beispiel der Mischung von Malfarben: Blau + Gelb = Grün; Blau absorbiert aus dem weißen Tageslicht seine Komplementärfarbe, das Rot. Gelb absorbiert aus dem weißen Tageslicht seine Komplementärfarbe, das Violett. Da das ursprüngliche weiße Tageslicht rot, grün, violett ist, also bei der Farbmischung um zwei Farbanteile vermindert wurde, d.h. Rot und Violett subtrahiert wurden, kann nur noch Grün als Gesamteindruck übrig bleiben. Alles klar?

Und nun zu den Bildschirmfarben: Ein Monitor hat drei Sorten farbiger »Pixel« bzw. Streifen, die man sich einmal genau ansehen sollte: Rot, Grün und Violett. Diese werden durch auftreffende Elektronen aktiviert und ergeben je nach Zusammenspiel eine beliebige Zahl von Farben (elektronische Farben): Die elektronischen Grundfarben sind also absolut verschieden von den subtraktiven Grundfarben des Malkastens bzw. des Farbkopierers. Sie werden auch anders eingesetzt, nämlich nicht durch Ausfilterung, d.h. Überdruckung, sondern durch Übereinanderprojektion. Man nennt das additiv. Für die additiven Grundfarben ergeben sich daher auch andere Mischregeln, die man an folgender, bekannter Konfiguration ablesen kann:

■ Rot + ■ Grün = ■ Gelb
■ Grün + ■ Violett = ■ Blau
■ Rot + ■ Violett = ■ Magenta

Hinweis: Die Bildschirmfarben werden (leider!) auch als RGB-System bezeichnet. Das ist insofern irreführend, als Blau eine Grundfarbe des subtraktiven Systems ist. Farblogisch müsste man Rot-Violett-Grün-Ordnung (also RVG!) sagen - aber das lässt sich wohl nie wieder ändern [vgl. Kapitel 1, S. 30]!

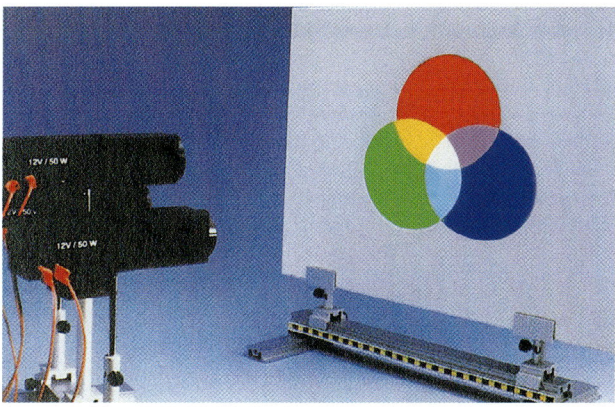

Die generelle Abmischung der Malfarben stellt sich wie nebenstehend dar [aus: Sölch].

Die additiven Grundfarben und ihr Zusammenspiel lassen sich mit drei Projektoren demonstrieren [aus: Sölch].

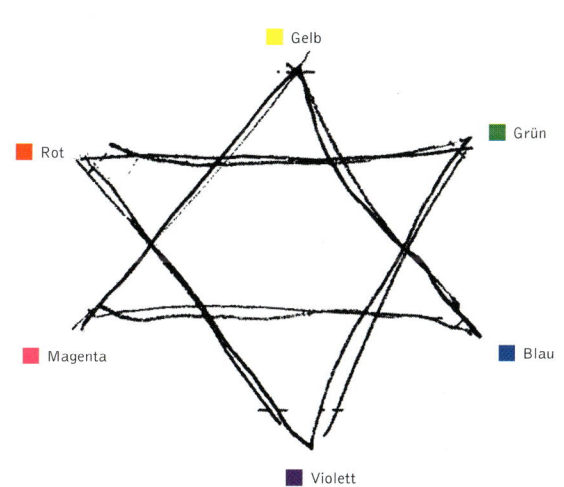

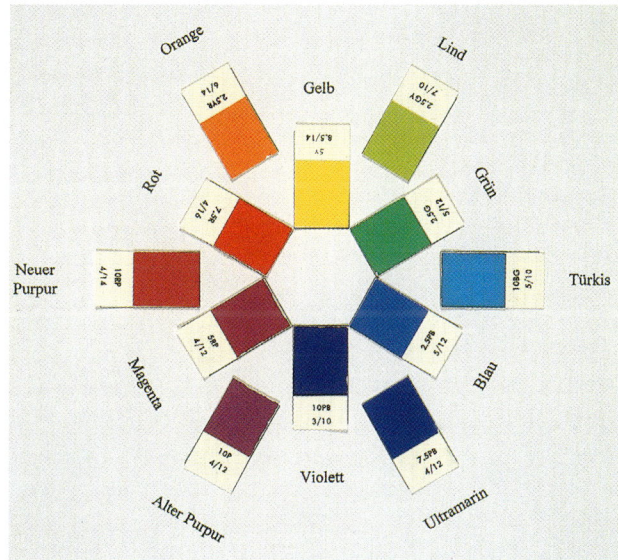

Man erhält eine wirklich zuverlässige Ordnung der bunten Grundfarben, wenn man die drei Grundfarben der additiven und subtraktiven Mischung zusammenfügt: die sechs Grundfarben als Summation von additiven und subtraktiven Farben.

Will man zusätzlich die schon erwähnten anderen Farbworte einbeziehen, erhält man den richtigen zwölfteiligen Farbkreis, der auch Magenta und Purpur benutzt.

Dieser Farbkreis unterscheidet sich erheblich von anderen Farbkreisen [vgl. S. 49]. Das zeigt sich nicht nur an der Namensgebung, sondern auch darin, dass sich zum Teil andere Farben gegenüberstehen. Man kann es drehen und wenden, wie man will, der Farbkreis nach Itten und anderen Künstlern ist einfach psychologisch falsch! Zum Glück sind die Grundfarben als so genannte Euro-Normfarben nun für jedermann zu haben, und damit hört die Diskussion endgültig auf.

(5) Farbordnungen in der dritten Dimension

Wer als Erster Farbräume entwickelt hat, ist auch mit Hilfe der einschlägigen Literatur [vgl. z.B. Gerritsen, S. 38] nicht eindeutig nachzuweisen. Wichtig ist, dass im Rahmen der physiologischen Forschung [Wundt 1893] ein Kegel als Farbraum stark diskutiert wurde. Von da aus war es nicht mehr weit, bis Ostwald 1917 seinen berühmten Doppelkegel vorstellte:

Diese Konfigurationen positionieren auf der Kreisperipherie alle bunten Farben (wobei die Zahl keine Rolle spielt) und mischen gedanklich Weiß oder Schwarz auf der Mittelachse hinzu. In dieser Reihe bringt der Küppers'sche Farbwürfel [Küppers, Grundgesetz, S. 79] diese geomorphen Ordnungsversuche zum Abschluss.

Die Würfelkonfiguration hat den Vorteil quadratischer Schnittebenen. Das kann für die Herstellung übersichtlicher Farbtabellen nützlich und sinnvoll sein [Küppers, S. 78]). Die Nachteile dieser geometrisch strengen Farbordnungen liegen jedoch auf der Hand. Sie berücksichtigen nicht die physiologischen Gegebenheiten des Auges. Obwohl Grün z.B. vom Auge in viel feineren Nuancen wahrgenommen und differenziert werden kann als Gelb, erhält jede Farbe den gleichen Platz eingeräumt. Dieser Nachteil wird erst bei den physiologisch orientierten Farbsystemen beseitigt, die wir in Kapitel 6 ausführlich vorstellen wollen.

Die drei Euro-Norm-farben (Magenta, Gelb und Cyan) ergeben endlich den psychologisch richtigen Farbkreis.

Zusammenfassung

Es gibt – man kann es drehen und wenden, wie man will – zwei mal drei Grundfarben, jeweils nach einer anderen Basistheorie. Insgesamt lassen sich also sechs bunte Grundfarben definieren, die komplementär kombiniert mal Schwarz (subtraktiv) bzw. Weiß (additiv) ergeben. Diese bunten Farben lassen sich durch Zusatz von Schwarz und Weiß verändern. Das Ergebnis dieser Veränderungen wird in geometrischen Figuren wie Doppelkegel, Kugel oder Würfel positioniert.

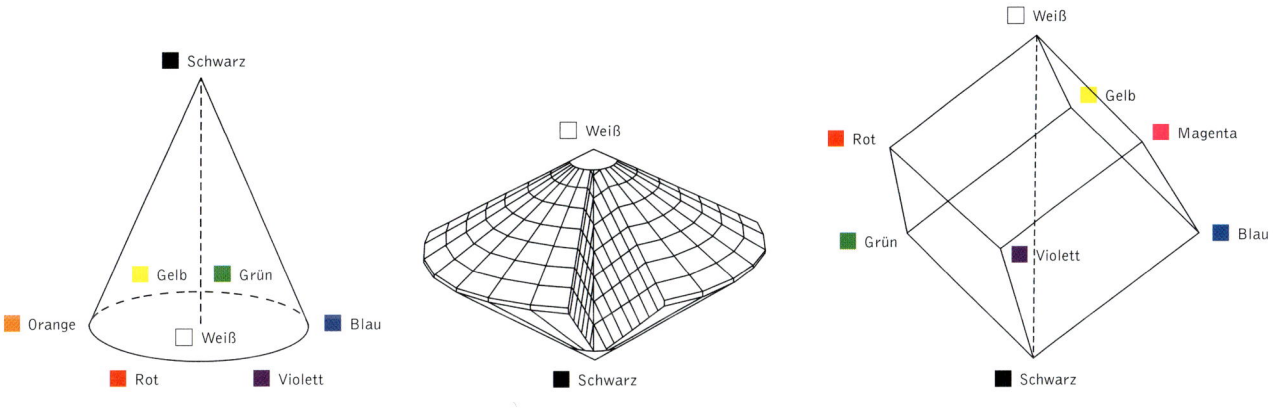

Kegel nach Wundt, 1893

Doppelkegel nach Ostwald, 1917

Farbwürfel nach Küppers: Dieser leider nicht physiologische Ordnungsversuch arbeitet als einziges System richtigerweise mit den sechs bunten Grundfarben.

Von physikalischen Reizen und menschlichen Reaktionen

Dieses Kapitel kann im Ernstfall nützlich sein, weil wir aufzeigen wollen, welche chirurgischen Kliniken unbedingt zu meiden sind. Man kann nämlich an der Farbe der Kittel und Tücher erkennen, wie modern das OP-Team agiert! Blaue Kleidung ist farbphysiologisch unbedenklich – Grün sollten Sie ablehnen und darauf bestehen, die Farbe zu wechseln.

Die Physiologie ist die Lehre von den »Grundlagen des menschlichen Lebens«. Er-
nährungsphysiologie, Bekleidungsphysiologie, Arbeitsphysiologie, Wohnphysiologie usw.
sind eigenständige Forschungsbereiche. In den 30er Jahren erreichte die Sinnesphysiologie in Deutschland ihren Zenit. Die Bücher von v.Skramlick [Handbuch der niederen
Sinne und Handbuch der höheren Sinne] sind Meilensteine der sensorischen Forschung. Die
Farbphysiologie hat sich aus dem Bereich der höheren Sinne (Optik und Akustik) quasi
ausgegliedert und bildet heute einen eigenen Forschungsbereich. Vier zentrale Fragen
werden versucht zu klären: Wie ist das Sinnesorgan Auge aufgebaut, und zu welchen sensorischen Leistungen ist es fähig? Auf welche Art und Weise kommen Sinnesmodalitäten
zustande, welche Eindrücke, Empfindungen und Wirkungen sind möglich? Wie wandeln
sich Eindrücke in Empfindungen und latente Erfahrungen um? Wie müssen farbige Kolorits gestaltet sein, damit man sich z.B. in einem Raum wohlfühlt, welchen Einfluss haben
Farben generell auf Humanfunktionen (inkl. Heilungsprozesse und Farben)? Während der
erste Fragenkomplex eher einen physikalisch-naturwissenschaftlichen Forschungsansatz
hat, sind die anderen Fragen psychologisch.

Das Auge als Sinnesorgan   Natürlich ist die physikalische Welt farblos. Die Physik
kennt nur Frequenzen oder den Strahlungsfluss [vgl. S. 53] bzw. Emissions- und Remis-
sionskurven. Letztere zeigen für den sichtbaren Bereich des Frequenzbands zwischen 400
und 800 nm die prozentuale Verteilung der Frequenzen und ihren Strahlungsfluss. Von
Braun oder Silberfarbig haben Physiker im Zusammenhang mit Farben nie etwas gehört.

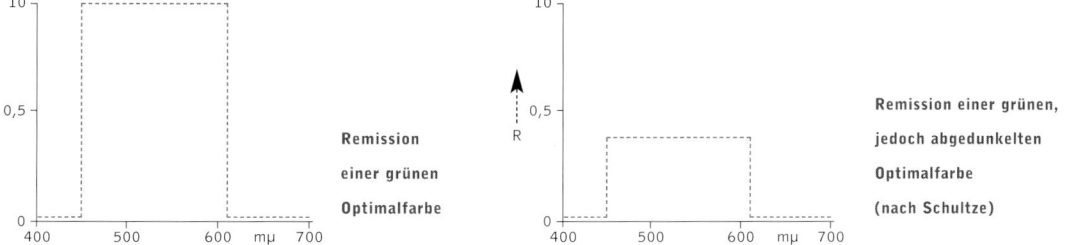

Remission
einer grünen
Optimalfarbe

Remission einer grünen,
jedoch abgedunkelten
Optimalfarbe
(nach Schultze)

Was das menschliche Auge nun aus dieser Reizlage macht, d.h. die Reaktion der Emissionskurven zu testen, ist die zentrale Aufgabe der Physiologen. Zuerst hat man den Aufbau des menschlichen Auges untersucht: Linse, Pupille und vor allem Netzhaut und Sehnerv.

Auf der Netzhaut gleichberechtigt angeordnet sind zwei Sorten von Sinneszellen, die nach ihrer Form »Stäbchen« und »Zapfen« genannt werden. Die Stäbchen sind empfindlich für Intensitäten und weniger für Frequenzen, die Zapfen für Frequenzen und weniger für Intensitäten. Damit ist vorgegeben, dass die Stäbchen für Schwarz-Weiß-Sehen, d.h. für das Dämmersehen, Nachtsehen zuständig sind, die Zapfen für die Grundfarben-Identifikation, d.h. das Tagessehen.

Nur am Rande sei hier vermerkt, dass die Zapfen der additiven Farbtheorie gemäß funktionieren, also Grundempfindlichkeiten im Bereich der Farben Rot, Grün und Violett haben. Für alle, die es einmal genauer wissen wollen, haben wir hier die Differenzspektren der menschlichen Sehzellen (Zäpfchen) einmal abgebildet. Man erkennt, dass die Absorptionsmaxima bei 455, 535 und 570 nm liegen und in etwa den Farben Blau-Violett, Grün und Gelb-Rot entsprechen. Die Absorptionskurve der letzten beiden Zapfenknoten ist allerdings bis in den Rotbereich ausgedehnt.

Interessant zu wissen: Man hat auch »Tetrachromaten« entdeckt. Personen, die auch für Gelb als Grundfarbe empfindlich sind.

Die sensorischen Leistungen des Auges   Wir wissen aus der allgemeinen Sinnesphysiologie, dass sich alle Sinneserlebnisse auf vier Dimensionen erstrecken. Nehmen wir als Beispiel den Geruch einer Blüte: Wir nehmen den Duft flüchtig oder lang wahr (**Zeitdimension**), es riechen nur die Blütenkelche oder auch die Blütenblätter (**Raumdimension**), der Duft ist frisch oder fruchtig, das bezeichnet man als **Qualitätsdimension**. Darüber hinaus kann man ausgeprägte oder leichte Geruchsspuren entdecken, das ist die **Intensitätsdimension**. Im Folgenden wollen wir die Leistungen des Auges nach diesen vier Kriterien untersuchen.

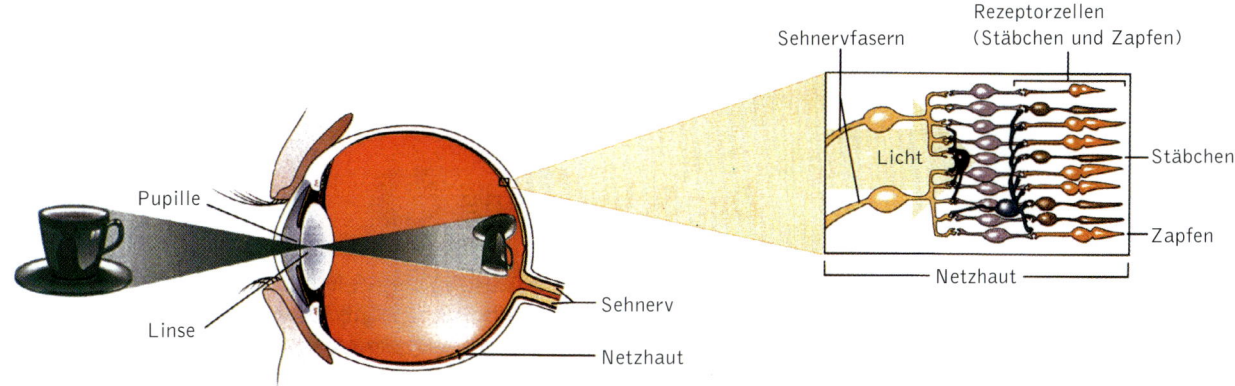

Sehnervfasern
Rezeptorzellen
(Stäbchen und Zapfen)

Licht

Stäbchen

Zapfen

Netzhaut

Pupille

Linse

Sehnerv

Netzhaut

Der Aufbau des Auges generell und eine Schnittvergrößerung der Netzhaut.

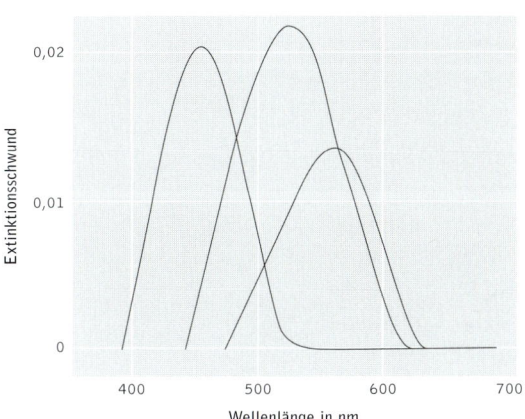

Differenzspektren der menschlichen Sehzellen mit ihren

Absorptionsmaxima 455, 535 und 570 nm [aus: Keidel, S. 238]

Der siebte Sinn
Wie Tetrachromaten sehen

Normalsichtige Menschen haben Rezeptoren für die Farben Grün, Rot und Blau. Die im Farbspektrum zwischen Rot und Grün angesiedelten Gelbtöne werden wahrgenommen, wenn sowohl Rot- als auch Grünrezeptoren auf der Netzhaut gereizt werden.

Tetrachromaten haben zusätzlich einen Rezeptor für eine Farbe zwischen Rot und Grün. In einer Mischung aus rotem und grünem Licht können sie daher viel mehr Farbabstufungen unterscheiden als Normalsichtige.

1. Zeitdimension: Simultan- und Sukzessivkontrast Die Physiologen haben zwei Phänomene des Farbsehens herausgearbeitet: den Gleichzeitigkeitskontrast (Simultankontrast) und den allmählich nachfolgenden oder Sukzessivkontrast.

Der Simultankontrast beschreibt ein Phänomen, welches man als Wirkung der »Umfeldfarben« beschreibt. Unser Sehorgan wird die objektiv gleiche Farbprobe anders empfinden, wenn die Umgebungsfarbe sich ändert. Den unbunten Simultankontrast kann man sehr einfach formulieren: »Ein mittleres Grau sieht auf einem weißen Hintergrund dunkler aus als auf einem schwarzen.« Anders ausgedrückt: Helle Graunuancen präsentiert man besser auf dunklem Hintergrund, dunkle Grautöne besser auf weißen Substraten.

Der bunte Simultankontrast ist schwieriger zu generalisieren; Marx [S. 14 ff.] demonstriert die zu erwartenden Effekte sehr ausführlich. Für unsere Betrachtung sind zunächst einmal folgende Prinzipien bedeutsam:

Der Simultankontrast:

Die beiden Quadrate in der Mitte reflektieren dieselbe Lichtmenge in Ihre Augen,

doch wegen des Simultankontrasts erscheinen sie unterschiedlich hell.

Anwendung des Simultankontrastes:

Helle Graunuancen kommen auf dunklem Hintergrund gut zur Geltung.

Dunkle Grautöne bekommen Charakter auf hellen Hintergründen.

Dunkle Bunttöne gewinnen Farbreichtum und Brillanz vor hellem Fond.

Zarte Farben verlangen weiche Hintergründe, robuste Farben vertragen starke Nuancen.

Helle Bunttöne werden vor den Komplementärfarben nuancenreicher.

Neutrales Grau wirkt auf verschiedenen Hintergründen jeweils anders.

Eng mit dem Simultankontrast hängt auch die Lesbarkeit, Erkennbarkeit oder Lese-freundlichkeit zusammen. Bei Lesbarkeitstests, d.h. bei der Kombination farbiger Schrift-zeichen auf farbig kolorierten Hintergründen, hat es in der Vergangenheit viel Verwirrung gegeben. Man muss zuerst einmal die normale Leseentfernung (ca. 25 Zentimeter, bei Kindern ca. 15 Zentimeter) von der weiten Leseentfernung unterscheiden. Im einen Fall geht es um ermüdungsfreies Lesen eines längeren Textes, im anderen Fall um die Erkenn-barkeit von Texten (geringer Längen) auf weite Entfernungen. Empirisch erhoben [Frieling, Verkaufen, S. 77] hat sich folgendes Ranking ergeben:

1	■	Schwarz auf Gelb
2	■	Rot auf Weiß
3	■	Grün auf Weiß
4	■	Blau auf Weiß
5	□	Weiß auf Blau
6	■	Schwarz auf Weiß
7	■	Gelb auf Weiß
8	□	Weiß auf Rot
9	□	Weiß auf Orange
10	□	Weiß auf Schwarz
11	■	Rot auf Gelb
12	■	Grün auf Rot
13	■	Rot auf Grün

gut
- ■ Schwarz auf Gelb
- ■ Schwarz auf Weiß

mittel
- ■ Grün auf Weiß
- ■ Dunkelblau auf Weiß
- ■ Rot auf Weiß
- ■ Rot auf Hellgelb
- ■ Gelb auf Schwarz
- ■ Orange auf Schwarz
- ■ Schwarz auf Hellblau

schlecht
- ■ Gelb (Orangegelb) auf Weiß
- ■ Schwarz auf Blau
- ■ Purpurrot auf Schwarz
- ■ Rot auf Blaugrün

Der Grad der Erkennbarkeit ist von Marketingpraktikern untersucht worden. Dabei ergeben sich natürlich Unterschiede, wie das Ergebnis einer Testreihe in der Fachzeitschrift »Direkt-Marketing« zeigte. Das Resul-tat ist nebenstehende Rangfolge.

Farbe und Lesbarkeit

Schwarze Schrift auf gelbem Grund hat die beste Fernwirkung.

Schwarze Schrift auf weißem Grund hat die beste Nahwirkung.

Fernwirkung und Nahwirkung gelten für verschiedene Arten von Informationen. Fernwirkung ist wichtig für

Informationen wie Verkehrszeichen: für kurze Informationen, deren Bedeutung bekannt ist.

Fernwirkung spielt keine Rolle bei längeren Texten mit unbekannten Informationen. Sie müssen immer aus der Nähe gelesen werden. Dabei wirken Farben störend.

Viele glauben, rote Schrift hätte einen besonders hohen Aufmerksamkeitswert, tatsächlich aber werden rotgedruckte Texte weniger gelesen als schwarzweiß gedruckte. Rotgedrucktes erweckt heute den Eindruck unwichtiger Werbung. Dagegen wirkt schwarzweiß Gedrucktes seriös und informativ.

Je geringer der Helligkeitskontrast von Schrift und Untergrund, desto geringer die Lesbarkeit.

Je farbiger ein Text, desto schwieriger ist er zu lesen, desto unwichtiger erscheint die Information.

Einen guten und dabei selbsterklärenden Überblick gibt Eva Heller.

Kritisch muss angemerkt werden, dass sich die Ergebnisse zum Teil widersprechen. Das ist nicht verwunderlich, weil die experimentelle Ausgangslage jeweils anders war.

Der **Sukzessivkontrast** hat mit Nachbildfarben zu tun. Hierzu kann man folgende Selbstversuche machen: Wird ein farbiger Gegenstand mit hoher Farbintensität ca. 20 Sekunden unverwandt betrachtet, so erscheint einige Sekunden nach Abwenden des Blickes auf eine neutrale Fläche ein negatives Nachbild in der Gegenfarbe. Das bedeutet, dass beim Betrachten einer Abfolge von Farben die einzelnen Kolorite anders wirken, als wenn man sie einzeln betrachtet hätte.

Mit dieser so genannten Komplementärfarbe ist in der Vergangenheit viel Unfug getrieben worden, da hier Physiker, Laien und Physiologen durcheinander geredet haben. Heute stellen sich aus physiologischer Sicht die Komplementärfarben wie folgt dar:

Komplementärfarben (Purpur vs. Grün, Violett vs. Gelb, Rot vs. Blaugrün) auf physiologischer Basis [aus: Keidel].

Hinweis: Jetzt verstehen Sie auch, warum Wundtücher im OP (auch die Kittel) Blaugrün sind – es ist die Komplementärfarbe zum Rot des Blutes. Beide Farben verschmelzen in der Wahrnehmungsabfolge zu neutralem Grau und belasten damit kaum die Differenzierungsleistung.

2. Raumdimension: Fläche und Raum Der psychologischen Physiologie [vgl. Metzger, S. 180] verdanken wir einige interessante Farbbeobachtungen: Es ist nicht gleichgültig, wie eine Farbfläche begrenzt wird (exakt oder ausgefranst). Der Randgradient verändert den Farbeindruck. Es ist zu unterscheiden, ob die Farbfläche vom Auge als begrenzt erkannt wird (Oberflächenfarbe), oder ob eine Farbfläche quasi ohne Anfang und Ende als echte Flächenfarbe erkannt wird (Flächenstreckung). Auch die »Farbtiefe« gehört zu dieser Kategorie.

Farbe und Randgradient Selbst die Hersteller von Künstlerfarben haben es noch nicht gelernt: Eine zerklüftete Randgestaltung, eine nicht exakt begrenzte Silhouettenführung lässt einen Farbton heller erscheinen. Harte, präzise geometrische Begrenzungen eines Farbmusters wirken dichter, kompakter und damit farbiger. Man kann eine Farbe durch logarithmische Farbverläufe am Rand sogar so zart wirken lassen, dass sie im direkten Vergleich keinen Bezug mehr zur Ursprungsfarbe hat.

Farbe und Flächenerstreckung Oberflächenfarben haben eine deutliche Begrenzung. Flächenfarben verlieren sich – wie der Horizont – ohne Anfang und Ende im Nichts. Das ist auch der Grund dafür, dass Oberflächenfarben kräftiger wirken und kompakter sind.

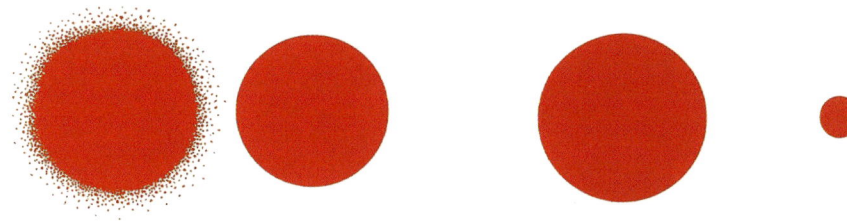

Beiden Farben sind gleich – die Farbe des Kreises mit
dem inhomogenen Rand wirkt jedoch leichter (heller).

Obwohl beide Farben gleich sind,
erscheint der kleine Punkt intensiver.

Bei der Gestaltung von Farbmustern für Farben, die nachher als Flächenfarben wirken (z.B. Wandfarben), sind die Farbmuster also einige Nuancen farbreduzierter zu drucken. Man muss natürlich bedenken, dass manche Verwender die Farbfläche z.B. für Schlüssel-farben-Entscheidungen benutzen – dann heißt es abwägen. Entweder man schafft Farb-eindrücke oder Vergleichsnormale für Farbkorrelate. Auf jeden Fall muss kommuniziert werden, dass Oberflächenfarben anders als Flächenfarben wirken.

Farbe und Raum Nur der Vollständigkeit halber sei erwähnt, dass Flüssigkeiten farb-liche Eigenschaften haben (z.B. Wein), die als Raumfarben bezeichnet werden [Näheres bei Küthe, Lebensmittel, S. 116 ff.].

Farbe und Tiefe Flächen- und Oberflächenfarbe decken eine Trägerschicht völlig ab. Sie bieten dem Auge keine Einblicke in den Farbgrund. Eine Ausnahme bilden die Holz-lasuren, wo man noch Maserung und Porenbild erkennt. Bei Überfanggläsern und Kunst-stoffen ist es möglich, der Farbe eine gestaffelte Tiefe zu geben. »Transluzenz« nennt man diese Durchsichtigkeit von farbigen Flächen. »Opak« ist die Eigenschaft der begren-zenden Blicktiefe. Es gibt viele Besonderheiten dieses Themas, wie z.B. Perlmutt-Effekte, Glimmer-Effekte, Eis-Effekte usw.

Farbe und Irradiation Abweichungen von der punktförmigen Strahlenvereinigung im Auge (Irradiation) führen dazu, ein helles Quadrat auf dunklem Grund größer zu schät-zen als ein gleich großes dunkles Quadrat auf hellem Grund, da die unscharf abgebildeten Randgebiete der Felder dem helleren Feld zuaddiert werden.

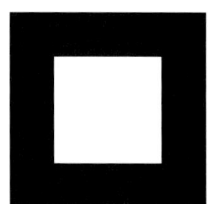 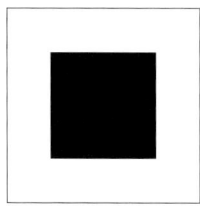

Irradiation: Das weiße Quadrat
erscheint größer.

3. Qualitätsdimension: Farbabweichungen durch Beleuchtung Das bisher

nicht eindeutig erforschte Zusammenspiel von Zapfen (Farbsehen) und Stäbchen (Dämmerungssehen) führt dazu, dass wir braune Nuancen differenzieren können. Braun kommt in keinem Spektrum vor - wie kommt es trotzdem zu dieser Wahrnehmung? Ein überaus einfaches Experiment liefert nun Hinweise darauf, wie Stäbchen und Zapfen miteinander arbeiten und wie dadurch eine völlig andere Welt als die physikalische in der menschlichen Eindrucksgenese entsteht. Also: Das Experiment benötigt zwei Projektoren. Der erste Projektor bildet auf einer Leinwand einen urroten Punkt ab. Der zweite Projektor legt um den roten Punkt einen hellen farblosen Ring. Für das menschliche Auge wirkt der rote Punkt nach Zuschaltung des hellen Ringes »braun«.

Wir müssen also einräumen, dass eine objektiv definierte Farbe (hier Rot) in einer bestimmten Umgebung (hier »hell«) anders empfunden wird (hier Braun). Genau das ist Physiologie - das Zusammenspiel von verschiedenen Rezeptoren, die zwar jeder für sich eindeutig funktionieren, im Zusammenspiel aber die Vielfalt der menschlichen Sinneswelt liefern, für die es noch keine generelle theoretische Erklärung gibt.

Aus physiologischer Sicht ist auch das Problem »Farbe und Beleuchtung« zu würdigen. Ein einfacher Versuch kann erste Erkenntnisse bringen.

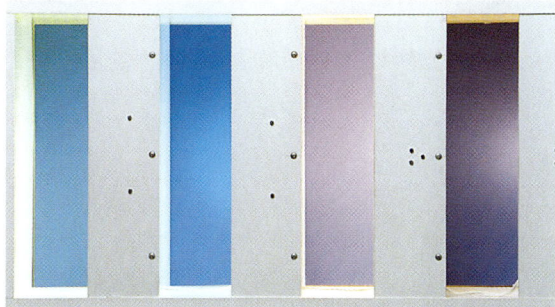

Dieser Kasten enthält vier Schächte mit den Leuchtmitteln (von links nach rechts): Leuchtstoff warm – Leuchtstoff kalt – Glühlampe – Halogen. Der blaue Hintergrund erscheint jeweils völlig anders. »Echtes« Blau wird nur im zweiten Schacht von links (Leuchtstoff kalt) erzeugt.

Überträgt man dieses Experiment auf andere Farben, ergeben sich nebenstehende Farbabweichungen (Metamerien). Für Farbanalysen (Lackierproben oder Bemusterung von Andrucken) werden drei Normlichtarten herangezogen. Diese unterscheiden sich nur unwesentlich in der spektralen Zusammensetzung, jedoch erheblich in der Farbtemperatur. Die Farbtemperatur wird dabei der Strahlungshelligkeit von geschmolzenem Platin »angeschlossen«. Als Maß dieser Helligkeit benutzt man die Temperatur einer Platinschmelze gemessen in Grad-Kelvin.

Wir unterscheiden:

- **Normlicht A:** Glühlampenlicht – warmes Licht mit einer Farbtemperatur von 2856° Kelvin,
- **Normlicht TL 84:** Mischlicht – z.B. Leuchtstoff und Tageslicht, Farblichttemperatur 4000° Kelvin,
- **Normlicht D 65:** Tageslicht – kaltes Licht, Farbtemperatur 6500° Kelvin

Ein letzter Punkt ist unter Qualitätsaspekten bedeutsam: die Differenzierungsfähigkeit. Es ist eindeutig erwiesen: Das menschliche Auge hat für Grün die größte Differenzierungsmöglichkeit [vgl. Kapitel 1: Farbfaszination]. Rot und auch Violett wird nur in geringem Maße unterschieden. Das ist auch der Beweis dafür, dass geometrische Farbordnungen (als Kegel, Würfel, Kugel usw.) den physiologischen Erfordernissen nicht gerecht werden. Nur die neuen Farbsysteme [vgl. Kapitel 6: Farbsysteme] erfüllen die notwendigen Qualitätsparameter.

4. Intensitätsdimension: Differenzierungsschwellen In diesem Rahmen fällt die »weltbewegende« Frage, wie viele Farben ein normalsichtiger Mensch (Trichromat) überhaupt unterscheiden kann. Da gibt es hochgerechnete Zahlen von bis zu 2.000.000 Nuancen. Man errechnet solche theoretischen Zahlen dadurch, dass man Unterschiedsschwellen untersucht. Wie viel heller bzw. dunkler, intensiver muss eine Farbe sein, um als different wahrgenommen zu werden? »Wenn man berücksichtigt, dass jede der 200 unterscheidbaren Farben bis zu 500 Helligkeitswerte und 20 Sättigungswerte hat, dann können wir etwa 200 x 500 x 20 = 2.000.000 verschiedene Farben unterscheiden« [Goldstein, S. 125].

Farbe	Leuchtstoff warm	Leuchtstoff kalt	Glühlampe	Halogen
Weiß	gelbliches Weiß	kaltes Weiß	angenehmes Weiß	gelbliches Weiß
Schwarz	samtbraunes Schwarz	kaltes Schwarz	echtes Schwarz	bräunliches Schwarz
Rot	sehr helles Rot	dunkles Rot	angenehmes Rot	helles Rot
Gelb	echtes Gelb	verwaschenes Gelb	angenehmes Gelb	natürliches Gelb
Blau	helles Violettblau	echtes Blau	undefiniertes Blau	violettes Blau
Grün	helles Lindgrün	kaltes Grün	echtes Grün	Lindgrün
Braun	echtes Braun	blasses Braun	dunkles Braun	echtes Braun

Beleuchtung und Farbveränderungen

Für uns interessant ist die Frage der »merkbaren Unterschiede«. Wenn z.B. die Bank 24 und die Bayerische Hypobank das Blau als CI Farbe für sich entdeckt haben – wie weit müssen sich diese Nuancen differenzieren, um in der Erinnerung als unterschiedlich memoriert zu werden? Eigene Erfahrung hat gezeigt, dass hier bei fünf Farbarten pro Grundfarbe eine kommunikative Grenze erreicht ist.

Sinnesmodalitäten: Eindrücke, Empfindungen und Wirkungen

Die »Sinnesdaten« werden wie dargestellt nicht eindimensional (z.B. nach Frequenz und Intensität) vom Menschen registriert und zur Kenntnis genommen. Der Gesichtssinn funktioniert also synthetisch und nicht analytisch. Das ist wichtig, weil die im Folgenden beschriebenen Sinnesausprägungen auch für Farbkompositionen gelten können.

Wir wollen unsere Analyse mit einem Fallbeispiel von Frieling [Gesetz, S. 254] beginnen: »Ein kosmetisches Präparat ist in zartem Rosa und Türkis gestaltet, weiße Applikationen sind zusätzlich aufgebracht. Der Farbeindruck ist ›hell‹, die Empfindung ›zart‹ und die Anmutung, die daraus resultiert, ist ›pflegend‹.« Dieses Zitat belegt, dass es drei Sprachfelder zur Beschreibung von Farben gibt. Zuerst einmal Basisbezeichnungen wie hell auch dunkel usw., dann bewertende Begriffe wie zart, leicht, schwer usw. Die dritte Kategorie ist dann nicht mehr primär reizorientiert, sondern bringt auch Erfahrungen ein: pflegend, reinigend, modern, traditionell usw.

Die empirisch-apparative Werbewirkungsforschung bestätigt ebenfalls die stufenweise ablaufende Bewusstseinswerdung von Sinneseindrücken – man nennt das Aktualgenese. Mit einem Tachystoskop können Farb- oder Bildvorlagen zwischen 1/1000 und 3 Sek. belichtet werden. Probanden betrachten diese Bilder und geben ihre Sehqualitäten wieder. Hierbei hat sich herausgestellt, dass es genau diese generellen »Eindrücke« bei sehr kurzen Belichtungszeiten gibt. Verlängert man die Betrachtungszeit auf 1/100 Sek., ergeben sich Interpretationen der Eindrücke, die dann »Empfindungen« genannt werden. Von »Wirkungen« oder auch »Anmutungen« spricht die Wahrnehmungsforschung dann, wenn ein gewachsenes Vorverständnis auf ein latentes Wissen trifft und beide miteinander korrelieren. An diese Dreiteilung wollen wir uns daher halten.

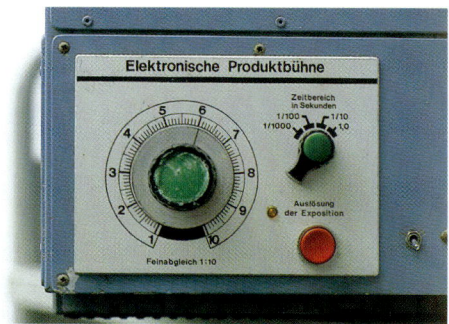

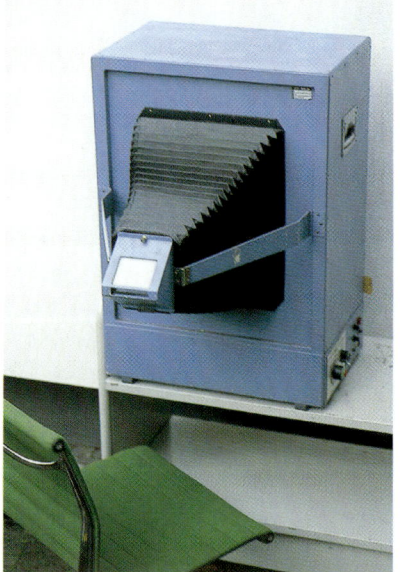

Mit dem Tachystoskop kann die Aktualgenese experimentell nachvollzogen werden.

Eindrücke durch Farben Zunächst der Versuch, einige Eindruckskategorien zu beschreiben: **Hell oder dunkel**; helle Farben nennen wir farbtechnisch Pastellfarben. Sie entstehen durch den Zusatz von weißen Pigmenten zu einer bunten Grundfarbe (subtraktive Farbmischung vorausgesetzt).

Die Bandbreite der Pastellfarben ist groß. Sie reicht von den so genannten zartesten Whisperfarben bis zu den ausdrucksstärkeren Kolorits (Isabellfarben). Die Farbworte und die Zugehörigkeit zu den Grundfarben ist oft nicht klar, deshalb hier der Versuch einer Zuordnungssystematik [siehe Abbildung links].

Dunkle Farben sind mit Schwarz abgemischt und verändern dadurch den ursprünglichen Farbreiz entscheidend. Es handelt sich hier um eine völlig neue Farbgruppe, die so genannten Erdfarben oder Brauntöne. Genau so wie bei den Pastells gibt es eine Bandbreite von »Dunkelstufen« – sie beginnt bei den »tiefen Farben« und endet bei den »Schattenfarben«. Um die Verständigung mit dunklen Farben zu erhöhen, wollen wir hier zu den sechs Grundfarben die entsprechende Palette vorstellen [siehe Abbildung rechts].

Grundfarbe		Pastellfarbe
Magenta		Pink
Gelb		Creme, Elfenbein usw.
Blau		Bleu
Rot		Rosé, Lachs
Grün		Reseda
Violett		Lila, Flieder

Farbzuordnungen: helle Nuancen

Grundfarbe		Erdfarbe
Magenta		Braunpurpur (Weinrot)-Palette
Gelb		Ocker-Palette
Blau		Petrol-Palette
Rot		Umbra-Palette
Grün		Oliv-Palette
Violett		Aubergine-Palette

Farbzuordnungen: dunkle Nuancen

Bunt oder unbunt: Als »urbunt« werden alle sechs Grundfarben eingestuft [vgl. S. 59]. Bei den folgenden sechs Zwischenfarben ist der Eindruck der Buntheit schon weniger ausgeprägt [vgl. Kapitel 5: Farbpsychologie), aber immer noch »echtbunt«. Verwendet man dazu noch die zwölf Farben aus den 24-teiligen Farbkreis (»In-between-Farben«), so wird der Eindruck der Buntheit nochmals geschwächt — man nennt es auch »reduzierte Buntheit«. Hier zur Veranschaulichung die wichtigsten Buntgruppen:

Als unbunt werden zuerst einmal alle Nuancen zwischen Licht- und Schattenfarben eingestuft: von Weiß über Grau zu Schwarz. Auch die Zwischenfarben wie Perlgrau oder Anthrazit gehören dazu. Man kann den Eindruck des Unbunten jedoch vermeiden (oder abschwächen), wenn man den unbunten Charakter mildert. Das geschieht durch Zumischung von bunten Farben. In diesem Fall erhalten die neutralen Unbunts eine »farbige« Seele — man spricht von »beseeltem« Weiß, Grau oder Schwarz. Der Farbanteil darf jedoch nicht zu groß geraten, weil man sonst in den Bereich der trüben Farben abrutscht.

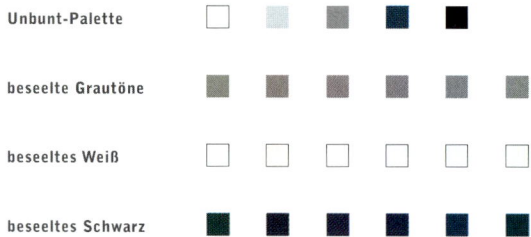

Tiefe Farben am Beispiel Glasmosaik

Flache Farben am Beispiel Fliesenmosaik

Farbkomposition: klare Farben

Farbkomposition: verhüllte Farben

Klar oder verhüllt Klare Farben sind helle oder dunkle Kolorits, die von einem Betrachter nicht primär als bunt, sondern als eigenständige unabgemischte Farben wahrgenommen werden. Klare Farben sind vor allem die Zwischenfarben (Türkis, Orange, Ultramarin usw.) und die In-between-Farben (Eisblau, Safrangelb, Chromgrün usw.). Klare Farben dürfen nicht zu pastellig und auch nicht zu stark abgedunkelt sein. Sie werden als reine Farbe mit hoher Buntkraft erlebt, deshalb bezeichnet man sie auch als Buntstiftfarben [vgl. S. 81 unten].

Die verhüllten Farben sind ihrer Klarheit beraubt, weil sie empfindungsmäßig mit Grau (Schwarz und Weiß) abgemischt sind. Sie führen zu verhaltenen Empfindungen, sie sind weniger aufdringlich. Sie drängen nicht in den Vordergrund, sie liegen im Buntschatten (deshalb spricht man auch von Schattenfarben).

Tief oder flach Wir haben auf S. 73 ff. die Raumdimension von Farben beschrieben. Normalerweise sind Farben »deckend«, sie überziehen eine Fläche homogen. Es ist aber auch möglich, die Farbschicht mit durchsichtigen Farbschichten abzudecken (kaschieren) oder Farbschichten durchsichtig zu gestalten (glasieren). In diesem Fall erhält man einen Farbeindruck der dritten Dimension, nämlich Farbtiefe.

Normale Farben sind flach oder deckend. Sie überzeugen ausschließlich durch ihre Koloration. Das ist kein Nachteil, weil man ihren Eindruck zusätzlich modulieren kann, was bei tiefen Farben natürlich nicht möglich ist. Noch ein Hinweis: Tiefe Farben vermitteln den Eindruck, als ob sie ein »Leben in der Tiefe« zu haben scheinen [Lutz, S. 114]. Sie konzentrieren ihre Wirkung nach innen, flache Farben kommunizieren ihre Wirkung nach außen [vgl. S. 81 oben].

Aus drucktechnischen Gründen wirkt die glänzende Fläche (rechts) zusätzlich farbintensiver.

Matt versus glänzend Die strahlendsten Farben sind die Metallfarben. Metalle zeigen im Gegensatz zu allen anderen Mineralien nur das, was wir schon herausgestellt haben: ihren eigentümlichen Glanz. Dieser Metallglanz überstrahlt jede Farbe.

Innerhalb der strahlenden Farben gibt es eine große Bandbreite. Sie reicht von der kalten Pracht des Chroms bis zum warmen Charakter des echten Rotgoldes. Die moderne Galvanotechnik ist darüber hinaus in der Lage, auch bunte Metallfarben (z.B. Blaugold) herzustellen [vgl. S. 45].

Alle bisher beschriebenen Farbeindrücke lassen sich durch die unterschiedlichen Glanzgrade noch zusätzlich modulieren. Ein etwas trübes Blau kann durch die Steigerung des Glanzgrades (hochglänzend) attraktiviert werden. Ein trendiges »Cyber-Blau« kann durch entsprechendes Mattieren zurückgenommen werden. Damit ist auch der Eindrucks-rahmen für glänzende und matte Farben vorgegeben: zwischen Banalisierung und Attrak-tivierung. Wann einem Glanzgrad die entsprechenden Attribute jedoch zukommen, ist zeitgeistabhängig [vgl. Kapitel 11: Farbwahl].

Farbempfindungen   Sie kennen es aus vielen Sprachspielen: Eindrücke muss man sich verschaffen, d.h., man muss die Sinne für Reize sensibilisieren. Empfindungen hat man, d.h., sie treten auf, sie werden bewusst, nachdem die Eindrücke verarbeitet wurden. Es wird in diesem Zusammenhang auch oft von Gefühlen gesprochen, wobei wir diesem Begriff eine andere Bedeutung geben [vgl. Kapitel 9: Farbwelten]. Die Physiologen haben auf vielfältige Art versucht, Farbempfindungen zu kategorisieren. Am eindrucksvollsten lässt sich das am Beispiel der Kontrast-Rose der Grundfarben nachvollziehen.

Die Autoren (Frieling, Venn usw.) benutzen – bewusst oder unbewusst sei dahingestellt – Begriffe aus dem Bereich der Sinnesleistungen: leicht versus schwer bezieht sich auf den Muskelsinn; warm versus kalt bezieht sich auf den Hautsinn; beruhigend versus aktivierend bezieht sich auf den Hörsinn.

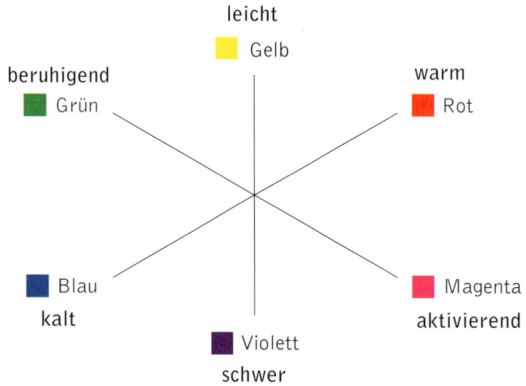

Die »Kontrast-Rose« der Grundfarben
lässt wichtige Farbempfindungen transparent werden.

Damit wird deutlich, dass das Wortmaterial zur Beschreibung von Farbempfindungen aus dem Bereich der physiologischen Leistungen der Sinnesmannigfaltigkeit stammen muss. In der entsprechenden Literatur kommt es immer wieder zu Mischungen mit anderen Begriffen. Wir wollen deshalb versuchen, zuerst einmal nach Sinnesmodalitäten getrennt, das entsprechende Wortmaterial aufzulisten.

Farbempfindungen aus dem Bereich der Akustik (Ohr):

dunkel	—	hell	beruhigend	—	aktivierend
schrill	—	ruhig	traurig	—	heiter
laut	—	leise	schwach	—	kraftvoll
gellend	—	sonor			

Farbempfindungen aus dem Bereich der Haptik (Tast-/Temperatursinn):

eckig	—	rund	seidig	—	sandig
weich	—	hart	zart	—	spröde
trocken	—	feucht	warm	—	kalt
glatt	—	stumpf	heiß	—	eisig
fest	—	lose	kühl	—	temperiert

Farbempfindungen aus dem Bereich der Gravitation (Muskelsinn):

schwer	—	leicht	sperrig	—	kompakt

Farbempfindungen aus dem Bereich der Organoleptik (Geruch/Geschmack):

süß	—	salzig	narkotisch	—	stimulierend
bitter	—	sauer	erogen	—	antierogen
frisch	—	schwül	beruhigend	—	exaltierend

Die Literatur bietet für singuläre Farben recht unterschiedliche Beschreibungen der Farbempfindungen. Wir haben hier aus Literaturhinweisen eine Liste zusammengestellt, die die Ergebnisse fokussiert:

Farbempfindungen aus der Literatur

		Ohr	Tastsinn	Hautsinn	Muskelsinn	Geruch
		Gehörsymbole	Tastsymbole	Temperatursymbole	Gravitationssymbole	Geschmack/Flavor
	Rot	laut, Trompete	fest	warm, heiß	schwer	süß, kräftig
	Rosa	zart, leise	fein	–	leicht	süßlich, mild
	Orange	laut, Dur	trocken, flammig	warm	–	herzhaft
	Braun	dunkel, Moll	trocken-brockig bis schlammig	–	schwer	modrig, muffig
	Ockergelb		sandig, bröckelig	warm	–	säuerlich bis neutral
	Goldgelb	Fanfare, Dur	glatt, seidig	warm	–	
	Gelb	gellend, Dur	glatt, lichthaft	–	leicht	sauer
	Gelbgrün	hell, Dur	trocken	–	leicht	sauer-herb
	Grün	gedämpft (wenn stumpf) schrill (wenn satt)	glatt bis feucht	kühl	–	sauer-saftig
	Grünblau	weich	weich-glatt, wässrig	kalt	–	frisch bis salzig
	Blau	fern, Flöte bis Violine	glatt bis untastbar	kalt	relativ leicht	geruchlos
	Ultramarin	dunkel, tiefer, mehr Moll	samtig	–	schwer	herb-bitter (ohne Geruch)
	Violett	traurig, Moll, tief	samtig	–	schwer	narkotisch, schwer-süß
	Hell Lila	schwach, verhalten	–	–	relativ leicht	süßlich-herb
	Purpur	kraftvoll-getragen	samtig	–	schwer	–

Für Farbkompositionen ist die Bewertung im konkreten Fall recht unproblematisch.
Aus dem vorgestellten, polar geordneten Wortmaterial kann ein semantisches Differen-
zial erstellt werden, welches nach entsprechender empirischer Überprüfung eine genaue
Auswertung der aktuellen Farbempfindungen erlaubt.

Polaritäten zur Beschreibung von Farbempfindungen:

tief – hell	zart – spröde
schrill – ruhig	warm – kalt
laut – leise	heiß – eisig
gellend – sonor	kühl – temperiert
beruhigend – altivierend	schwer – leicht
traurig – heiter	sperrig – kompakt
schwach – kraftvoll	süß – salzig
eckig – rund	bitter – sauer
weich – hart	frisch – schwül
trocken – feucht	narkotisch – stimulierend
glatt – stumpf	erogen – antierogen
fest – lose	beruhigend – exaltierend
seidig – sandig	

Farbwirkungen Wir wollen rekapitulieren: Der erste Eindruck des Kosmetikpräparats (Beispiel Frieling) war »hell«; daraus fließt die Empfindung »zart« (haptische Qualität) und die integrative Farbwirkung ist »pflegend«. »Pflegend« ist hier eine funktionale Qualität, die darauf verweist, dass eine spezielle dermatologische »Wirkung« durch die Farbe suggeriert wird. Goethe hat als Erster die »sinnlich-sittliche« Wirkung der Farben beschrieben [Mathaei, S. 163]:

- Purpur: schön
- Violett: unnötig
- Blau: gemein
- Grün: nützlich
- Gelb: gut
- Rot: edel

Leider sind diese Ausführungen abstrakt und widersprechen zum Teil den Anmutungen [S. 122ff.]. Aufschlussreich sind die Zuordnungen von Zeising [zitiert nach Hartmann, S. 243], der folgende Elemente von Farbwirkungen vorschlägt, die auf der Seite 89 abgebildet sind.

Unterzieht man die Ausführungen von Goethe und Zeising einer Inhaltsanalyse, so stellt man fest, dass mindestens **drei Gruppen von »Wirkungen«** vorkommen:
Gruppe 1: nützlich, gut, unnötig;
Gruppe 2: schön, reinschön;
Gruppe 3: tragisch, humoristisch, komisch usw.

Wir wollen diese Gruppen mit den Kategorialgefügen des Designs bzw. der Produktgestaltung einmal näher vergleichen.

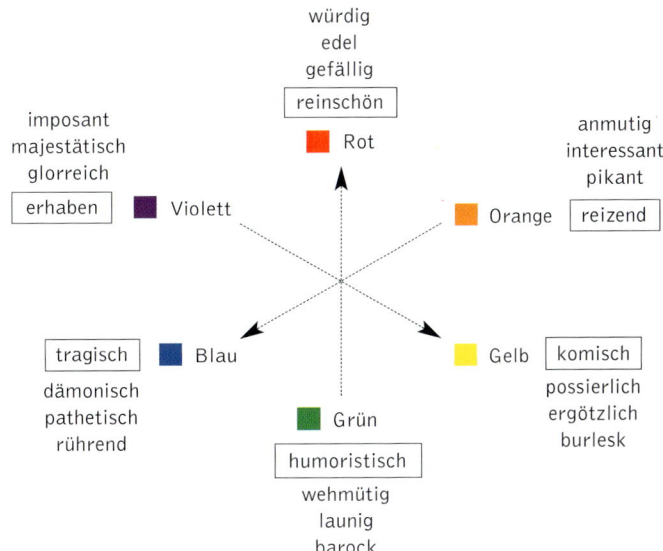

würdig
edel
gefällig

reinschön

■ Rot

imposant
majestätisch
glorreich

erhaben   ■ Violett

anmutig
interessant
pikant

■ Orange   reizend

tragisch   ■ Blau

dämonisch
pathetisch
rührend

■ Gelb   komisch

possierlich
ergötzlich
burlesk

■ Grün

humoristisch

wehmütig
launig
barock

Die wissenschaftliche Methodologie hat herausgearbeitet, dass es drei Designkategorien gibt: Nutzungsfunktionen (Ergonomie, Anthropometrie, Medizin, Nutzungstechnik, Physiologie usw.), Anzeichenfunktionen (Prägnanz, Ordnung usw.), symbolische Funktionen (Semantik, Metaphorik usw.). Im Rahmen der Produktgestaltung spricht man von pragmatischen, ästhetischen und semantischen Qualitäten. Diese Überlegungen zeigen, dass es sinnvoll ist, drei Wirkungskategorien auch für Farben zu postulieren. Wir wollen diese a) funktionale Wirkungen, b) ästhetische Wirkungen, c) symbolische Wirkungen nennen.

Zu den funktionalen Wirkungen gehören Eigenschaften wie blendfrei, lesbar, erkennbar, klar usw. [vgl. S. 66 »Simultankontrast«]. Zu den ästhetischen Wirkungen rechnet man Farbfamilien (Prägnanzen), Farbkontraste, Farbassoziationen, Farbstimmungen usw. [vgl. Kapitel 7: Farbästhetik]. Zu den symbolischen Wirkungen lassen sich zählen: semantische Bezüge (Zeichen für Gefahr, Dynamik usw.), metaphorische Bezüge (Symbole von Trauer, Kreativität, Bescheidenheit usw.). Aus den uns zur Verfügung stehenden Quellen haben wir anhand einiger bunter/unbunter Farben versucht, die Wirkungen herauszuarbeiten. Nur bei den symbolischen Wirkungen sind wir jedoch fündig geworden. Hier die Ergebnisse:

Symbolische Wirkungen der Farben:

	Semantische Ebene	Metaphorische Ebene
Blau	Ferne, Weite, Stille, Unendlichkeit	Sympathie, Sehnsucht, Harmonie, Spontaneität, Freundlichkeit
Rot	Dynamik, Aktivität, Gefahr, Kraft	Lebensfreude, Begierde, Sexualität, Exotik, Phantasie
Grün	Natürlichkeit, Lebendigkeit, Angenehmheit, Beruhigung	Hoffnung, Entspannung, Zuversicht, Toleranz, Sicherheit
Gelb	Sommer, Überfluss (Gold)	Verlogenheit, Eifersucht, Neid, Geiz
Weiß	vollkommen, ideal/gut, unschuldig, einfach, funktional	Ewigkeit/Anfang, Frömmigkeit/Glaube, Wahrhaftigkeit, Genauigkeit
Schwarz	Ende, Leere, Stärke, Eleganz	Magie, Trauer, Egoismus, Schuld, Bedrängnis, Macht
Violett	Originalität, Eitelkeit, unsachlich, künstlich	Frömmigkeit, Buße, Glaube, Phantasie
Braun	unerotisch, gemütlich, geborgen	Faulheit, Unmäßigkeit, Spießigkeit/Biederkeit
Grau	Alter, Heimlichkeit, angepasst	Nachdenklichkeit, Pünktlichkeit, Gefühllosigkeit, Gleichgültigkeit, Bescheidenheit

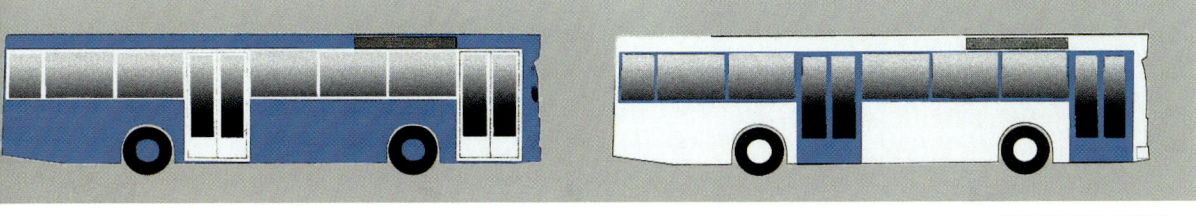

blaue Basislackierung   weiße Basislackierung

Die praktische Farbberatung macht oft keinen Unterschied zwischen Eindrücken und Empfindungen. Man arbeitet pragmatisch und bringt das gesamte Wortmaterial in so genannten
Wirkungsprofilen unter. Hierunter versteht man semantische Differenziale, mit denen man
empirisch die Farbwirkungen überprüft. Wir zeigen hier ein konkretes Beispiel. Es geht um
Weiß bzw. Blau als Basislackierung für einen Bus [Bitsch, S. 24]. Die Probanden ordneten
den Basisfarben auf einer Werteskala mit gegensätzlichen Empfindungsausprägungen zu.

In unserem Beispiel wird Weiß erlebt als

- weder warm noch kalt
- sehr elegant
- sehr abwechslungsreich
- etwas unfarbig (grau)
- etwas zurückhaltend
- ziemlich ruhig
- sehr hell

Blau dagegen als

- etwas kalt
- etwas farbig
- sehr zurückhaltend
- etwas hell
- usw.

Das Problem dieser Auflistung besteht nun darin, dass die Farbwirkungen nebeneinander stehen. Man müsste die Möglichkeit haben, diese Daten zu verdichten. Das ist im Nachhinein nicht mehr möglich, man ist also auf die Interpretation der »Begriffsleitern« (siehe oben) angewiesen. Besser sind die Polaritätenprofile, die von vornherein schon so angelegt sind, dass die gewählten Begriffe bestimmten Grundkategorien zuzuordnen sind. Wir zeigen hier ein solches System:

	1	2	3	4	5	6	7	
hart								weich
traurig								heiter
klar								verschwommen
schwach								stark
sparsam								großzügig
aktiv								passiv
ernst								verspielt
offen								zurückhaltend
egoistisch								hilfsbereit
gehemmt								triebhaft
gefühlvoll								kühl
verschwiegen								redselig
aggressiv								friedlich
geordnet								zerfahren
verträumt								nüchtern
nachgiebig								streng
gesellig								zurückgezogen
zart								robust
missmutig								vergnügt
sanft								wild
beweglich								starr
laut								leise
müde								frisch

Dieses Profil ist so angelegt, dass die polaren Begriffe sich speziellen Kategorien zuordnen lassen. Anders ausgedrückt: Die vielfältigen Begriffe lassen sich in wenige Kategorien überführen (Faktorenanalyse). Aufgrund unserer Studien können wir ein Ordnungsgefüge erstellen.

Polaritätenprofile

labil —— stabil		introvertiert —— extrovertiert	
weich —— hart		sparsam —— großzügig	
traurig —— heiter		passiv —— aktiv	
verschwommen —— klar		ernst —— verspielt	
schwach —— stark		zurückhaltend —— offen	
gefühlvoll —— kühl		egoistisch —— hilfsbereit	
zerfahren —— geordnet		gehemmt —— lebhaft	
verträumt —— nüchtern		verschwiegen —— redselig	
nachgiebig —— streng		friedlich —— aggressiv	
zart —— robust		zurückgezogen —— gesellig	
sanft —— wild		missmutig —— vergnügt	
beweglich —— starr		leise —— laut	
müde —— frisch			

Die Auswertung dieses Polaritätenprofils ist grundsätzlich auf zwei Arten möglich: Man bildet für jede Polarität Durchschnitte und interpretiert dann das gemittelte Profil als »Begriffsleiter«. Oder man versucht, typische Polaritäten zu identifizieren, um diese dann in ein Positionierungsraster zu überführen.

Nur der zweite Weg ist brauchbar, wenn man auf der Suche nach Clustern ist. Das Cluster-Modell mit den zuvor vorgestellten generellen Empfindungsfaktoren stellt sich also wie folgt dar: Jeder Farbton kann innerhalb der vier Felder positioniert werden, wenn man das vorgestellte Polaritätenprofil benutzt.

labil

extrovertiert ┄┄┄┄┄┼┄┄┄┄┄ introvertiert **Cluster-Modell**

stabil

So weit die marketingrelevante Datenlage zu physiologischen Tatbeständen der Farbe.

Zusammenfassung Betrachten Sie das Mailing auf der Seite gegenüber. Man kann die physiologische Abfolge der Wahrnehmungsschritte – erst Farbe, dann Figuren und zuletzt Text – sehr schön erkennen. Bei der »Farbe« gibt es darüber hinaus eine stufenweise ablaufende Bewusstseinswerdung: Eindrücke, Empfindungen, Wirkungen. Überprüfen Sie selbst die Aktualgenese an unserem Beispiel. Von bunt über schrill und kräftig bis aktiv kann sich die psychologische Beurteilung konkretisieren.

Mailing

Wie aus archetypischen Quellen Assoziationen, Synästhesien und Farbanmutungen werden

Glauben Sie nicht, dass dieses Kapitel für das Marketing irrelevant wäre. »Aktiengesellschaften wollen besonders gut aussehen – im Geschäftsbericht; die Dresdner Bank setzt esoterische Zeichen.« Der Spiegel 20/2001 berichtet weiter: »Das ›Bild des Lebens‹ muss man sich wie eine große grüne Blase vorstellen. Darunter ist ein kleiner Knubbel in Blau, der ›Seelenglanz‹. Darüber ein gelber Kringel namens ›Strahlenglanz‹. Links wabert die ›Ur-Ruhe‹ (ziemlich grau), ganz rechts außen in Orange die ›Ur-Bewegung‹. Dazwischen ein Text, der erklärt, dass Grün auch ›die Farbe der Dresdner Bank‹ sei, der grünsten Blase von allen.« Woher stammt dieses Wissen? Es ist eben nicht alles abgeschrieben aus unserem ersten Buch zum Thema Marketing mit Farben [vgl. S. 103]! Damit Sie in Zukunft auch psychologisch auf dem Laufenden sind, haben wir dieses Kapitel konzipiert.

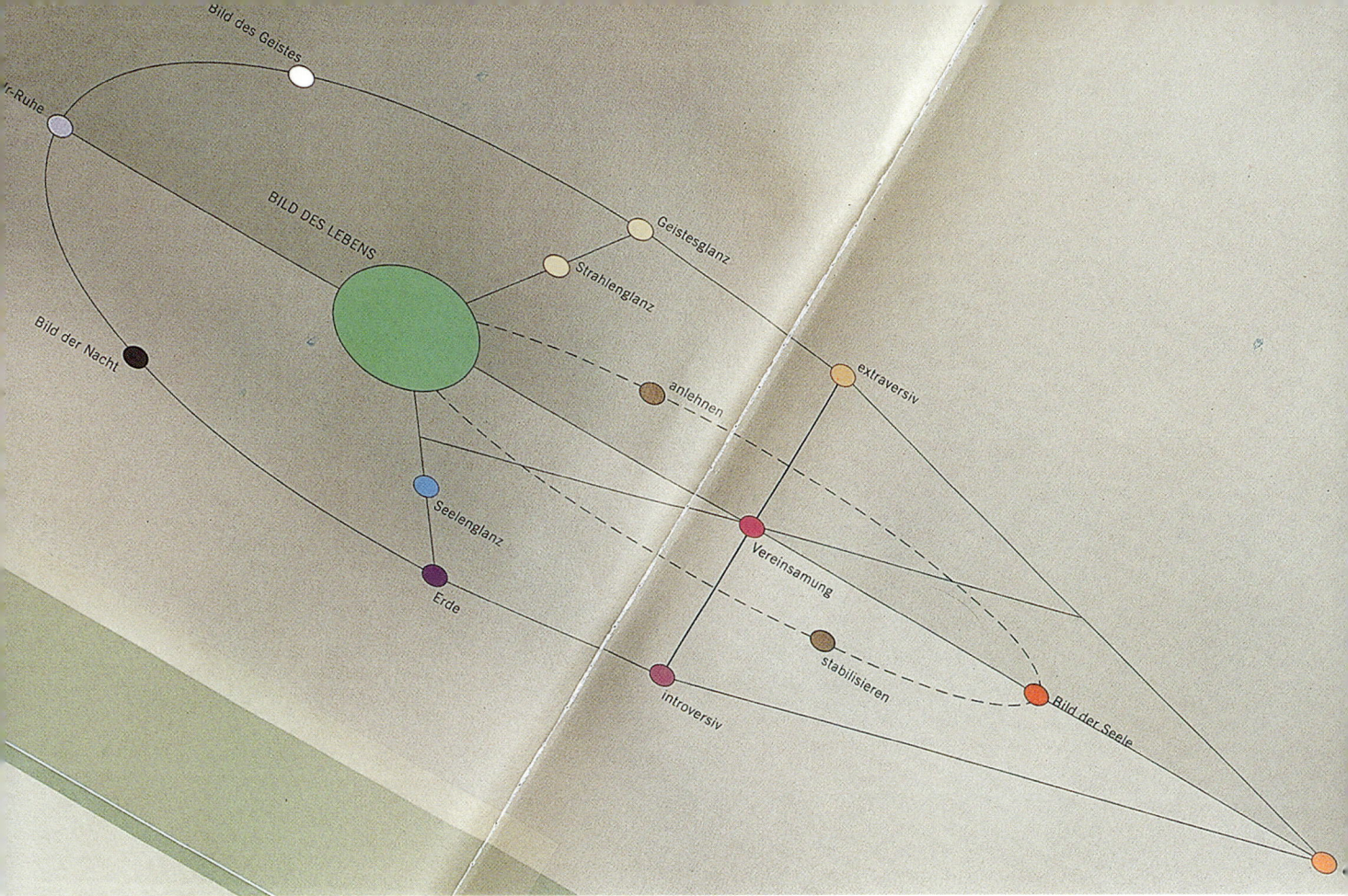

Das »Bild des Lebens« aus dem Geschäftsbericht der Dresdner Bank:
Die »grünste Blase von allen« in der Mitte – die Farbe der Bank.

Psychologie ist immer wieder als Seelenlehre oder Seelenforschung umschrieben worden. Diese auf Aristoteles zurückgehende Definition scheint uns zu formal und zu allgemein. Hofstätter [S. 10] macht es anschaulicher und nennt drei Aspekte der allgemeinen Psychologie: a) Psychologie hat mit »Erleben« zu tun; b) Psychologie hat mit »Verhalten« zu tun; c) Psychologie hat mit von Menschen geschaffenen »Gebilden« zu tun.

Alle drei Aspekte finden auch bei der Beschäftigung mit Farben Berücksichtigung: Farberleben hat weniger mit Eindrücken und Empfindungen zu tun (das ist Physiologie), sondern mehr mit archetypischen Vorstellungen, Assoziationen, Synästhesien und Anmutungen. Farbverhalten berücksichtigt dagegen die Folgeerscheinungen des Erlebens. Es geht um Faszination, Distinktion, Ästhetisierung usw. [vgl. dazu Kapitel 7: Farbästhetik]. Farbgebilde untersucht die Psychologie im Rahmen der Wahrnehmungspsychologie. Es geht um optische Täuschungen und andere Figur-Grund-Wirkungen. Hierüber haben wir in Kapitel 4 unter Simultankontrast schon berichtet.

Farbe und Archetyp Im Folgenden widmen wir uns den Farberlebnissen und seinen Teilkategorien. Die Archetypdiskussion ist momentan in vollem Gange. Volker Fischer hat 1988 den Begriff »Archetypdesign« lanciert – für eine Gestaltungsart, die nicht nur von Philippe Starck und Ettore Sottsass als Formalfaktor benutzt wird. Bei diesem Design geht es darum, die im kollektiven Unbewussten (also der Vorerfahrung) abgespeicherten Urmuster abzufragen und in aktuelle Gestaltungsüberlegungen einzubeziehen.

Die Begriffe des »kollektiven Unbewussten« und des »Archetyps« gehen auf C.G. Jung zurück. Jung hatte starkes Interesse an mythischen und metaphysischen Fragen. Er glaubte, dass mythische Symbole (z.B. Drache, Schlange, strahlender Held, gute Fee usw.) der ganzen Menschheit gemeinsam seien (im kollektiven Unbewussten verankert). Solche generell gültigen Symbole sind Archetypen, über die heute so viel nachgedacht wird.

Man hat versucht, diesen Ansatz auf das Produktmarketing zu übertragen. Nach Gladbach (S. 24) sind Produktarchetypen durch folgende Überlegungen gekennzeichnet:

- Archetypen von Produkten sind kollektive, ganzheitliche, bildhafte Vorstellungen, die sich fest im Gedächtnis der Menschen eines Kulturkreises verankert haben. Ihre Entstehung ist primär kulturbedingt und setzt sehr früh ein.
- Die unbewusste Entstehung und Speicherung solcher vielen Menschen gemeinsamen archetypischen Produktvorstellungen legt die Vermutung einer Wert- und Anmutungsneutralität und der damit verbundenen breiten Akzeptanzbasis archetypisch gestalteter Produkte nahe. Archetypen verkörpern die typische Form bzw. Urform eines Produktes und entsprechen damit der Norm.
- Produktarchetypen besitzen als Urbilder einen historischen Bezug.

Auch für Farben sind archetypische Kriterien belegt. Für die sechs Elementarfarben lässt sich nach Gerritsen [S. 6] folgende tiefenpsychologische Bedeutung (so genannte Urmacht) feststellen:

- Rot: die lodernde Macht des Feuers, Zeichen für Krieg, Blut und Gewalt, Symbolfarbe für das Ich;
- Grün: die Urkraft der Fruchtbarkeit, die den ausgestreuten Samen keimen lässt, Zeichen für Frieden und Wohlergehen, Symbolfarbe für die Ruhe;
- Blau: die Farbe für die Macht des Unendlichen, des Himmels und des ganzen Firmaments, der Gedanken und Meditation; Symbolfarbe für Raum und Ewigkeit;
- Gelb: die Macht der Gesetzlichkeit von Zeit, Sonne, Mond und Sternen; Zeichen der Macht Gottes, Symbolfarbe für ›strahlend‹, für Zeit und Vergänglichkeit der Zeit;
- Schwarz: die bedrückende Macht der Finsternis, Zeichen für Tod und Vergänglichkeit, Symbol für die Trauer;
- Weiß: das blendende Licht des Geistes, über den Tod triumphierend; die weiße Asche nach dem Erlöschen des Feuers; die Stille des Schnees, der das schwarze Winterholz bedeckt hat; Symbol für die Reinheit, für das Unberührte.

Nach Frieling [Gesetz, S. 140] haben die vier Grundfarben folgende Archetypik:

- Rot: das archetypisch Väterliche; Ur-Sprung, makrokosmische Herkunft, höheres Schicksal, geistig belebendes Prinzip, also Blut (mehr Rot) und Feuer (mehr Rot-orange).
- Grün: das archetypisch Weibliche im Sinn des Beharrens, Begrenzens, der Gebärmutter, die in ihrem Tragen allein aktiv wird. Symbol des tragenden Wasserelementes, das sich – nach Bewegung – wieder in sich selbst findet (oder zum Tropfen abkugelt). Während im Rot autonome Bewegungskraft liegt, herrscht im Grün statisches Gleichgewicht des Bewegten (Gelb und Blau).
- Gelb: archetypisch das kommunikative, verbindliche, periphere Prinzip. Insofern auch Luft, die ja alle Lebewesen verbindet. Gelb deutet auf Expansion und Umfassen, im Gelborange speziell männlich-zeugend, im Zitron und Oliv ohne Geschlechtscharakter und nur als Helligkeit bzw. als Beschattung der Helligkeit wirkend.
- Blau: archetypisch weiblich, im Sinn des Empfangens ein Vorgang, damit zugleich männlich im Sinn des Empfangens des Geistigen (Pneuma, Logos). Immer also Bindung, daher Erde im geistigen Sinn. (Die Luftsymbolik ist sekundär und entstammt der Symbolik der himmlischen Vernunft und Gesetzlichkeit.) Prinzip des In-sich-Aufnehmens, Vollendens.

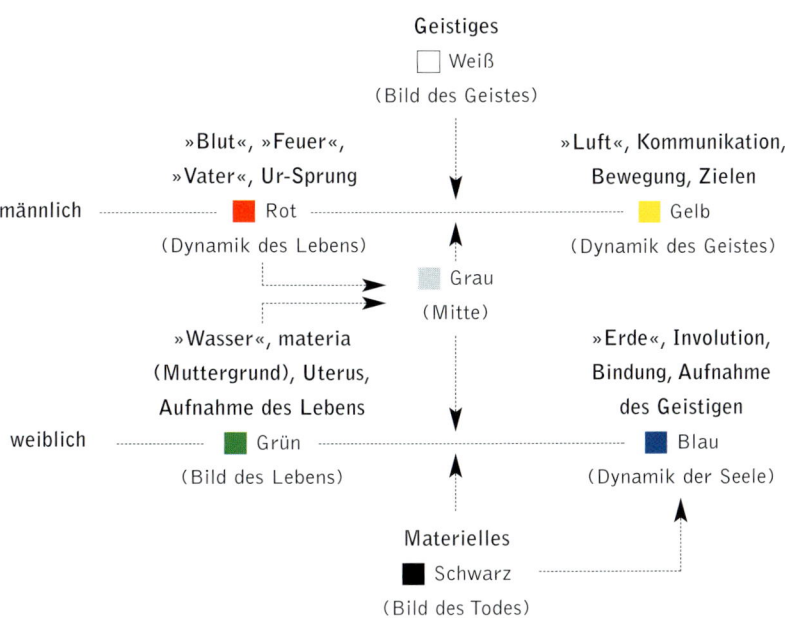

Geistiges
☐ Weiß
(Bild des Geistes)

»Blut«, »Feuer«,
»Vater«, Ur-Sprung

»Luft«, Kommunikation,
Bewegung, Zielen

männlich · · · · · · · · · · · · 🟥 Rot · · · · · · · · · · · · · 🟨 Gelb

(Dynamik des Lebens)

(Dynamik des Geistes)

🔲 Grau

(Mitte)

»Wasser«, materia
(Muttergrund), Uterus,
Aufnahme des Lebens

»Erde«, Involution,
Bindung, Aufnahme
des Geistigen

weiblich · · · · · · · · · · · · 🟩 Grün · · · · · · · · · · · · · 🟦 Blau

(Bild des Lebens)

(Dynamik der Seele)

Materielles
⬛ Schwarz
(Bild des Todes)

Als Positionierungsmodell ergibt sich die hier abgebildete Übersicht.

Auch andere Autoren haben sich mit der Archetypik von Farben auseinander gesetzt und dabei auch die Metallfarben mit einbezogen. Nach Kramer-Matschoss [zitiert nach Frieling, Gesetz, S. 18 ff.] lassen sich signifikante Zusammenhänge beschreiben, die wir hier unkommentiert zur Eigenbeurteilung vorlegen.

Jung selbst hat sich zur Archetypik der Farben nicht geäußert. Frieling versuchte jedoch, die Grundfarben den »mentalen« Urtypen nach Jung [S. 60] zuzuordnen:

- Blau: Farbe des Denktypus   rational
- Rot: Farbe des Fühltypus   emotional
- Gelb: Farbe des Intuiertypus   Sensualität
- Grün: Farbe des Empfindungstypus   Sensitivität

Farbassoziationen   Eine Farbempfindung kann – bevor es zu Anmutungen kommt – zu Gedankenverbindungen (= Assoziatonen) anregen. Sie kann aber auch andere Sinneseindrücke hervorrufen (stimulieren). Man nennt dies eine »Synästhesie«. Bei den Assoziationen ist also das Verhältnis von Reiz und Reaktion wichtig. Wir zeigen hier an Begriffen, dass es meistens eine Reaktionskette gibt. Eine direkte eindimensionale Korrelation ist außerordentlich selten.

Bei den Farbassoziationen muss man die Grundassoziation der Elementarfarben von den Generalassoziationen der Farbzusammenstellungen (Farbensembles) trennen. Hier zuerst einige Grundassoziationen zu den vier Elementarfarben:

- Rot: Feuer, Blut, Liebe
- Gelb: Gefahr, Bedrohung
- Grün: Natur, Landschaft
- Blau: Himmel, Träume

Man erkennt unschwer, dass sich hier Archetypisches mit Erfahrungen durchmischt. Trotzdem: Im konkreten Fall kann man mit Hilfe von Polaritätenprofilen die Gemeinsamkeiten und Unterschiede zwischen »Farbeindruck« und »Assoziation« gut austesten, wie

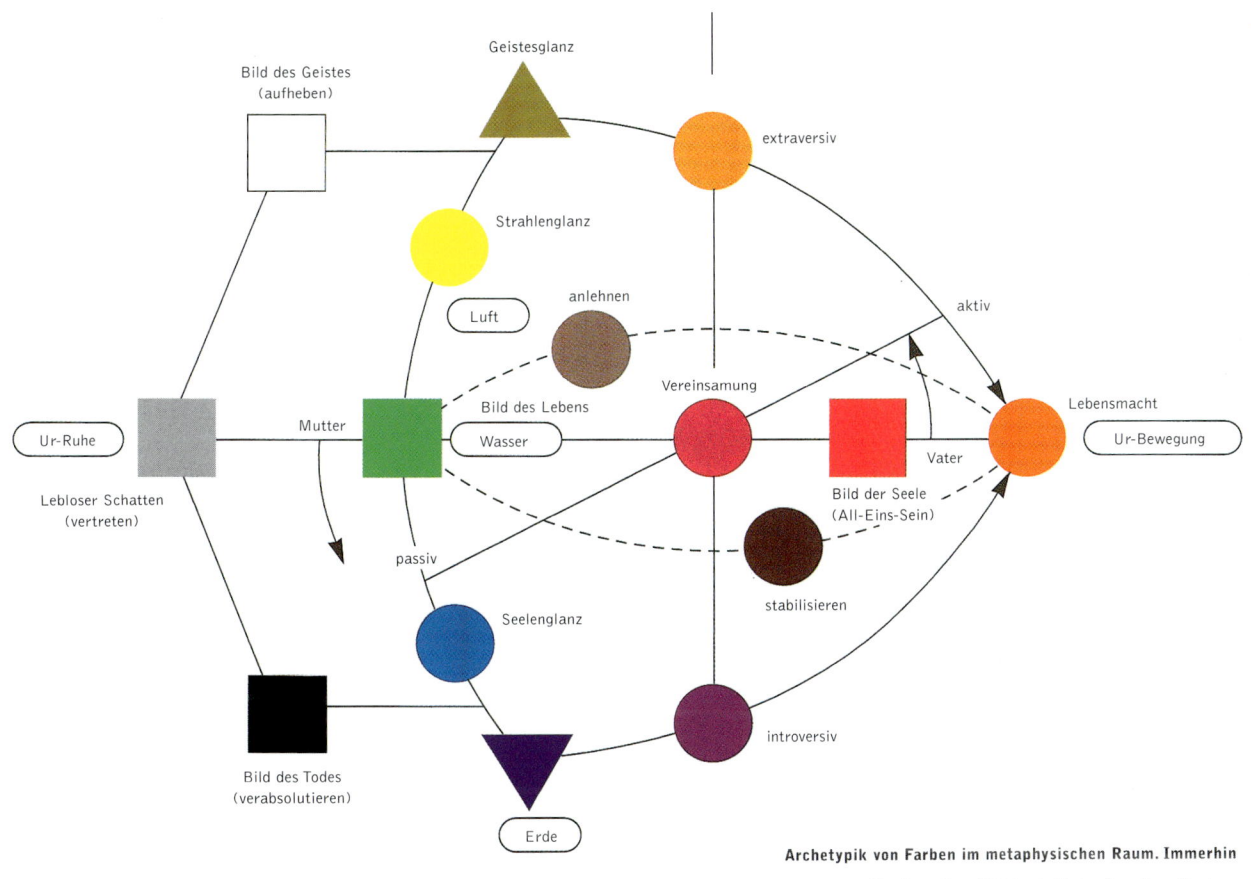

Bild des Geistes
(aufheben)

Geistesglanz

extraversiv

Strahlenglanz

aktiv

Luft

anlehnen

Ur-Ruhe

Mutter

Bild des Lebens

Wasser

Vereinsamung

Vater

Lebensmacht

Ur-Bewegung

Lebloser Schatten
(vertreten)

Bild der Seele
(All-Eins-Sein)

passiv

stabilisieren

Seelenglanz

introversiv

Bild des Todes
(verabsolutieren)

Erde

**Archetypik von Farben im metaphysischen Raum. Immerhin
gut genug für einen Geschäftsbericht der Dresdner Bank.**

Reizwort   Reaktion

Regen ———— Wolken ———— Schirm ——— Wetter

Haushalt ———— Kosten ———— Glück ——— Wohnung

Mond ———— Licht ———— Monat ——— Nacht   **Reaktionskette**

folgendes, schon klassisches Beispiel für »Liebe« und »Rot« zeigt [Hofstätter, S. 30].
Schnell sieht man zentrale Gemeinsamkeiten. Jedoch:

- Liebe ist leise — Rot ist laut
- Liebe ist eher sanft — Rot ist wild
- Liebe ist neutral — Rot ist eher gespannt
- usw.

Interessanter sind jedoch die Generalassoziationen, wie folgende Übersicht [Frieling,
Gesetz, S. 173] zeigt. Das ist auch nicht verwunderlich, weil mehrere Farben den Asso-
ziationsgrad erheblich steigern.

Farbassoziationen

emotionale Steigerung: dramatisch	Gelb, Orange, Rot
emotionale Entspannung: ergeben	Rot, Orange, Gelb
geistige Vertiefung: Kontemplation	Purpur, Violett, Schwarz
geistige Entspannung: Aufgabe	Violett, Blau, Blaugrau
sich vergegenwärtigen	Blaugrün, Blau, Violett
geistige Steigerung	Violett, Purpur
physische Verdichtung	Gelb, Orange, Blau

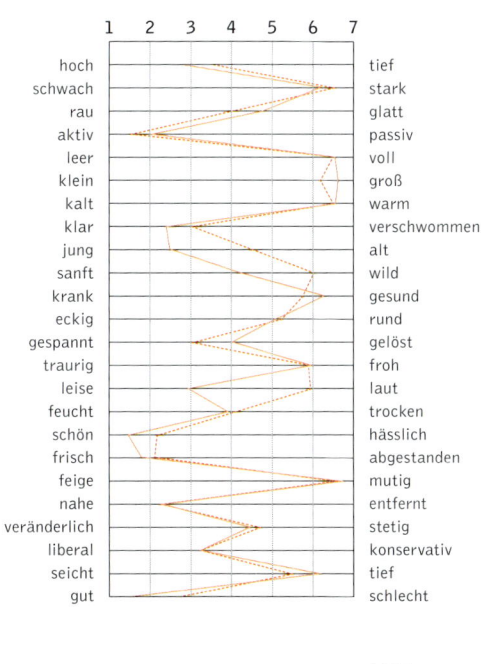

	1	2	3	4	5	6	7	
hoch								tief
schwach								stark
rau								glatt
aktiv								passiv
leer								voll
klein								groß
kalt								warm
klar								verschwommen
jung								alt
sanft								wild
krank								gesund
eckig								rund
gespannt								gelöst
traurig								froh
leise								laut
feucht								trocken
schön								hässlich
frisch								abgestanden
feige								mutig
nahe								entfernt
veränderlich								stetig
liberal								konservativ
seicht								tief
gut								schlecht

————————— Liebe

················· Rot

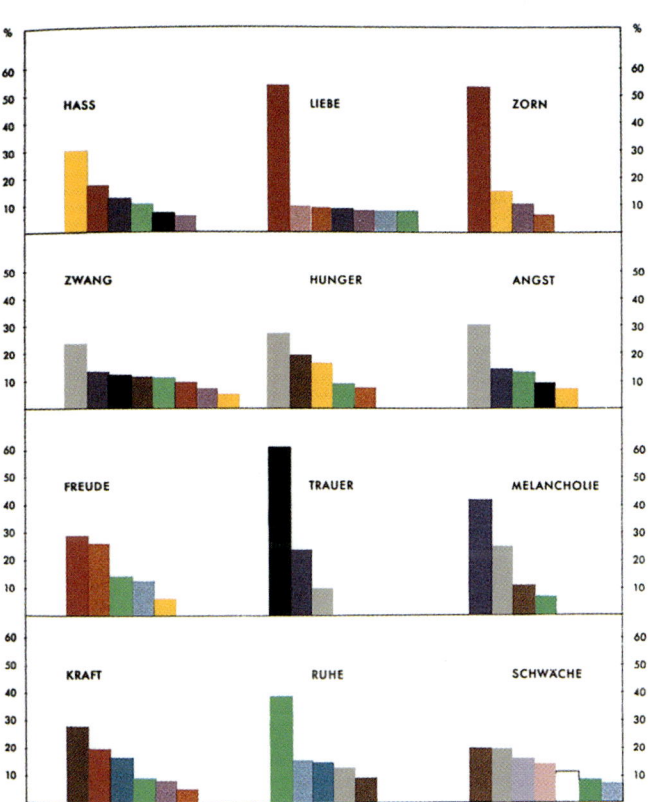

Farbzuordnungen zu verschiedenen Gemütsbewegungen

Es gibt typische Assoziationen zu vielen allgemeinen Phänomenen. Bekannt sind Zuordnungen zu den Jahreszeiten, den Himmelsrichtungen usw. Wir zeigen hier beispielhaft
einige Farbcollagen, die den Charakter momentan wiedergeben. Man erkennt die typischen Kolorits der Jahreszeiten.

Assoziation und Jahreszeit:
Winter, Frühling, Sommer, Herbst

Für die konkrete Arbeit hilfreicher ist die Unterscheidung in allgemeine und sinnesbezogene Assoziationen. Die folgende Übersicht für sechs Farben gibt einen Überblick:

	Auslösung von allgemeinen Assoziationen	Beeinflussung von sinnes-bezogenen Asoziationen
■ Rot	aktiv, erregend, herausfordernd, herrisch, fröhlich	heiß, laut, voll, stark, süß, fest
■ Orange	herzhaft, leuchtend, lebendig, freudig, heiter	warm, satt, nah, glimmend, trocken, mürbe
■ Gelb	hell, klar, frei, bewegt	sehr leicht, glatt, sauer
■ Grün	beruhigend, gelassen, friedlich, knospend, erfrischend	saftig, feucht, sauer, giftig, jung, voll
■ Blau	passiv, sicher, friedlich, fern, weit	kühl, nass, glatt, fern, leise, stark, groß
■ Violett	würdevoll, düster, zwielichtig, unglücklich	Moll-Klang, faulig-süß, narkotischer Duft

Allgemeine und sinnesbezogene Assoziationen für fünf Elementarfarben

Synästhesien und Farbe   Dieses Thema ist in der Farbtheorie ausführlich abgehandelt.
Das Farbhören ist genauso wie das Farbriechen und Farbschmecken beschrieben worden.

Farbe und Akustik   Wir erleben es beim Fernsehen jeden Abend: Farbe und Musik
machen aus langweiligen Bildsequenzen eine dynamische Unterhaltung. Kein Großkonzert
ist heute mehr ohne ausgeklügelte Farbtechnik denkbar. Jeder Bühnentechniker (light and
sound) bringt jedoch seine eigene Lichtchoreographie zum Einsatz. Die Unterstützung
der Musik durch Farbe ist ein Geheimnis erfolgreicher Konzerte.

In der Literatur gibt es einige Hinweise zur Farbdramaturgie [Frieling, Gesetz, S. 175]:

Gelb-Orange-Rot-Schwarz = Steigerung im Emotionalen, zeitnah werden, zur dramatischen Krise geführt werden.

Rot-Orange-Gelb-(Weiß) = Entspannung im Emotionalen, Zeit dahingeben und sich zugleich in die Zeit erweitern, sich dargeben.

(Schwarz)-Violett-Blau-Blaugrün-(Weiß) = Entspannung im Geistigen, Zeitverlust, Aufgabe des Körpergefühls, sich dem Geistigen dargeben.

Weiß-Blau-Violett = Steigerung und Verdichtung ohne Gewinn eines bestimmten Zeitgefühls (also: nicht gegenwärtig werdend).

Violett-Purpur-(Gold) = Steigerung und Läuterung im Geistigen, ohne reales Zeiterlebnis.

Purpur-Violett-Schwarz = Geistige Vertiefung, zeitfern.

Gelb-Orange-Braunrot-Schwarz = Physische Verdichtung, Verirdischung mit Zeitnähe.

Grün-Gelbgrün-Zitron-(Weiß) = Physische Veräußerung, Auflösung.

Grundsätzlich fällt erst einmal auf, dass Dur-Tonarten stark farbig ausgeleuchtet werden, während bei Moll-Tonarten das Unfarbige dominiert. Künstlerische Lichtgestaltung bedeutet jedoch oft, das Erwartete nicht zu tun, Gegenläufiges miteinander zu verbinden. Genau das macht es eigentlich sinnlos, Regeln für die Farbdramaturgie zu bemühen.

Steigerung des Emotionalen (Orange, Rot, Schwarz): »Motherless Children« (Bild links) Steigerung eines Zeitgefühls (Weiß, Blau, Violett): »Cocaine« (Bild rechts), [beide Bilder aus: M. Roberty, Eric Clapton, Rastatt 1991, S. 86 ff.].

Farbe und Geruch Paul Jellinek [S. 121] ist nach Altmeister Henning [S. 369] der erste Autor, der eine sinnvolle Gliederung der Gerüche vorgelegt hat.

Geruchswirkungen: Lebensmittel werden heute überwiegend nach dem Henning'schen Geruchsprisma beschrieben. Leider sind die Begriffe nicht selbsterklärend.

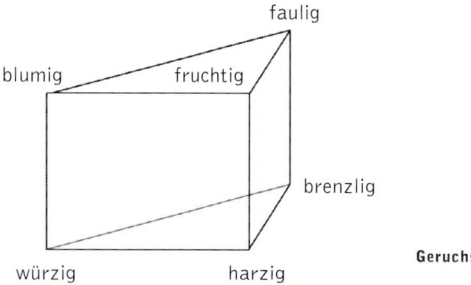

Geruchsprisma (Henning)

In diesem Fall bieten sich Farbcollagen zur Visualisierung an. Wie man Synästhesien mit Farbpaletten darstellen kann, zeigen nebenstehende Abbildungen. Wie man Collagen und Farbpaletten erstellt, zeigen wir in Kapitel 12: Farbmarketing.

blumig

fruchtig

würzig

Man kann auf diesen Grundgerüchen aufbauen und Farbcollagen erstellen.

Wir zeigen Beispiele für die vier typischen Geruchsqualitäten von Wein (Geruchsharfen nach Hinkfuß).

harzig

Im Zusammenhang mit Parfüms ist nachstehendes Schema nach Jellinek [S. 213] weitgehend selbsterklärend. Die Zuordnung von Grundfarben und Grundgerüchen wird dabei aufgrund der Archetypik und der Empfindungsweise der Farben vorgenommen.

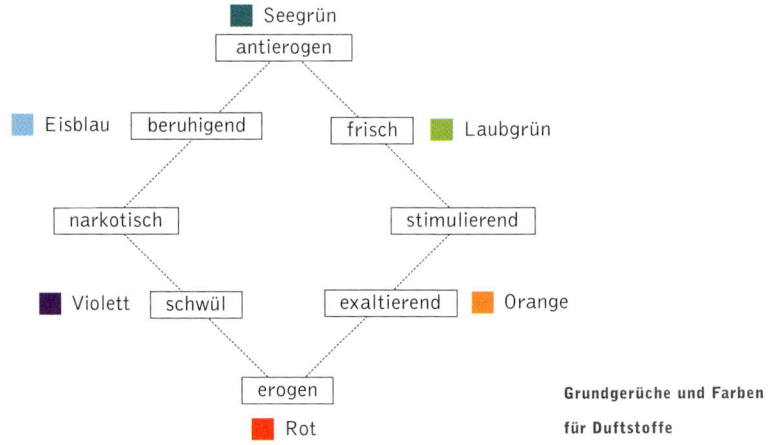

Grundgerüche und Farben für Duftstoffe

Parfüms werden normalerweise nach drei Kriterien beschrieben: Kopfnote, Herznote und Grundnote. Diese treten nacheinander auf. So kann man die Geruchswirkung als farbiges Band visualisieren. Hier einige Beispiele nach Jellinek [S. 214], wobei die Farbvisualisierung von uns vorgenommen wurde.

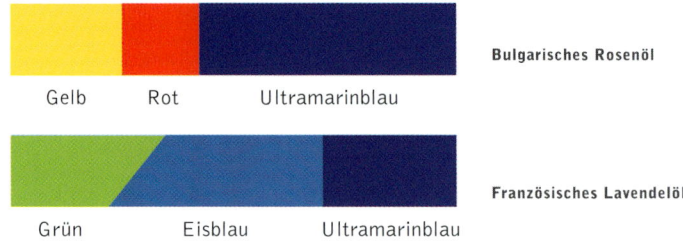

Farbe und Geschmack Seit v. Skramlik [S. 347] hat es sich eingebürgert, von vier Grundgeschmacksarten auszugehen. Da passt es gut, dass wir auf vier Elementarfarben zurückgreifen
können. Folgender Zusammenhang wird immer wieder hergestellt [Frieling, Gesetz, S. 206]:

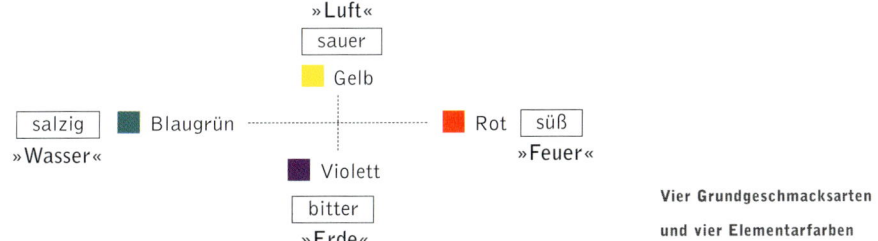

**Vier Grundgeschmacksarten
und vier Elementarfarben**

Auch hier größte Vorsicht: So müsste z.B. die Bochumer Brauerei Moritz-Fiege ihr nachgewie-
senermaßen bitterstes Pils Deutschlands eigentlich mit einem violetten Label versehen. Jedoch
empfinden wir den grünen Fond und Goldschrift für ein Bier viel passender. Außerdem weist Heller [S. 145 f.] darauf hin, dass man heute Weiß mit »salzig« assoziiert. Nichts ist so unverständ-
lich wie die Weinfachsprache! Warum Ulrich Hinkfuß (Sylt) der Erste ist, der sich werbewirksam
mit so genannten Geschmacksporträts versucht, ist unbekannt. Seine Geschmack-Farbe-Synäs-
thesie für Rotwein, Weißwein, Rosé ist eine künstlerisch überzeugende Marketinginnovation.

Geschmacksporträts:

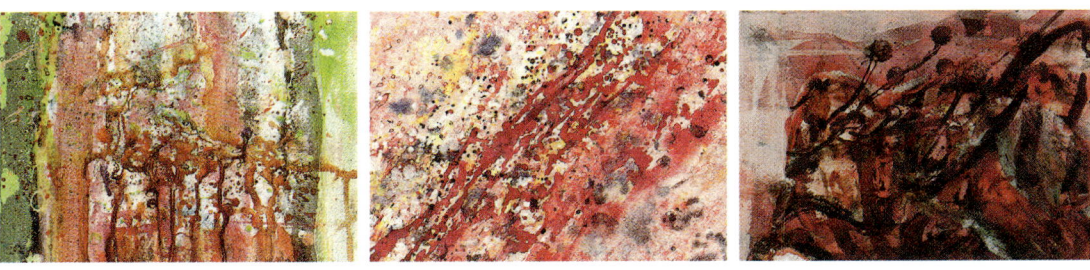

Weißburgunder: süß-luftiger Genuss   **Weißherbst: feurig-süßer Genuss**   **Spätburgunder: süß-erdiger Genuss**

Farbe und Formwahrnehmung (so genannte Farbgeometrie) Zuerst wurden nur Kreis, Quadrat und Dreieck als Grundform anerkannt. Kandinsky hat Anfang dieses Jahrhunderts eine symbolische Form-Farbe-Beziehung formuliert.

Kandinsky machte eine naive Befragung unter Bauhaus-Studenten – die Befragung war eindeutig. Logisch: Vorher waren die Probanden genau in dieser Thematik (Sichtweise) geschult worden.

Bewegendes Prinzip	**Festes Prinzip**	**Konzentrisches Prinzip**
und spitze Form	**und feste Form**	**und bewegte Form**

Diese Ergebnisse lassen sich nur zum Teil mit der archetypischen Symbolik vergleichen. Natürlich haben Gold und das Dreieck die Symbolik des Geistesglanzes, aber die Urruhe ist dunkel (wie das Blau) und damit dem eher statischen Quadrat zuzuordnen. Rot ist das Symbol der Urbewegung und müsste eigentlich für den Kreis reserviert werden. Auch die angeblich wissenschaftliche Befragung, die Kandinsky unter seinen Bauhaus-Studenten durchführte [vgl. Wingler, S. 159], kann nicht darüber hinwegtäuschen, dass man heute andere Zuordnungen wählt. Die DIN 1818 (Sicherheitsfarben) normiert die Bezüge so:

■	Rot	RAL 3000	Kreis	Bedeutung Halt
■	Gelb	RAL 1004	Dreieck	Bedeutung Vorsicht
■	Blau	RAL 5010	Rechteck	Bedeutung Hinweis
■	Grün	RAL 6001	Quadrat	Bedeutung Sicherheit

Viel netter und vor allem pädagogischer hat Eva Heller zu der Farbgeometrie Stellung genommen. In ihrem Kinderbuch »Die wahre Geschichte von allen Farben« macht sie das klar. »Rot ist immer schnell und es ist rund wie ein Rad, weil es so schnell ist. ›Achtung, hier bin ich!‹, brüllte es, denn Rot ist auch immer laut, jedenfalls solange es hell ist. Plötzlich kam das Blau. Es kam aus heiterem Himmel. ›Ich möchte mich etwas ausruhen‹, sprach es und ließ sich nieder. ›Warum willst ausgerechnet du dich ausruhen?‹, brüllte das Rot, ›du bist doch die Ruhe selbst. Wenn man dich nur ansieht, wird man müde‹. ›Jeder nach seiner Art‹, sagte das Blau sanft und dabei wurde es ein bisschen größer. Das Gelb war nicht besonders groß, aber spitz. ›Hier ist kein Platz mehr für dich‹, brüllte das Rot zur Begrüßung. ›Was du nicht sagst‹, sagte das Gelb spitz, ›soll ich dir mal ein Geheimnis verraten?‹ – Das Gelb verrät gern Geheimnisse, das liegt daran, dass es so hell und strahlend ist, gelb lässt sich nicht verheimlichen.«

Man kann natürlich eine vollständige Formmetamorphose durchführen und erhält dann die sechs abgebildeten Grundformen. Ausgehend davon haben wir in einer aktuellen einfachen Studentenbefragung folgende Farb-Form-Korrelationen erhalten:

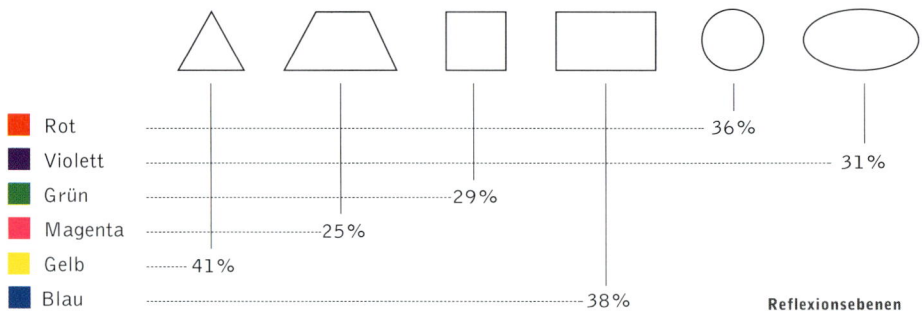

🟥 Rot		36%
🟪 Violett		31%
🟩 Grün		29%
🟥 Magenta		25%
🟨 Gelb		41%
🟦 Blau		38%

Reflexionsebenen

Man erkennt die sichere Zuordnung bei den drei Grundformen und die um 30 Prozent schlechtere Korrelationsrate bei den Übergangsformen. Die geringen Prozentzahlen dürfen jedoch nicht fehlinterpretiert werden. Sehr häufig fallen die Probanden ins so genannte Assoziationsloch. Da wird z.B. der Kreis nicht als geometrische Figur wahrgenommen, sondern als Sonne, und die Gedankenverbindung Sonne = Gelb liegt ja auf der Hand. Nur so ist es auch zu erklären, dass das Dreieck häufig auch mit Rot in Verbindung gebracht wird. Das Dreieck kann auch als Dachschräge interpretiert werden, damit ist es ein Ziegeldach, und die Farbe Rot wird assoziiert.

Farbe und Gewicht   Durch Farbgebung ist es möglich, einen Gegenstand empfindungsmäßig leichter oder schwerer wirken zu lassen. In einem einfachen Versuch trugen Testpersonen verschiedenfarbige Kisten; die helleren wurden um bis zu 25 Prozent leichter geschätzt als die dunkelfarbigen [Test nach Warren und Flynn, zitiert nach Qualitätsfaktor Design, S. 28]. Auslöser dieses Testes waren Arbeiter, die an bestimmten Tagen, nämlich dann, wenn es schwarze Kisten zu transportieren gab, eine viel geringere Leistung zeigten als an solchen, an denen es helle Ladung zu bewegen galt.

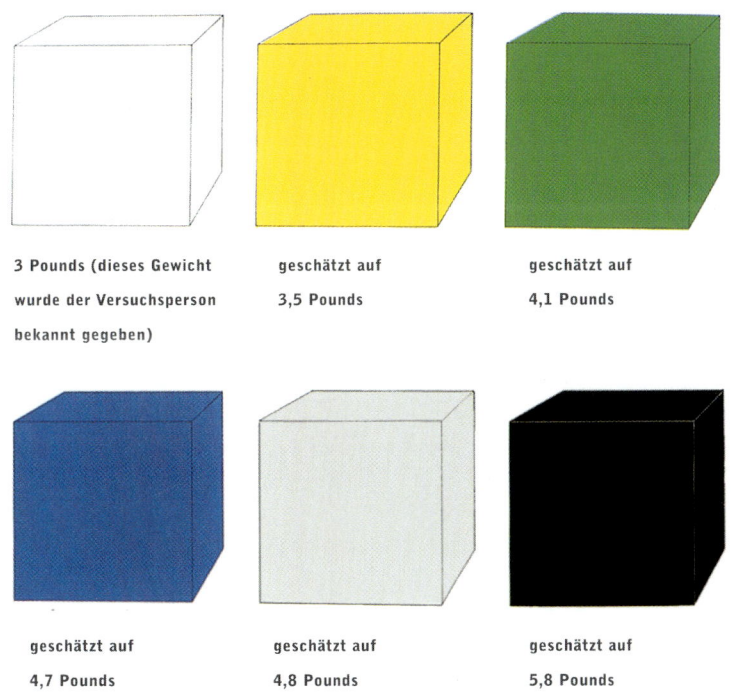

3 Pounds (dieses Gewicht wurde der Versuchsperson bekannt gegeben)

geschätzt auf 3,5 Pounds

geschätzt auf 4,1 Pounds

geschätzt auf 4,7 Pounds

geschätzt auf 4,8 Pounds

geschätzt auf 5,8 Pounds

Farbe und Dimension   Diese »optische« Synästhesie ist eine weitere Farbwirkung zusätzlich zur Buntheit. Helle Grau-Blau-Töne suggerieren Fernwirkungen, sie sind die Farben der Luft und jene der weit entfernten Gebirge, die nur schwach, schemenhaft zu erkennen sind. – Kräftige Rottöne provozieren eine unmittelbare Nähe und Enge.

Bezieht man die optische Wirkung auf Räume, kommt man zu interessanten Regeln, die wir hier zusammenfassend vorstellen [Lutz, S. 193]:
1. Eine Decke herunterziehen: die Decke dunkler halten als Wände und Boden
2. Eine Wand herausdrücken: die Wand in einem kühlen Farbton tapezieren
3. Eine Wand hereinholen: die Wand mit lautem, aktivem Farbton behandeln
4. Ein Zimmer größer machen: helle, duftige, durchsichtige Farbtöne verwenden
5. Ein Zimmer kleiner erscheinen lassen: dunkle, satte, warme Farben wählen
6. Ein Zimmer höher erscheinen lassen: die Decke sehr hell halten

Farbe und Haptik   Zuerst eine Erklärung für dieses Synästhesie-Phänomen: Eine der bekannten Farbtheorien besagt, dass das gesamte Farbgedächtnis aus addierten Anekdoten besteht. Das Warmblau schöner Augen, das Kupferrot der Haare, das Purpurrot einer Knollennase sind eingeprägte Reminiszenzen an Begegnungen. Die Farbe Grün des Kleides, das Grau des Anzugs, das Rouge des Puders sind Wiedererkennungsfarben, die fast unauslöschlich im Gedächtnis verhaftet sind.

Gerüche und haptische Erfahrungen sind ebenfalls in anekdotischen Zusammenhängen zu sehen. Häufig gibt es auch Überlagerungen oder Parallelitätsinduktionen von Geruch, Tastsinn und Farberfahrungen. Ein Teil der Fläche-Farb-Assoziationen beruht auf solchen Erfahrungswerten. So suggeriert eine hellgrau glänzende Fläche eher einen harten, kühlen, metallenen Griff als eine beigebraune Fläche, die beispielsweise an eine sandige Struktur erinnert, dagegen lässt eine lichtgrau-blaue Fläche an eine sehr glatte, wässrige Oberfläche denken.

Farbe als Eindruck für Nähe und Ferne

Farbe suggeriert die sensorische Qualität

Der Begriff »The Touch of Colour« weist sehr treffend auf die Mehrdimensionalität von Farben hin. Will man mit Farbe (und den Produkten, denen man eine Farbe gibt) richtig umgehen, bedeutet das, auf die Exklusivität und die körperlich spürbare Eigenständigkeit jedes Farbtons einzugehen und ihn harmonisch mit dem Material der Oberfläche anzuwenden. Farben werden nicht mehr länger isoliert gesehen: Das Zusammenspiel zwischen Farben, Griff und Material gewinnt zunehmend an Bedeutung. Auch hier können enttäuschte Erwartungen unter Umständen positiv wirken.

Farbe und Zahlen Auf Birren gehen so genannte Zahlensynopsien zurück.

Für den amerikanischen Kulturraum werden folgende Zusammenhänge beschrieben:

0	unbestimmt
1	Schwarz
2	Gelb
3	helles Ziegelrot
4	Braun
5	Dunkelgrau
6	Rotbraun
7	unbestimmt
8	Blau
9	Braun

Das kontrastiert jedoch völlig mit den internationalen Normen zur Kennzeichnung der Größe elektronischer Bauteile:

0	Schwarz
1	Braun
2	Rot
3	Orange
4	Gelb
5	Grün
6	Blau
7	Violett
8	Grau
9	Weiß

Farbe und Gesamtbefinden   Immer wieder erleben wir positive und negative Farb-
überraschungen. Manchmal lässt uns die Umgebung kalt – eigentlich nur dann, wenn sie
uns wirklich kalt erscheint. Allein durch die Verwendung von Orange-Gelb-Rot-Tönungen
werden Gefühle von körperlich spürbarer Wärme suggeriert.

Gefühlsmäßige Schätzungen von Raumtemperaturen differieren bei Räumen in
»kühlen« und »warmen« Farben um bis zu 6°C (zwischen 15°C und 21°C). Solche
Erkenntnisse lassen sich natürlich sehr gut bei der Gestaltung von Räumen nutzen:

- Soll ein Raum warm wirken (Nordseite): eine warme Farbe nehmen, z.B. Goldgelb,
  Braungelb, Rotgelb, Orange und Erdbeer bis zum hellen Rosa
- Soll der Raum kühl wirken (Sonnenseite): kalte Farben nehmen, z.B. alle Blautöne,
  Grünblau, Graublau, Silbergrau, Silberblau, alle Grüntöne mit bläulichem Einschlag
- Ist ein Raum lichtarm (wenig Tageslicht): strahlende, helle Töne wählen, möglichst
  Tapeten mit Fondgrund, die die Farbe halten und Lichtreflexe geben (Glimmer)
- Ist ein Raum zu hell (viele Fenster): dunkle, satte Farben, die das Licht aufsaugen,
  vorschlagen evtl. mit rauer, samtiger Oberfläche

Zur Finalisierung der Synästhesien   Synästhesien lassen sich im Marketing sehr
vorteilhaft ausnutzen. Farbporträts werden z.B. in der Gastronomie eingesetzt, um den
Charakter von Speisen und Weinen zu visualisieren. Somit ist man nicht mehr auf express-
sive Begriffe angewiesen, sondern kann sich mit dem wichtigsten Kommunikationsorgan,
dem Auge, einen Eindruck verschaffen, der nachher durch die Geschmacksempfindung
relativiert wird. Farbporträts werden meistens als ungegenständliche Bilder ausgeführt.
Farbspektren sind bei Parfüms angezeigt.

Farbanmutungen   Dieser moderne Begriff der Farbpsychologie hat eine interessante Tradition. Wir wollen diese schildern, um damit auch zu verdeutlichen, wie sich »Anmutungen« von Empfindungen und Wirkungen (der physiologischen Seite der Farben) unterscheiden.

In den 60er Jahren wurde die Schichtenlehre von Lersch populär [Vom Aufbau der Person, München 1970]. In diesem Buch wurde der Mensch in Sphären des bewussten, kritischen, überlegten Handelns (personaler Oberbau) und in die des »endothymen Grundes« gegliedert. Diese tief innen liegende (d.h. endothyme) Schicht entzieht sich der kritischen Reflexion und lässt jedes Erleben filterlos zu Anmutungen und anderen Bewusstseinsinhalten werden. Jeder Außenreiz – so Lersch – kann also im personalen Oberbau wie im endothymen Grund wirksam werden. In einem Fall führt das zu rationalem, fundiert sachlichem Entscheiden und im anderen Fall zu emotionalem, gefühlsgesteuertem Verhalten - oder kurz zu Anmutungen. Der Anmutungsbegriff wurde im Marketing dankbar aufgegriffen und viele Dissertationen beschäftigten sich mit der produktbezogenen Ausgestaltung (Küthe), dem generellen Aussagegehalt (Friedrich Liebenberg) oder der Bedeutung für das Design (Lehnhardt).

Man erkennt, der Begriff Anmutung stammt aus der Schichtenlehre der Psychologie und will erklären, wie unterschiedliches Verhalten zustande kommt. Empfindungen/Wirkungen versuchen den Prozess der Wahrnehmung transparent zu machen – sie sind nachfolgende Stufen des ersten Eindrucks. Das Problem hierbei ist, dass die Verwortung bei Empfindungen bzw. Wirkungen das gleiche Wortmaterial zur Beschreibung benutzt wie das bei Anmutungen. Doch davon später.

■ Gelb
extrovertiert
Veränderung

■ Orange
fanatisch
überschäumend

■ Grün
lebensfroh
naturverbunden

■ Rot
Tatendrang
Eroberungswille

■ Türkis
Spannung
Beharrung

■ Magenta
idealistisch
theoretisch
transzendent

■ Cyan
pflichtbewusst
konzentriert

■ Violett
introvertiert
Ruhe

■ Braun
zurückgezogen
Erschlaffung
Behaglichkeit

■ Weiß
illusionär
Auflösung
realitätsfern

■ Grau
unbeteiligt
abgeschirmt
Sich-Verstecken

■ Schwarz
pessimistisch
Zwang
hoffnungslos

Die neuesten Ordnungsschemata für farbpsychologische Anmutungen

stammen von Küppers [Harmonielehre, S. 27].

Diese normierten und fixierten Anmutungsentsprechungen werden der heutigen Situation jedoch auch nicht mehr gerecht. Die elektronischen Medien, die Mode, der Zeitgeist wirken auf tradierte Farbbezüge permanent ein. Farben, die noch vor wenigen Jahren »laut« anmuteten, sind durch Gewöhnung »dezent« geworden - »junge Farben« sind plötzlich für alle Altersklassen akzeptabel usw. Kurzum: Man kann heute keine allgemeinen Farbanmutungen mehr formulieren. Aus diesem Grunde schlagen wir hier lediglich eine Systematik der Anmutungen vor und geben Hinweise darauf, wie man diese farbspezifisch einlöst.

Anmutungen lassen sich besser begrifflich fassen, wenn man sie polar gliedert. Sie erhalten dadurch Feldcharakter. Darüber hinaus hat es sich als nützlich erwiesen, zwischen abstrakten Anmutungen, so genannten Anmutungscharakteren und Einzelanmutungen zu unterscheiden. Die folgende Polaritätenliste definiert die bisher als relevant hervorgetretenen Anmutungscharaktere [zitiert nach Küthe/Thun]:

sachlich – romantisch
konventionell – originell
klassisch – modisch
traditionell – avantgardistisch
tough – tender
rustikal – artifiziell
einfach – wertvoll

Für feinere oder weitergehende Analysen kann man jedem Anmutungscharakter spezifische Einzelanmutungen (Charakterelemente) zuordnen:

sachlich	romantisch		tough	tender
nüchtern	gefühlvoll		herb	süßlich
rational	sensitiv		geometrisch	blumig
			hart	weich
konventionell	**originell**		robust	zart
üblich	ausgeflippt		eckig	rund
bedeckt	frisch			
seriös	ungewöhnlich		**rustikal**	**artifiziell**
bürgerlich	bohèmehaft		natürlich	künstlich
			verspielt	streng
klassisch	**modisch**		einfach	komplex
dezent	laut		schwer	leicht
zeitlos	modern		grob	grazil
ruhig	unruhig			
zurückhaltend	auffällig/aufdringlich		**einfach**	**wertvoll**
			sparsam	verschwenderisch
traditionell	**avantgardistisch**		schlicht	aufwändig
alt	jung		zurückhaltend	repräsentativ
ruhig	erregend		minder	hochwertig
vertraut	fremd		billig	nobel
gewohnt	poppig			

Polaritätsprofil der Anmutungscharaktere und Einzelanmutungen

Es ist wegen der Vielfalt der Anmutungen (Charaktere und Elemente) nicht möglich und vor allem auch nicht sinnvoll, singuläre Einzelfarben zuzuordnen. Aussagekräftiger sind Farbzusammenstellungen. Hierzu benötigt man z.B. einen verlässlichen Kompositionsatlas (vgl. z.B. Design-Guide to Colour). Hier werden Farbkolorits vorgestellt, die den referierten Anmutungen dann zuzuordnen sind. Man benötigt nur noch einen trainierten Blick, um zu entscheiden, welche Zweier- oder Dreierkombination einer vorher definierten Anmutung entspricht. Wir können hier keine allgemeinen Regeln ableiten - subjektive Entscheidungen zum Thema und zur Koloration sind gefragt. Der Colour-Guide enthält auf 135 Seiten Farbkompositionen mit zwei oder drei Farben. Wir zeigen hier Seiten mit Farben im Bereich »soft« (S. 126) und »deep« (S. 130).

Die Generalisierung – d.h. die empirische Überprüfung – geschieht dann am besten mit Polaritätenprofilen. Möglicherweise ist es auch nützlich, psychologische Ordnungsschemata, wie die in diesem Kapitel referierten, heranzuziehen, um Grundkolorits festzulegen.

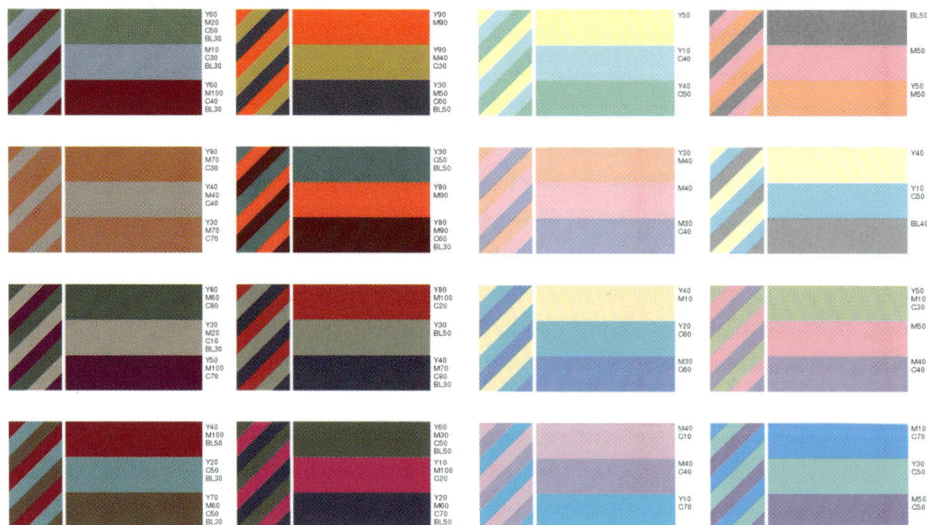

Zusammenfassung Wir wollen im Überblick für die bunten sowie die unbunten Grundfarben auflisten, welche Anmutungen zu beachten sind. Es soll eine Gesamtschau sein, und
deshalb nehmen wir keine Differenzierung wie in den vorausgegangenen Kapiteln mehr
vor. Die Farbcharaktere sollen ganzheitlich vorgestellt werden (nach Lutz, Küppers, Heller). Es bietet sich an, Farbcollagen für die einzelnen Farben zu erarbeiten. Diese individuellen Arbeiten schärfen den Blick und öffnen das Gefühl für die einzelnen Nuancen.

Hier ein paar Beispiele:

Rot als Charakterbild Rot ordnet sich keiner Farbe unter. Rot ist so vorherrschend,
dass es sofort die Führung unter allen Farben übernimmt. Rot übt den größten Reiz auf
das Auge aus, so dass es beim Zusammenstehen mit anderen Farben optisch so aussieht,
als ob das Rot unserem Auge viel näher sei als die anderen Farben, z.B. Grün oder gar
Blau. Rot ist Ausdruck für Lebenskraft, für Lebensenergie. Rot ist das Symbol für die
Liebe, in der sich warm und freudig ein Leben dem anderen schenkt. Rot spricht – dividiert – noch in der größten Skala die Gefühle der Menschen an. Das schwere Dunkelrot
stellt Würde und feurigen Ernst dar. Hochrot ist die Farbe des Umsturzes. Je heller das
Rot wird, desto mehr tritt das Erregende zugunsten einer Wärme und Freude zurück.
Besonders in den hellen Tönen (Rosa) ist Rot heiter, freudig und jung.

Blau als Charakterbild Blau ist die Farbe des Himmels. Je tiefer das Blau, desto
metaphysischer wird es, d.h., Blauschwarz bekommt schon den Klang einer großen kos-
mischen Trauer. Blau ist und wird für uns immer eine rätselvolle Farbe bleiben. Es ist
eine kalte Farbe, die stets fern erscheint, die wohl beruhigt, aber in ihrer Ausstrahlung
ernst, kalt, sehnsüchtig bleibt, mit einem Unterton von Traurigkeit. Blau macht ein Loch
im Bild – sagt der Maler –, das bedeutet, dass Blau immer zurückzuweichen scheint.
Ultramarinblau ist auch kühl, wirkt aber wohltuend, beruhigend und besänftigend, bestimmt zur Ruhe, weil es sich passiv verhält. In Blaugrün – der Mischung aus Blau und
Grün – verschmilzt das Zurückhaltende und das Sehnsuchtsvolle des Blaus mit der Ruhe
und der Frische des Grüns. Blaugrün macht sehnsuchtsvoll, beruhigt aber zugleich.

Grün als Charakterbild Grün, besonders das frische als »junges« angesprochene Grün, ist der Ausdruck des Frühlings und der Jugend. Das dunklere Grün verliert von dieser Symbolhaftigkeit. Grün ist auch die Farbe des gesunden, vollen Lebens. Jedoch, während Orange der Ausdruck des höheren geistigen Lebens ist, ist Grün der Ausdruck des vegetativen, körperlich vollen Lebens. Grün ist die ruhigste aller Farben und kann deshalb Gegensätze ausgleichen. Grün zieht das Auge an, sättigt und kräftigt es. Wird das Grün mit Gelb gemischt, dann wird es jugendlicher, lebendiger, aktiver. Mit Braun gemischt bekommt das Grün einen anderen Klang: Es wird ernster und schwerer.

Violett als Charakterbild Violett ist die merkwürdigste aller Farben. Sie ist nicht kalt und auch nicht warm. Es haftet ihr aber etwas Mystisches, für manche Menschen auch Bedrückendes an, das ein physisches Unbehagen auslöst. Von Violett werden tiefsinnige, zur Mystik neigende, manchmal schon etwas absonderliche Menschen angesprochen. Ein bestimmter Violettton kann die Menschen tief ergreifen, ja rühren. Auf sehr sinnenfrohe Personen wirkt Violett geradezu betäubend. Sie gehen dem Violett gern aus dem Wege. Ein Violett, in dem das Blau vorherrscht, ist in seiner Wirkung zum Ätherischen, zum Nach-oben-Strebenden noch verstärkt (Ultramarin). Rotviolett, in dem das Rot nur sanft anklingt, wird zarter, je mehr man es aufhellt. Es gibt dann eine feine, zarte, weibliche Strahlung ab. Das dunkle Violettrot jedoch ist würdevoller, es wird zum Bischofspurpur. Die Farbe Hellviolett (Lila) in Verbindung mit Weiß und Zitronengelb kann sehr intensiv und weiblich wirken.

Gelb als Charakterbild Gelb hat eine stark anregende Wirkung, ohne dabei aufzuregen, wie es die Farbe Rot tut. Das reine Gelb ist die hellste Farbe im Farbkreis und das Symbol für Fruchtbarkeit, Segen, Überfluss und – wenn es sich zum Gold steigert – Ausdruck von Macht, Glorie und Majestät. Je heller das Gelb ist, desto stärker tritt es in den Vordergrund. Gelb hat eine dominierende Wirkung. Dividiert man das Gelb, so nimmt es an Kraft zu, wenn es dunkler wird, verliert aber dafür die Heiterkeit und die Majestät. Je mehr das Gelb andererseits aufgehellt wird, desto mehr verfeinert es sich, wird leichter, zarter, edler und tritt dann optisch mehr zurück.

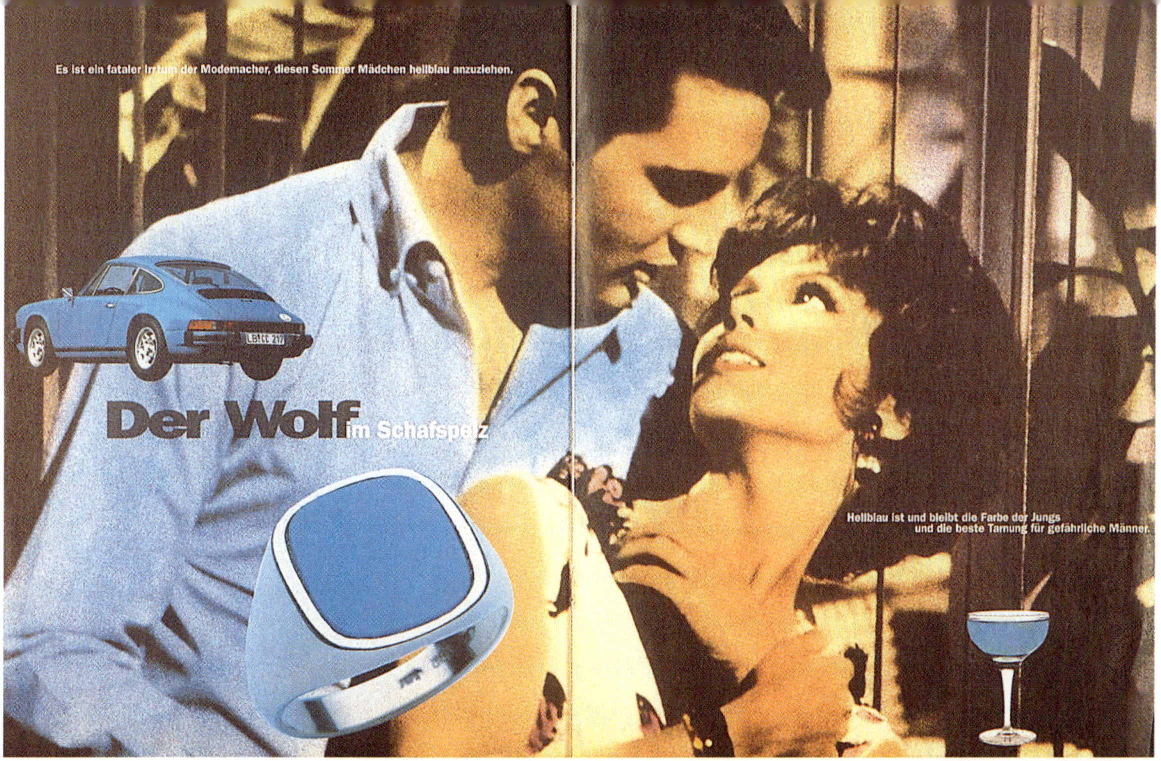

Es ist ein fataler Irrtum der Modemacher, diesen Sommer Mädchen hellblau anzuziehen.
Der Wolf im Schafspelz
Hellblau ist und bleibt die Farbe der Jungs und die beste Tarnung für gefährliche Männer.

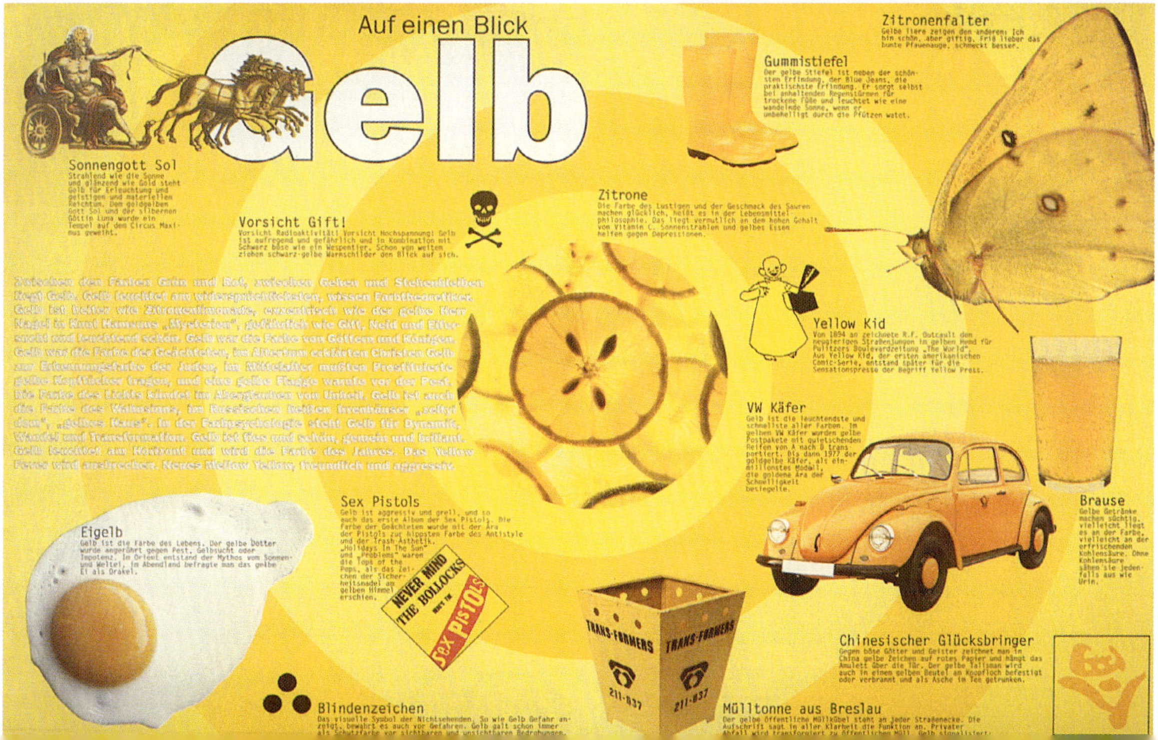

Auf einen Blick
Gelb
Sonnengott Sol
Strahlend wie die Sonne und glänzend wie Gold steht Gelb für Erleuchtung und geistigen und materiellen Reichtum. Dem goldgelben Gott Sol und der silbernen Göttin Luna wurde ein Tempel auf dem Circus Maximus geweiht.
Vorsicht Gift!
Vorsicht Radioaktivität! Vorsicht Hochspannung! Gelb ist aufregend und gefährlich und in Kombination mit Schwarz böse wie ein Wespentier. Schon von weitem ziehen schwarz-gelbe Warnschilder den Blick auf sich.
Zwischen den Farben Grün und Rot, zwischen Gehen und Stehenbleiben liegt Gelb. Gelb leuchtet am widersprüchlichsten, wissen Farbtheoretiker. Gelb ist heiter wie Zitronenlimonade, exzentrisch wie der gelbe Herr Nagel in Knut Hamsuns „Mysterien“, gefährlich wie Gift, Neid und Eifersucht und leuchtend schön. Gelb war die Farbe von Göttern und Königen. Gelb war die Farbe der Geächteten, im Altertum erklärten Christen Gelb zur Erkennungsfarbe der Juden, im Mittelalter mußten Prostituierte gelbe Kopftücher tragen, und eine gelbe Flagge warnte vor der Pest. Die Farbe des Lichts kündet im Aberglauben von Unheil. Gelb ist auch die Farbe des Wahnsinns, im Russischen heißen Irrenhäuser „Jeltyi dom“, „gelbes Haus“. In der Farbpsychologie steht Gelb für Dynamik, Wandel und Transformation. Gelb ist fies und schön, gemein und brillant. Gelb leuchtet am Horizont und wird die Farbe des Jahres. Das Yellow Fever wird ausbrechen. Neues Mellow Yellow, freundlich und aggressiv.
Gummistiefel
Der gelbe Stiefel ist neben der schönsten Erfindung, der Blue Jeans, die praktischste Erfindung. Er sorgt selbst bei anhaltenden Regenstürmen für trockene Füße und leuchtet wie eine wandelnde Sonne, wenn er unbehelligt durch die Pfützen watet.
Zitronenfalter
Gelbe Tiere zeigen den anderen: Ich bin schön, aber giftig. Friß lieber das bunte Pfauenauge, schmeckt besser.
Zitrone
Die Farbe des Lustigen und der Geschmack des Sauren machen glücklich, heißt es in der Lebensmittelphilosophie. Das liegt vermutlich an dem hohen Gehalt von Vitamin C. Sonnenstrahlen und gelbes Essen helfen gegen Depressionen.
Yellow Kid
Von 1894 an zeichnete R.F. Outcault den neugierigen Straßenjungen im gelben Hemd für Pulitzers Boulevardzeitung „The World“. Aus Yellow Kid, der ersten amerikanischen Comic-Serie, entstand später für die Sensationspresse der Begriff Yellow Press.
VW Käfer
Gelb ist die leuchtendste und schnellste aller Farben. Im gelben VW Käfer wurden gelbe Postpakete mit quietschenden Reifen von A nach B transportiert. Bis dann 1977 der goldgelbe Käfer, als einmillionstes Modell, die goldene Ära der Schnelligkeit besiegelte.
Brause
Gelbe Getränke machen süchtig, vielleicht liegt es an der Farbe, vielleicht an der erfrischenden Kohlensäure. Ohne Kohlensäure sähen sie jedenfalls aus wie Urin.
Eigelb
Gelb ist die Farbe des Lebens. Der gelbe Dotter wurde angerührt gegen Pest, Gelbsucht oder Impotenz. Im Orient entstand der Mythos vom Sonnen- und Weltei, im Abendland befragte man das gelbe Ei als Orakel.
Sex Pistols
Gelb ist aggressiv und grell, und so auch das erste Album der Sex Pistols. Die Farbe der Geächteten wurde mit der Ära der Pistols zur hippsten Farbe des Antistyle und der Trash-Ästhetik. „Holidays In The Sun“ und „Problems“ waren die Tops of the Pops, als das Zeichen der Sicherheitsnadel am gelben Himmel erschien.
NEVER MIND THE BOLLOCKS
SEX PISTOLS
TRANS-FORMERS
211-837
Chinesischer Glücksbringer
Gegen böse Götter und Geister zeichnet man in China gelbe Zeichen auf rotes Papier und hängt das Amulett über die Tür. Der gelbe Talisman wird auch in einem gelben Beutel am Kopfloch befestigt oder verbrannt und als Asche im Tee getrunken.
Blindenzeichen
Das visuelle Symbol der Nichtsehenden. So wie Gelb Gefahr anzeigt, bewahrt es auch vor Gefahren.
Mülltonne aus Breslau
Der gelbe öffentliche Müllkübel steht an jeder Straßenecke. Die Aufschrift sagt in aller Klarheit die Funktion an.

Magenta als Charakterbild Magenta ist die Farbe des Unnatürlichen und damit auch des Übersinnlichen, des Transzendenten. Man sieht nicht nur das Vordergründige, sondern man sieht den großen Rahmen. Man ist bestrebt zu erfahren, was hinter den Dingen ist, und versucht, Zusammenhänge zu verstehen. Dabei geht es um Ordnung und Gerechtigkeit, also um das Prinzipielle. Magenta kann auf das Abnorme, aber auch auf das Bewusstsein des Besonderen oder sogar auf überzogene Machtansprüche hinweisen.

Braun als Charakterbild Braun ist die erdhafteste, verdichtetste und realste aller Farben. Braun kann man nicht mit edel und fein ansprechen, dafür ist es aber kräftig: Braun ist der Ausdruck für das Gesunde und Behäbige, Erdhafte. Gemischt mit anderen Farben wird diese sehr typische Eigenschaft verändert. Braun mit Rot oder Violett gemischt lässt den Eindruck sonnenbeschienener Erde entstehen. Dieses Violett-Braun hat dann eine sehr anziehende, ins Magisch-Mystische gehende Kraft.

Schwarz als Charakterbild Schwarz ist mit dem absoluten Dunkel gleichzusetzen. Schwarz ist die materialverkörperte Finsternis. Schwarz hat für uns die Bedeutung des Ernsten, Negativen, Finsteren und der Trauer. Schwarz ist verschlossen und erhaben. Gegen Weiß gesetzt entsteht der absolute Kontrast.

Weiß als Charakterbild Das Weiß ist jenseits von Gut und Böse. Weiß ist auch keine Farbe im Sinne einer Farbigkeit. Es ist der stärkste Gegenpol zu Schwarz. Dieser Kontrast ist in seiner Unbedingtheit jedem sofort vorstellbar. Während Schwarz Trauer ausdrückt, haftet dem Weiß Heiterkeit an. Weiß ist für uns das Symbol für Unschuld und Reinheit. Soll etwas Einfacheres, doch Kraftvolles und Bedeutendes dargestellt werden, so drückt dies der Schwarz-Weiß-Kontrast am besten aus.

Grau als Charakterbild   Grau ist das Trübe an sich. Grau könnte man als Symbol für das Unentschiedene nehmen. Grau ist indifferent, klanglos, wärmt weder noch wirkt es kühlend. Grau ist Hintergrund oder Nebenfarbe. Grau kann ausgleichen und neutralisieren und ist deshalb wichtig, um allzu große Farbkontraste zu mildern oder Farbkontraste harmonisch zusammenzubringen. Grau ist wie die Pause in der Musik.

Gold als Charakterbild   An und für sich ist Gold klangarm und dadurch seelenlos, aber es ist festlich und majestätisch durch seine Dichtigkeit und seine großartige Strahlung. Gold ist analog der Sonne Ausdruck für die höchste Lebenskraft, geistig gesehen. Zugleich Ausdruck der Macht und Würde; je reicher und machtvoller die Zeiten waren, desto mehr Gold wurde auch in den Raumausstattungen verwendet (Krönungskirchen, Thronsäle, Residenzräume).

Silber als Charakterbild   Silber ist wie Gold klangarm und dadurch seelenlos. Silber hat eine durchaus andere Strahlung als Gold. Es ordnet sich wie Grau den farbigen Gegenständen bei, mildert aber ihre Freudigkeit. Silber ist nicht so lockend wie Gold, es blendet das Auge nicht, sondern zieht es mild an. Silber ist, so sagt man, »das Licht unter den Metallen« und erscheint deshalb einem großen Kreis von Menschen edler als das Gold. Während Gold eine warme Strahlung hat, wirkt Silber immer kühl.

Farbregister und Farbordnungen für das Marketing

Der Fall war klar: Jeder hatte seinen Job gut gemacht. Die CI-Agentur hatte die neue Leit-

farbe nach HKS definiert. Die Designer hatten das Logo mit Pantone-Farben auf das Pro-

dukt gebracht. Der Architekt hatte mit RAL-Farben versucht, die neuen Aluminiumfenster

der geforderten »neuen Einheitlichkeit« anzupassen. Im Nachhinein passte nichts zusam-

men: Die Firmenprospekte sahen anders aus als die Produktlabels und die LKW-Farben

fluchteten haarscharf an den Architekturfarben vorbei.

Kein Albtraum, sondern alltägliche Realität. Diese Farbkakophonien lassen sich vermeiden

mit vernünftigen Farbsystemen. P.S.: Das war kein konstruierter Fall, sondern das Problem

eines großen Gasthermen-Herstellers.

Die Praktiker unterscheiden die Farbregister von den Farbordnungen. Beide werden im Marketing benutzt. Für fundierte Entscheidungen benötigt man jedoch »Systeme«. Nur diese genügen unseren physiologischen Anforderungen. Das erste echte Farbsystem wurde 1929 vorgestellt [Munsell, Book of Colour]. Es enthielt 850 Farbmuster. Heute hat dieses Werk zwei Bände mit zusammen 4.000 systematisch angeordneten Farbnuancen. Bis heute sind über 50 solcher Farbsysteme entwickelt worden (vgl. Nemcsics, S. 53). Für unsere Marketingarbeit sind nur wenige geeignet: neben Munsell NCS oder RDS. Zuerst jedoch ein Überblick über handelsübliche Farbsammlungen und Registerformen.

Farbregister Meistens liegen diese als Farbfächer vor. Am bekanntesten sind die von RAL, Pantone oder den Herstellern von Dispersionsfarben (z.B. ispo EuColor-system). Die RAL-Farben stammen aus den 30er Jahren (daher auch der Name: **R**eichs-**A**usschuss für **L**ieferbedingungen; denn die Einhaltung genauer Farbtöne ist eine Lieferbedingung!) und werden heute vom RAL Deutsches Institut für Gütesicherung und Kennzeichnung (Sankt Augustin) herausgegeben. Die einzige Systematik dieser Farbsammlung besteht darin, dass neun Farbgruppen gebildet werden von 1 (Gelb), 3 (Rot), über 5 (Blau) bis 9 (Sonderfarben). Innerhalb dieser Gruppen gibt es keine Farbordnung, jedoch die Benennung der Farben [vgl. Kapitel 2: Farbnamen) ist oft praxisnah und präzise gewählt. Für einfache Farbentscheidungen reichen diese ca. 200 RAL-Farben durchaus aus.

Wichtig zu wissen ist, dass diese Farben als Standardfarben von der Lackindustrie oder auch von Teppichboden-Herstellern (z.B. Longlife) angeboten werden. Auch die Hersteller von Küchenmöbeln bieten Fronten in allen RAL-Farben. Ein ähnliches Register wie RAL für den Produktdesigner bietet HKS dem Grafikdesigner bzw. dem Drucker. Beide Farbregister haben jedoch viel zu wenige Nuancen, da sie Volltonsysteme sind, also ohne Pastell- und Trübungsfarben auskommen. Möchte man nun im Druck leichte Modulationen von HKS-Tönen vornehmen, so treten natürlich Komplikationen bei der Reproduktion auf.

Um im Grafik- und Druckbereich die Kommunikation über Farbtöne schneller und präziser zu gestalten, wurden die Pantone-Farbregister entwickelt. Sie helfen – bei großer Farbauswahl – Farbvorstellungen präzise kommunizierbar zu machen. Zur Verbreitung der Pantone-Register hat auch beigetragen, dass es diese Farben in unterschiedlichen Materialien gibt: Abreißbare Musterkarten aus Papier, Textilproben, Folien, Farbstifte - alles ist in den etwa 800 Pantone-Farben lieferbar.

Die Druckfarben lassen sich aus 14 Grundfarben nach genauen Mengenangaben stets neu mischen. Scheinbar sollte also mit den Pantone-Registern und Mischangaben das Problem der Farbdefinition behoben sein. Dies ist leider nicht der Fall. Der Hauptfehler dieser Farbfächer und Farbregister ist nämlich folgender: Sie erzeugen einen Überfluss an ähnlichen Farben, eine Feinnuancierung, die man meist nicht braucht. Auf der anderen Seite ist eine Menge an »entschieden anderen Farben« nicht vorhanden, weil die Pigmentchemie in der Regel zu flach ausgelegt ist. Innovative Farbentscheidungen benötigen jedoch alle visuell möglichen Kolorationen und nicht die durch eine bestimmte chemische Technik machbaren.

Der RAL-Farbfächer

Die HKS-Farben

Der Pantone-Fächer wird von Designern gerne benutzt. Hier stimmen jedoch empfindungsmäßig die interkategorialen Abstände häufig nicht überein.

Farbordnungen Wir haben schon darauf verwiesen, dass Farbordnungen in der dritten Dimension versucht wurden. Diese Systeme sind dann abzulehnen, wenn sie zu regel-
mäßigen geordneten Körpern führen. Egal ob Kegel oder Doppelkegel, Halbkugel oder
Kugel, Zylinder oder Würfel, mechanistische Farbsysteme [vgl. Gerritsen, S. 36 ff.] widersprechen den physiologischen Differenzierungsgesichtspunkten des menschlichen Sehens.
Mechanistische Farbordnungen sind zwar an sich ästhetisch, leiden aber unter ihrer
physiologischen Präzision. Auf der Abbildung S. 137 oben ist eine Farbkugel aus zwei
Perspektiven zu sehen.

Farbsysteme Die gerade beschriebenen Ordnungen sind für systematische Farbanalyse,
Farbentscheidungen bzw. Farbtrendabschätzung nicht zu empfehlen. (Diese Systeme sind
ästhethisch ausgelegt und nicht physiologisch.) Sie berücksichtigen nicht die Sehgewohn-
heiten und vor allen Dingen nicht die Identifikationsmöglichkeit des menschlichen Auges.
Bei der Thematisierung der physiologischen Seh-Tatsachen [vgl. Kapitel 4: Farbphysiologie]
haben wir die Farbeindrücke herausgearbeitet:
- bunt versus unbunt
- hell versus dunkel
- strahlend versus trübe

Diese Kriterien gilt es bei der physiologischen Farbordnung zuerst einmal zu beachten.
Berücksichtigt werden diese Farbeindrücke in den Farbsystemen durch die Kriterien
Farbton, Sättigung und Helligkeit. Der Farbton (engl. »hue«) wird durch die Empfin-
dungsgrößen Blau, Grün, Rot, Gelb, Violett usw. erklärt. Die Farbtonabfolge gehorcht
dabei nicht unbedingt physikalischen Spektren (also von Rot zu Violett), sondern sie folgt
oft den Mischvorstellungen der Farben, die von Testpersonen vorgegeben werden. Das
neue, auf Seite 137 unten abgebildete RDS (RAL-Design-System) hat z.B. die Farbabfolge: Rot-Magenta-Violett-Blau-Grün-Gelb.

Farbkugel: Seitenansicht

Farbkugel: Ansicht von unten

RDS (RAL-Design-System): kein echtes Spektrum, sondern Farbabfolge.

Die Sättigung (engl. »saturation«) ist eine Größe, die den Grad der Farbkräftigkeit angibt. Eigentlich können nur Lösungen einen unterschiedlichen Konzentrationsgrad haben. Man benutzt hier jedoch diesen Begriff, um zu verdeutlichen, wie strahlend bzw. wie verwässert (d.h. trübe) eine Farbe ist. Der Sättigungsgrad ist eine sehr wichtige Größe, zeigt er doch, dass helle Farben (z.B. Gelb) im Vergleich zu dunklen Farben (z.B. Violett) viel stärker pigmentiert sein müssen, um gleich kräftig zu wirken. Die Helligkeit (engl. »lightness«) einer Farbempfindung gibt an, welchen Unbuntanteil, d.h. welches Schwarz- bzw. Weißverhältnis ein Farbton hat. Der Helligkeitsfaktor zeigt also an, ob Pastellfarben, verhüllte Farben oder abgedunkelte Farben vorliegen. Durch die empfindungsmäßige Verbindung von Sättigung und Helligkeit können in den physiologischen Farbsysemen auch alle Brauntöne sinnvoll plaziert werden. Die geometrische Interpretation der Farbempfindungsparamenter kann mit Hilfe von Zylinderkoordinaten erfolgen. In unserer Abbildung ist das geschehen [nach Munsell, S. 8]:

Darüber hinaus muss das Weber'sche und das Fechner'sche Gesetz Beachtung finden [vgl. dazu Das Prinzip der Schwelle im nächsten Kapitel], indem die Gleichabständigkeit der Farben untereinander sowie in ihrer Abmischung eingehalten wird. Also, die Farbreize dürfen nicht durch lineare Mischanweisungen erzeugt werden, sondern aufgrund gleichabständiger Empfindungen, und diese erhält man eben nur durch eine empirische Befragung. Farbsysteme werden in der Tat empirisch erarbeitet!

Am Anfang steht die Frage der einzusetzenden Grundfarben. Europäische Systeme, so das Ergebnis von empirischen Studien, wählen die Hauptfarbtöne Rot, Blau, Grün und Gelb. Das bekannte amerikanische Farbsystem Munsell wählt noch Magenta (Purpur) als fünfte Grundfarbe hinzu. Hier erkennt man die Hemisphärenunterschiede [vgl. dazu Kapitel 2: Farbnamen]! Jede dieser Grundfarben muss nun im Hinblick auf mögliche Zwischenfarben ergänzt werden, bei NCS- und RDS-Systemen z.B. Magenta und Violett. Alle definierten Grundfarben werden dann im Hinblick auf ihren Sättigungsgrad überprüft. Hierzu kann man Farbvergleiche der einzelnen Grundfarben mit »Neutralgrau« initiieren. Das Auswahlverfahren liefert für die Grundtöne Sättigungsstufen unterschiedlicher Höhe. Nun müssen wiederum zwischen die genormten Grundfarben Farbunterschiede eingereiht werden, die gleichabständig sind. Hier ergibt sich nun ein interessanter

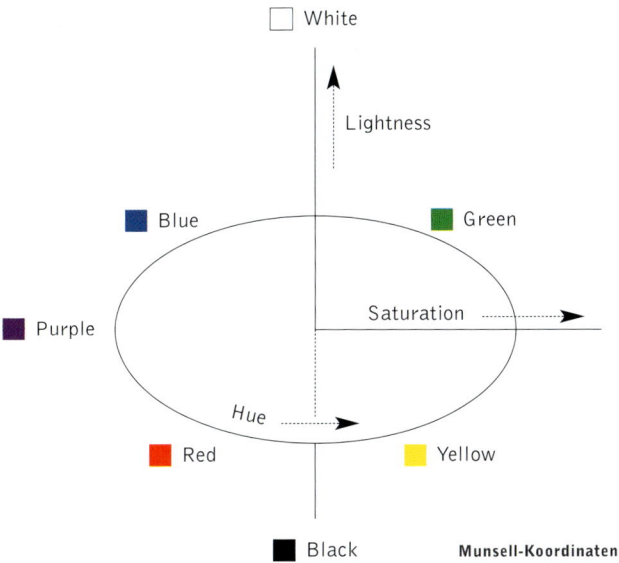

Munsell-Koordinaten

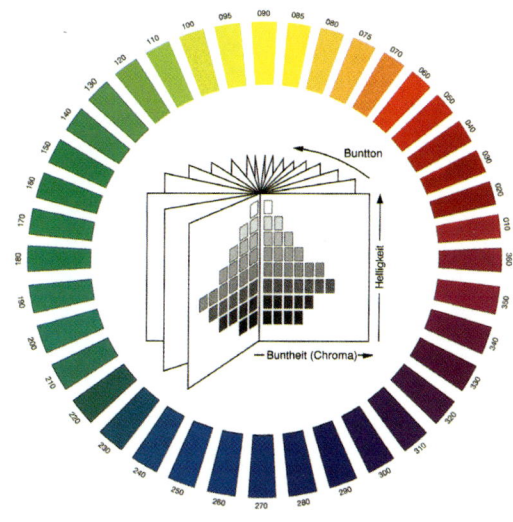

Im **RAL**-Farbatlas werden die vier Grundfarben empfindungsmäßig in 36 Basisnuancen unterteilt. Alle anderen Grundfarben sind annähernd gleich vertreten (mit sieben Paletten).

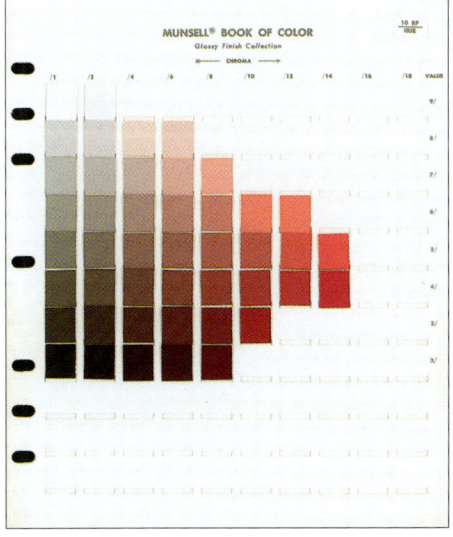

Moderne Farbsysteme sind physiologisch richtig. Das Ausfüllen der Zylinderkoordinaten führt zu Farbseiten, die unregelmäßig aufgebaut sind.

physiologischer Effekt: Im Grünbereich ist die Differenzierungsfähigkeit des Auges besonders groß, also nimmt die Nennungszahl zu, im Gelbbereich sind die Unterschiedszahlen geringer, also weniger Gelbnuancen! Sehr einleuchtend ist auch hier das RDS-System, welches die Windrose als Einteilungsgrundlage nimmt und im 10°-Rhythmus 36 unterschiedliche Basisfarben postuliert und sich dabei auf die vier Grundfarben nicht mehr einlässt.

Darüber hinaus wird auch die Braunpalette entsprechend berücksichtigt. In Kapitel 4 (Farbphysiologie) haben wir gezeigt, dass jede bunte Farbe entsprechende Braunnuancen aufweist. Natürlich entsteht z.B. die Olivpalette mischtechnisch nicht dadurch, dass man Grün mit Weiß und Grau abtönt. Aufwändige Kolorationen mit den anderen Grundfarben sind nötig, damit die entsprechenden echten Braunpaletten entstehen. Physiologisch jedoch setzen wir uns über diese komplizierten Bezüge hinweg und positionieren die Braunnuancen entsprechend unserer Empfindung. Das ist für Farbentscheidungen von großem Nutzen.

Jede der definierten Grundfarben wird nun durch Verminderung der Farbigkeit, d.h. gedankliche Unbuntzumischung von Schwarz-Weiß-Anteilen, weiter differenziert. So entstehen letztlich Farbseiten, die bei den einzelnen Farbtönen untereinander im Hinblick auf ihre Farbempfindung »gleich weit« auseinander liegen. Der Nachteil der großen Sprünge bzw. der zu feinen Nuancierungen der chemischen oder additiven Farbordnungen wie HKS oder Pantone wird dadurch vermieden. Bei den physiologischen Systemen muss man nicht mehr befürchten, es würden Farbnuancen fehlen. Alles ist systematisch aufgebaut – meint man eine feinere Nuancierung wählen zu müssen, ist auch das möglich.

Also: Gründen Sie alle Managemententscheidungen zum Thema Farbe auf empirisch-systematisch angelegten Farbsystemen – lassen Sie sich nicht mit billigen drucktechnischen Farbflächen abspeisen. Verlangen Sie ein empirisch abgesichertes vollständiges Farbsystem. Sie können die für Sie wichtigen Farben in beliebiger Größe bestellen (bis DIN-A4-Proben; jedoch nicht bei Munsell), um die nötigen Entscheidungen an adäquaten Farbflächen durchführen zu können. Sollen farbige Prototypen erstellt werden, kann jedes Lackdepot die entsprechenden Nuancen normgerecht herstellen. Hierbei können auch noch unterschiedliche Glanzgrade eingestellt werden.

Trotzdem bleibt ein Problem bestehen. Wie definiert man aufgrund von NCS oder RDS getroffene Farbkolorits in den Vierfarbdruck um? Hierzu gibt es entsprechende Farbsysteme (vgl. Edition Euroskala Offset), die es durch Inaugenscheinnahme erlauben, die Farben der Drucksysteme anzuschließen. So ist es nicht mehr nötig, dem Drucker eine Entscheidung zu überlassen, sondern Sie können präzise in 5%-Schritten die Anteile von Magenta, Cyan, Gelb und Schwarz angeben.

RAL-Design-System RDS und eine Seite aus Euroskala Offset: Die hinterlegte Farbprobe kann vergleichend in Vierfarbdruck übertragen werden.

Zusammenfassung Die geometrischen Farbordnungen in Form von Sternen, Kugeln, Zylindern, Kegeln, Doppelkegeln usw. sind immer mechanistisch und nicht physiologisch und daher abzulehnen. Nur empfindungsmäßig gestaffelte und daher unregelmäßige Farbsysteme sind verlässliche Arbeitsinstrumente. Natürlich soll nicht verschwiegen werden, dass die hier propagierten, erfahrungsmäßig gestaffelten Systeme Probleme bereiten, wenn bestimmte Farben drucktechnisch realisiert werden sollen. Das Nachstellen von NCS-Nuancen mit Farben des Vierfarbdrucks ist eine intensive Vergleichsarbeit, für die es jedoch die dargestellten Hilfsmittel gibt. Für erste Entwurfsarbeiten eignen sich die Pantone-Farben oder aber die bewährten Buntstiftsätze (z. B. von Faber-Castell).

Auf der Suche nach schönen Farbkompositionen

Man kann quasi den Beruf von Gesprächspartnern erahnen, wenn man Argumente

zum Thema Farbkomposition entgegennimmt. Alle »künstlerisch« ausgebildeten

Kreativen lehnen Hilfen jeder Art aus individuellen Gründen ab. Personen des kreati-

ven Marketings fordern Regeln und Prinzipien geradezu ein: »Muss es doch geben!«

Bei Designern bewegen sich die Wünsche in der Mitte: Kreationskorridor mit Indivi-

dualisierungsspielraum. Im Folgenden liefern wir allen Berufssparten Hilfen aufgrund

unserer Erfahrung!

Farbästhetik Die »Ästhetik« ist die Wissenschaft vom Schönen, die Lehre von Gesetzmäßigkeiten der Harmonie in Kunst und Kultur. Farbästhetik, die im vergangenen Jahrhundert sehr beliebt war, hat eine Anzahl von Regeln hervorgebracht, die zu Farbkompositionen führen sollen.

Für heutige Gestaltungsaufgaben wäre es überaus hilfreich, eine solche Auswahlheuristik zur Realisation von Farbpaletten zu haben. Wir müssen jedoch die Freude etwas
dämpfen – so einfach, wie sich die Farbtheoretiker das vorstellten, ist die Farbkomposition nach ästhetischen Gesichtspunkten nicht. Trotzdem ist es für einige Beratungsprojek-
te hilfreich, sich der Überlegungen der Farbgeschichte zu vergewissern und daraus Vor-
wissen abzuleiten. Vier Etappen sind zu unterscheiden:

(1) Beginnen wollen wir unsere Betrachtung bei Goethe. Wir erinnern den sechsteili-
gen Farbkreis (vgl. Kapitel 3). Aus dieser Grundannahme entwickelt er drei Kompositionsregeln. Er nennt Farben, die sich gegenüberliegen – harmonisch; Nachbarschaftsfarben – charakterlos und Farben, die die Nachbarschaftsfarben überspringen – charakteristisch. Damit ergibt sich folgende Abbildung:

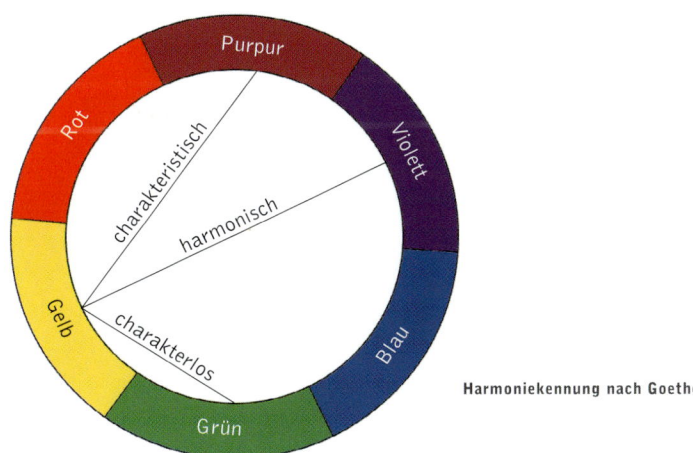

Harmoniekennung nach Goethe

Übersetzt in unsere heutige Begriffswelt könnte man sagen, es gibt

- echt-komplementäre Farbkompositionen
  (nennt Goethe harmonisch, wobei zu fragen ist, ob das Harmonik
  oder Kontrast ist)
- variable Farbkompositionen
  (nennt Goethe charakterlos; so nennt Pugh heute die Nachbarschaftsfarben)
- geteilt-komplementäre Farbkompositionen
  (nennt Goethe charakteristisch; so nennt Pugh, S. 12,
  heute die »überspringenden« Farben)

Zur Verdeutlichung der Farbcharaktere, die aus den Regeln entstehen, wollen wir eine
Rekonstruktion des Goethe'schen Farbkreises nach Matthaei [S. 177] heranziehen:

In der Mitte oben die Rekonstruktion des Goethe'schen Farbenkreises; darunter in Dreiecks-Ordnung die drei harmonischen Farbenpaare, die aus Farben gebildet sind, die im Kreise einander gegenüberliegen. Links neben dem Kreis in zwei Triaden die charakteristischen Zusammenstellungen. Rechts vom Kreis die sechs charakterlosen Zweiklänge, die jedesmal aus Nachbarn des Kreises entstehen.

(2) Eine Erweiterung erfährt die Goethe'sche Ordnung durch Plochere. Er formuliert einen 24-teiligen Farbkreis mit vier Grundfarben. Zusätzlich zu den Zwei-Ton-Harmonien, wie sie Goethe entwickelt, werden drei weitere vorgestellt. Die Vier-Ton-Harmonie ist eine Verdopplung des Komplementärprinzips. Die Drei-Ton- und die Split-Harmonie sind Mischungen aus den schon genannten Möglichkeiten.

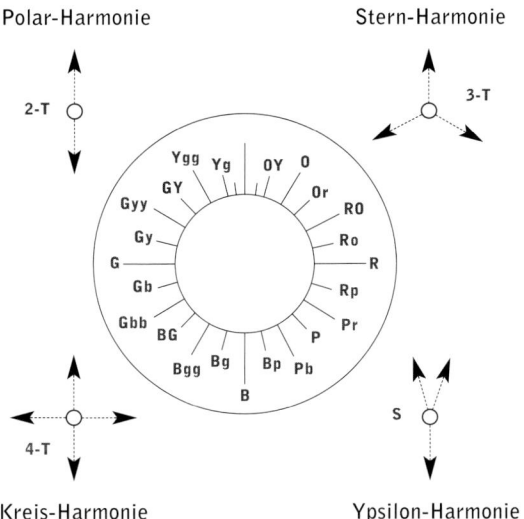

Man kann auch diese Überlegungen für heutige Kommunikationszwecke nutzbar machen und spricht dann von

Kreuz-Harmonien: Vier-Ton-Ordnung
Stern-Harmonien: weite Drei-Ton-Ordnung
Ypsilon-Harmonien: enge Drei-Ton-Ordnung
Polar-Harmonien: Zwei-Ton-Ordnung

(3) Als weitere Etappe geschichtlicher Farbästhetik wollen wir uns die sehr weit verbreiteten Ideen von Johannes Itten ansehen.

Er geht davon aus, dass ein zwölfteiliger Farbkreis ausreicht, wenn man diesen zusätzlich durch Pastell- und Erdfarben variiert und so zu einem Farbstern erweitert. Damit erreicht er durch Kombination der Farben aus den Farbrhomben eine zusätzliche Farbtongleiche (Ton-in-Ton-Harmonie).

Darüber hinaus legt er Klangscheiben zur Harmoniefindung bei. Zur Harmoniekennnung wird dann wie folgt argumentiert: Zuerst einmal werden als Komplement die gegenüberliegenden Farben für harmonisch erklärt. Des Weiteren wird behauptet [Itten, Der Farbstern], »alle Dreiklänge, deren Farben im 12-teiligen Farbkreis, im gleichseitigen oder gleichschenkligen Dreieck oder Vierklänge, die in quadratischen oder rechteckigen Beziehungsverhältnissen zueinander stehen, sind harmonisch«. Beiliegende »Klangscheiben« (das sind schwarze Masken) erlauben eine entsprechende Demonstration der vorher postulierten Farbklänge.

Man erkennt, dass Itten nicht nur Vierklänge zulässt, wo sich die Farben mit 90° Abstand befinden (also Kreuzharmonien), sondern auch Abstände von 60° und anschließend 120° (das sind die rechteckigen Beziehungsverhältnisse) als möglich formuliert.

 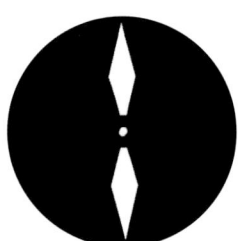   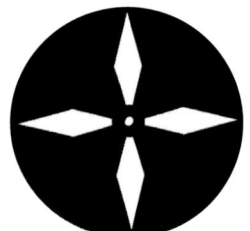

Ton-in-Ton-Klänge	**harmonische Farbklänge als Komplementär**	**harmonische Farbklänge aus gleichschenkligem Dreieck entwickelt**	**harmonische Farbklänge durch rechteckige Beziehungen**	**harmonische Farbklänge durch quadratische Beziehungen**

Gelb

Gelbgrün

Gelborange

Grün

Orange

Blaugrün

Rotorange

Blau

Rot

Blauviolett

Rotviolett

Violett

Farbstern nach Itten

(4) Ein entscheidender Schritt auf der Suche nach modernen Farbkompositionen wurde von Josef Albers [Interaction of Color, 1963] getan. Er geht nicht mehr von singulären Farben aus, um Harmoniekennungen zu formulieren, sondern von Farbzonen. Wie das Ganze funktioniert, ist leicht einzusehen. Aus den Primärfarben entwickelt er das bekannte System der Sekundär- und Tertiärfarben. Diese ordnet er jedoch nicht in Kreisform an, sondern inkorporiert sie dem Dreieck der Primärfarben.

Nun kommt der entscheidende Schritt: Er gewinnt jeweils drei Farbzonen aus zwei bzw. einer Primärfarbe und drei weiteren Sekundär- und Tertiärfarben. Diese Zonen wiederum werden »expressiv« verwortet. In unserer Terminologie wählt Albers dazu Eindrücke (z.B. leuchtend) bzw. Empfindungen (z.B. ernst, heiter usw.) aus. Auf jeden Fall ist dieser Versuch die richtungweisende Idee für eine moderne Farbästhetik, wenn man von den strengen Feldbezügen einmal absieht.

Josef Albers unterteilte für seine »expressiven Farbkombinationen« (Interaction of Color, 1963) das Goethe'sche Farbdreieck in acht kleinere Dreiecke, die sich nach bestimmten Regeln verschiedentlich zusammenstellen ließen, um »expressive« Farbakkorde aufzuzeigen.

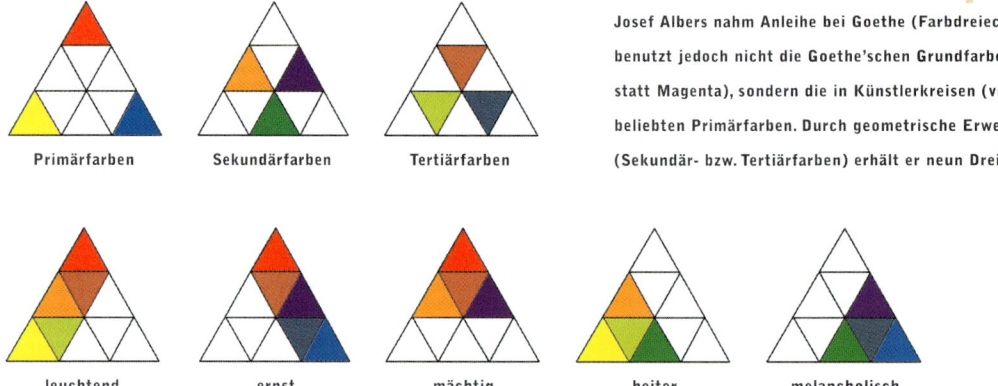

Primärfarben   Sekundärfarben   Tertiärfarben

Josef Albers nahm Anleihe bei Goethe (Farbdreieck). Er benutzt jedoch nicht die Goethe'schen Grundfarben (Rot statt Magenta), sondern die in Künstlerkreisen (vgl. Itten) beliebten Primärfarben. Durch geometrische Erweiterung (Sekundär- bzw. Tertiärfarben) erhält er neun Dreiecke.

leuchtend   ernst   mächtig   heiter   melancholisch

Ansatzpunkte für moderne Farbkompositionen Die Konsequenz aus der Geschichte der Farbkompositionen kann nur lauten: Mechanistisch, d.h. auf geometrische Proportionen bezogen, lassen sich keine ästhetischen Regeln zur Farbgestaltung mehr entwickeln. Darüber hinaus taucht immer wieder die Frage nach Harmonie bzw. Kontrast (z.B. Komplementärkontrast) auf. Wir haben bisher vermieden, den Aspekt der Harmonie zu benutzen, und immer von Ästhetik gesprochen. Der Grund für diese Zurückhaltung liegt darin, dass es keine empirische Bestätigung für den Harmoniebegriff gibt. Für den einen Probanden sind Nachbarschaftsfarben (z.B. Rot und Orange) der Gipfel an Disharmonie, andere sehen darin eine gelungene (d.h. harmonische) moderne Komposition.

Wir benötigen daher einen generellen Ansatzpunkt. Die Antwort meinen wir in den Grundlagen der (Farb-)Ästhetik gefunden zu haben. Für die Farbästhetik lautet die banale Frage: Wann passen Farben besonders gut zusammen? Die Antwort aus Sicht des Ästhetikers G.T. Fechner heißt: Wenn die Farbkomposition ganz bestimmten Prinzipien entspricht. Daher wollen wir auch keine Harmonieregel oder Kontrastkonzepte. Wir stellen ästhetische Prinzipien zur Farbkomposition bereit. In seiner Vorschule der Ästhetik von 1876 werden (neben anderen) folgende Prinzipien genannt:

- das Prinzip des Kontrastes
- das Prinzip der Versöhnung
- das Prinzip der Klarheit
- das Prinzip der ästhetischen Mitte
- das Prinzip der Schwelle
- das Prinzip der Assoziationen
- das Prinzip der Stimmungen

Im Folgenden wollen wir diese Prinzipien näher erläutern und auf ihre praktische Relevanz eingehen.

Das Prinzip des Kontrastes

Mit dem Kontrastbegriff von Fechner ist nach 1876 viel Unheil angerichtet worden. Man benutzte ihn physiologisch, um Farbveränderungen bei gleich- und nachzeitiger Farbfixierung zu beschreiben; man benutzte ihn modalitätsmäßig, um Qualitäten und Quantitäten von Einzelfarben zu beschreiben.

Für die allergrößte Verwirrung haben jedoch die Bauhaus-Theoretiker gesorgt. Man nimmt dieses Prinzip und formuliert damit Farbregeln, die mehr verwirren als Lösungen bieten. Hier zuerst einmal die sieben Farbkombinationsregeln [vgl. Itten, Vorkurs, S. 30 ff.; hier bebildert nach Venn/Ohlhauser, S. 10/11].

Farbe-an-sich-Kontrast

Gegensatz: Farbfamilien-Verwandtschaft
Je reiner die unterschiedlichen Farben sind, desto stärker ist ihr Kontrast. Sobald Farben einer »Familie«, hier Gelb und Orange, kombiniert werden, wirken sie harmonisch.

Hell-Dunkel-Kontrast

Gegensatz: Farbhöhen-Verwandtschaft
Den stärksten Kontrast bilden Schwarz und Weiß, aber auch Gelb zu Blau-Tönen ist sehr kontrastreich. Unterschiedliche Farben einer Farbtonhöhe bilden dagegen einen geringeren Kontrast.

Kalt-Warm-Kontrast

Gegensatz: Temperatur-Verwandtschaft
Kalte zu warmen Farben kombiniert zeigen immer einen stärkeren Kontrast als unterschiedliche kalte Farben zueinander kombiniert.

Komplementärkontrast

Gegensatz: Nachbarschaftstöne
Jede Farbe hat eine Komplementärfarbe;
sie steht im Farbkreis direkt gegenüber und
ist immer kontrastreich. Verwandte Farben
sind immer kontrastärmer.

Simultankontrast

Gegensatz: gedeckte, reduzierte Farbigkeit
Jede reine Farbe erzeugt eine Gegenfarbe
(sie liegt im Farbkreis gegenüber). Ein
langer Blick auf Gelb erzeugt Blauviolett als
Nachbild bei geschlossenen Augen.
Bei gedämpften, vermischten Farben existiert
dieses Phänomen nicht.

Qualitätskontrast

Gegensatz: Reinheitsähnlichkeit
Die Kombination unterschiedlicher Farben,
also reiner, vermischter, vergrauter Töne,
nennt man Qualitätskontrast. Wenn Farben
gegraut oder nur hell-pastellig sind, weisen
sie Reinheitsähnlichkeiten auf.

Quantitätskontrast

Gegensatz: Gleichgewichtigkeit
Ein Quantitätskontrast entsteht dann, wenn
zwei Farben, z.B. im Verhältnis 1:12, kombiniert werden. Die gleichen Farben wirken bei
gleichem Verteilungsverhältnis immer ruhiger.

Beim Farbe-an-sich-Kontrast und beim Qualitätskontrast handelt es sich um reine Farb-familien, die weniger das Prinzip des Kontrastes als vielmehr das der Klarheit erfüllen. Beim Simultan- und Sukzessivkontrast handelt es sich überhaupt nicht um Kompositions-regeln, sondern um Zusatzbedingungen bei der Farbgestaltung (physiologische Tatbestän-de). Echte Kontraste sind nur die Eindruckskontraste (hell vs. dunkel), die Empfindungs-kontraste (warm vs. kalt) und die Mengenkontraste (viel vs. wenig). Welche vielfältigen Möglichkeiten es zu diesen drei echten Kontrastkategorien gibt, wollen wir im nächsten Kapitel ausführlich beschreiben.

Das Prinzip der Versöhnung   Farben, die sich im Farbkreis gegenüberstehen, haben - wie dargestellt - die größte Farbdifferenz; sie sind komplementär: Gelb ist am weitesten von Violett entfernt, Blau ist am weitesten von Rot entfernt, Magenta ist am weitesten von Grün entfernt. Nur von ihrer Position im Farbkreis her sind diese Farben konträr. Es scheint so, als hätten sie nichts Gemeinsames. Man könnte also meinen, dass sie den Gip-fel der ästhetischen Disharmonie darstellen. Physiologisch sieht das jedoch ganz anders aus. Diese Farbpaare ergänzen sich nämlich im Auge bei der Betrachtung zu einem neu-tralen chromatischen Ergebnis; sie stützen sich gegenseitig. Diese physiologische Erschei-nung nennt man komplementär. Komplementärfarben sind also Farben, die sich empfin-dungsmäßig nicht gegenseitig zu neuer Chromatik aufschaukeln, sondern neutralisieren. Das ist das Prinzip der Versöhnung. In Kapitel 4: Farbphysiologie haben wir diese Zu-sammenhänge genau erörtert.

Das Prinzip der Klarheit   Wenn man sofort erkennt, in welchem Zusammenhang die Farbkomposition steht, kommt es zu Einklang, Einheitlichkeit oder schlichtweg Einsicht [Näheres bei Küthe, Warenverkaufskunde, S. 14 ff.]. Diese Einsicht (Farbbezug) kann sich z.B. auf Farbfamilien (z.B. Pastell) oder Nachbarschaftsfarben (Rot und Purpur) oder Ton-in-Ton-Kompositionen (Aufhellung und Abdunklung nur einer Farbe) beziehen. Näheres dazu im nächsten Kapitel.

Wir zeigen hier zwei Kompositionen mit geringen Sättigungswerten und hohen Grau-wertanteilen, die beide sofort in ihrer Kompositionsmodalität erkannt werden.

Das Prinzip der Versöhnung gilt für alle Violett-Gelb-Kombinationen – bei pastelligen Nuancen wird der psychologische Effekt jedoch »flacher«.

Klare Komposition durch geringe Sättigungswerte

[Venn, Kaleidoskop, S. 69]

Klare Komposition durch hohe Grauwertanteile

[Venn, Kaleidoskop, S. 71]

Das Prinzip der ästhetischen Mitte Hell versus dunkel, bunt versus unbunt, leicht versus schwer sind ästhetische Gegensätze. Auch Gegensätze können anziehend wirken – erheblich angenehmer (besonders auf den ersten Blick) sind jedoch Kompositionen, die eine mittlere »Farbtemperatur« haben, die eingängig sind. Küppers (Harmonielehre, S. 94) beschreibt das so: »Je größer die Übereinstimmung von zwei ästhetischen Unterscheidungsmerkmalen in einem Farbklang ist, desto harmonischer ist die Wirkung.« Alle Pastellfarben z.B. passen deshalb so gut zusammen, weil sie einen mittleren Buntheitsgrad haben. »Antike« Kolorationen sind so beliebt, weil sie den morbiden Charme vergangenen Erlebens aufweisen (so genannte verhangene Koloration).

Das Prinzip der Schwelle Man findet Farben dann harmonisch, wenn sie im Hinblick auf den Farbton exakt gleiche Sättigungs- oder Helligkeitsabstufungen haben. Wir zeigen hier eine Farbharmonie in Grün-Nuancen, die nach diesem Prinzip aufgebaut ist. Die einzelnen Grüntöne sind untereinander in gleichen Stufen nuanciert.

Hell-Dunkel-Kontrast In diesem Zusammenhang müssen wir kurz das Weber'sche Gesetz, eines der wenigen verlässlichen Instrumente der Betriebswirtschaftslehre, ansprechen. Bei seinen Arbeiten über den Tastsinn fand Weber heraus, dass der eben noch merkliche Unterschied zwischen zwei Gewichten (ΔS = Stimulus) in einem immer konstanten Verhältnis zur Größe des Bezugsgewichts (S) steht: $\dfrac{\Delta S}{S} = \text{konstant}$

Für Gewichte konnte dieser Quotient (K) als 1/20 (5%) ermittelt werden. Für Farben gibt es keinen einheitlichen Quotienten. Farben haben physikalisch die Dimension Farbton, Helligkeit und Sättigung. Nur für die Helligkeit beträgt die Webersche Konstante 0,017. Also ungefähr 2% muss eine Grundhelligkeit erhöht werden, um als »heller« identifiziert zu werden.

Für den Farbton ist die Ermittlung einer vergleichbaren Konstante sehr schwierig, aber notwendig, wie wir bei der Erörterung der Farbsyteme gesehen haben. Heute werden diese mathematisch sehr schwer zu modellierenden Bezüge im sogenannten CIELAB-System angegeben [vgl. Kapitel 1: Farbfaszination]. Das ist übrigens auch der Grund dafür, dass die Farben innerhalb der empfindungsmäßig erstellten Farbsysteme alle untereinander harmonisch sind (vgl. NCS und RDS).

Beispiel für verhangene Koloration.

Alle Pastelle harmonieren nach dem Prinzip
der Mitte.

Prinzip der Schwelle
in Grün/Gelb-Nuancen.

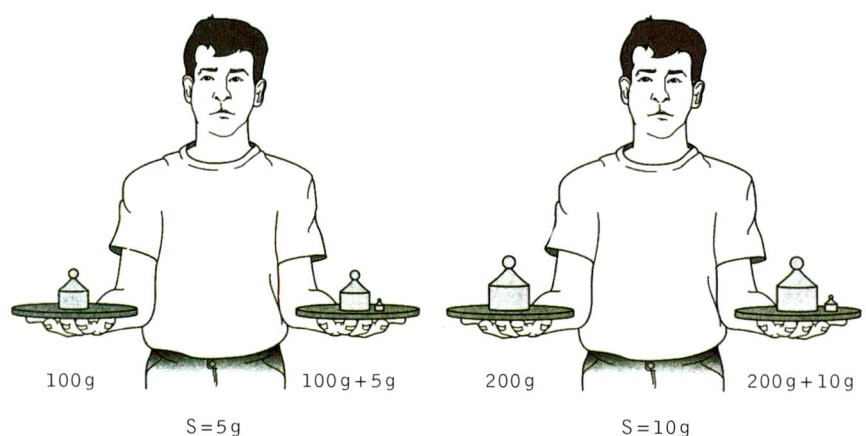

100 g   100 g + 5 g   200 g   200 g + 10 g

S = 5 g   S = 10 g

Der eben merkliche Reizunterschied ΔS. Die Person kann den Unterschied zwischen einem Gewicht von 100 Gramm und einem Vergleichsgewicht von 105 Gramm feststellen, nicht jedoch eine kleinere Differenz; ΔS beträgt daher fünf Gramm. Bei einem 200-Gramm-Gewicht muss das Vergleichsgewicht 210 Gramm wiegen, damit die Person den Unterschied bemerken kann; ΔS beträgt daher zehn Gramm. Bei beiden Gewichten ist das Verhältnis von ΔS zum Basis-Gewicht gleich. Dieses Verhältnis ist der Weber'sche Quotient [aus: Goldstein, S. 18].

Für Schnellschüsse bei der Farbberatung greifen Sie also in ein passendes Bündel von Farbkarten gleicher Farbart – »blind« können Sie mehrere Farbkarten herausziehen. Diese ergeben immer eine befriedigende Farbpalette, weil hier das Prinzip der Schwelle eingehalten wurde [vgl. Ton-in-Ton-Harmonien, S. 170].

Das Prinzip der Stimmungen und der Assoziationen Bei Fechner recht kurz beschrieben, handelt es sich um einen der heute wichtigsten Komplexe der Kreation von Geschmacksmustern bei Farben. Im Einzelnen müssen wir ansprechen:

- Gefühlswelten (emotionale Stimmungen), Beispiel: »getragene Wärme«
- Geschmackswelten (sinnliche Assoziationen), Beispiel: pompejanische Pracht
- Themenwelten (begriffliche Assoziationen), Beispiel: Bauhaus meets Pop

Getragene Wärme

Pompejanische Pracht

Bauhaus meets Pop

In Kapitel 9: Farbwelten werden wir näher auf diese Thematik eingehen, da dieses Prinzip eines der bedeutsamsten für Farbkreationen ist.

Zusammenfassung Ästhetische, d.h. von bestimmten Zielgruppen als schön empfundene Farbkolorits lassen sich nicht durch Regelwerke finden. Wenn man sich jedoch an wenige – sehr allgemein gefasste und damit flexible – Prinzipien hält (sieben nach Fechner), ist man schon auf der sicheren Seite. Versuchen Sie einmal zur Übung, mit Farbcollagen wirkliche Disharmonien zu erzeugen, es ist fast nicht möglich! Jedes Kolorit erzeugt eine eigenständige Welt, die – wenn man sie erkennt – augenblicklich reizvoll ist und damit als schön empfunden wird.

Ästhetische Hinweise zu den Prinzipien der Klarheit und des Kontrastes

Wir waren selbst schuld, nicht nachgefragt zu haben: Unser Auftraggeber (der zweitgrößte Hersteller für Sanitärkeramik) verlangte für seine Kataloge »Ton-in-Ton«- Farbstellungen. Wir haben schöne Vorstellungen in Grün (Laguna) und Blau (Cliff) realisiert. Die Akzeptanz bewegte sich jedoch bei null: »Können Sie denn keine wirklich schönen Ton-in-Ton-Entwürfe?« Nach Rückfragen waren farbtongleiche Kompositionen (z.B. gleiche Nuance Listel und Sanitärkeramik usw.) gemeint – das heißt aber in der Sprache der Fachleute »schlüsselfarbengleiche«. Merke: Die Bezeichnungen für Farbkompositionen sind leider ungenormt – man benutzt diese oft, wie man sie gehört hat oder nach »Gefühl«. Wir bemühen uns in diesem Kapitel um Herleitungen und um Definitionen.

Sehr anschaulich wird in einer Praktiker-Veröffentlichung [Beazley, The Colour Book, S. 8 ff.] zwischen dem Prinzip der Klarheit und dem des Kontrastes unterschieden.

In dem zitierten Buch wird zwischen
- single colour schemes und
- contrasting schemes
  differenziert.

Zur Verdeutlichung zeigen wir einige Originalabbildungen zu diesen beiden Polen. Leider wird nicht näher kategorial beschrieben, wie man diese »klaren« Single-Colour-Schemes entwickelt. Wir wollen das nachholen!

Kompositionsregeln nach dem Prinzip der Klarheit Klarheit ist Einklang, Übereinstimmung und Einigkeit. Klarheit regt nicht an, sie ist wohltuend. Bei dem Prinzip der Klarheit erkennt man zuerst einmal das, was Gekeler [S. 100] »Farbfamilie« nennt. Farbfamilien sind Zusammenstellungen von »Farben mit ... einer gemeinsamen Komponente«. Neben den Farbfamilien gibt es aber auch Nachbarschaftsfarben, Farbreihen und Querschnittsharmonien. Wir wollen über diese vier Kompositionsregeln nacheinander berichten.

(1) Farbfamilien Zur Gruppe der Farbfamilien rechnet man die 13 Farbgruppen, die sich aus den einzelnen Seiten der Farbsysteme ergeben (vgl. Kapitel 4). Es lohnt sich, diese zwölf Farbfamilien einmal aus den unterschiedlichen Farbgruppen nachzustellen, damit man ein Gefühl für den farbigen Ursprung von Farben erhält. Dabei ist es völlig unerheblich, ob je nach Farbart sich die Farben in schematisierten Farbfeldern befinden – wichtig ist ihre Charakteristik.

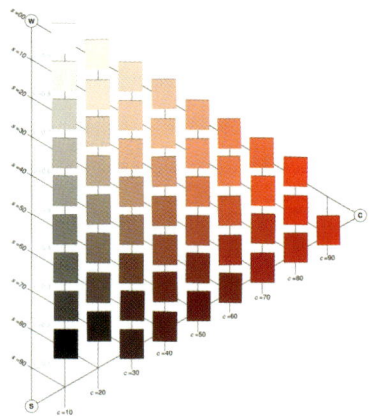
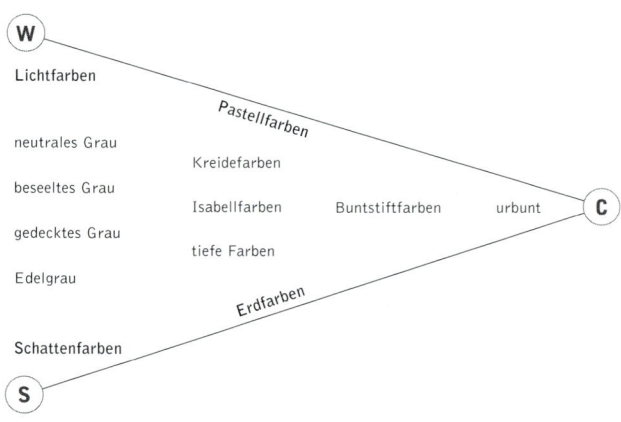

Farbfamilien im NCS-System positioniert

Urbunt   Hiermit sind nicht nur die drei Primärfarben gemeint, auch nicht die sechs Grundfarben, sondern alle Farbarten, die den Ausgangspunkt der triangulären Farbseiten markieren. Beim NCS-System sind das 36 Urbunttöne, bei Munsell 48. Kombiniert man diese Farben – in welcher Reihenfolge auch immer –, ergibt sich eine »urbunte Ästhetik« nach dem Prinzip der Klarheit.

Buntstiftfarben   Der Name deutet an, dass es sich um Farben handelt, die wir auf Trägerpapier aufbringen. Buntstiftfarben sind durch Bindemittelzusatz etwas weniger farbintensiv, aber von der Palettenbreite größer als die der Urfarben.

Kreidefarben   Sie sind gedeckter als Buntstiftfarben, weil sie das Mineral Kreide als Binde- und Streckmittel haben. Aus der Schule kennt sie jeder; es gibt sie aber auch in Stiftform.

Urbuntfarben als Filzstifte

Buntstiftfarben

Kreidefarben

Pastellfarben

Shabby Chic in Isabellfarben

Pastellfarben   Es handelt sich ursprünglich um mit Ton vermischte Urfarben in Stiftform, die eine samtige Nuance in die Grundfarbe brachten. Heute benennen wir alle zar-
ten, oft auch strahlenden, jedoch immer mit Weiß aufgehellten Kolorits so.

Isabellfarben   eine faszinierende Farbfamilie, noch dazu mit einer assoziativ guten
Bezeichnung! »Da im Mittelalter nur der Adel weiße (wie wir wissen auch purpurfarbene!) Kleidung tragen durfte, überrascht es nicht, dass das Kleid der Königin Isabella von
Spanien nach mehrwöchiger Gefangenschaft unsäglich angeschmutzt war.« Wir nennen
heute diese leicht verhüllten bunten Töne mit Naturcharakter »Isabellfarben«. Bitte niemals mit Pastellfarben verwechseln! Nicht ohne Hintergedanke ist das Bild über »Wohnen mit gebrauchten Möbeln« in dieser Nuance gehalten. Toll!

Tiefe Farben für einen hohen Anspruch.   Mallorca in Erdfarben.

Tiefe Farben   Diese Zwischengruppe ist dunkler und kräftiger als die Isabellfarben, wird aber noch nicht zu den Brauntönen gerechnet. Sie haben das, was man venezianische Tiefe nennt. Diese sehr eigenständige Farbgruppe war in der gehobenen Gastronomie sehr beliebt. Dazu auch unser Bild.

Erdfarben   Wir wissen, dass Braun-Nuancen sich aus jeder bunten Farbe entwickeln lassen. Daher ist die Braunpalette überaus umfangreich und lässt vielfältige Kolorits zu. Brauntöne lassen sich hervorragend zur regionalen Identifikation nutzen: von der Toskana bis Mallorca, wie unser Beispiel (Abb. oben) zeigt.

Grau-Töne Bei den Grautönen gibt es vier Farbkategorien:

- Edelgrau
- gedecktes Grau
- beseeltes Grau (warmes Grau)
- neutrales Grau (kaltes Grau)

Der Unterschied ist einfach zu begreifen, in der Praxis jedoch schwer zu vollziehen. »Neutrales Grau« hat keine Farbbeimischungen. Es besteht nur aus den Grundnuancen Weiß und Schwarz in variabler Mischung.»Beseeltes Grau« hat geringe Farbbeimischungen, man erkennt auf den zweiten Blick die farbige Seele. Im NCS-System gibt es eine eigene Farbgruppe hierzu mit einem Farbanteil von 0,2. Gedecktes Grau verheimlicht nicht seine hintergründige Farbigkeit. Die Edelgraus sind auf den ersten Blick als farbig erkennbar, deshalb nennt man sie auch »gedeckte Farben«. Man kombiniert diese Farbgruppe gern mit den Erdfarben. Unser Beispiel zeigt, wie man einen schweren Auftritt (Lambert in Mallorca) durch die Verwendung von Edelgrau gut modernisieren kann.

Beseelte Grautöne nach NCS

Lichtfarben »Weiß ist noch lange nicht Weiß«. Funktionalisten und Minimalisten bedauern, dass »Echtweiß« und »Reinweiß« sich erheblich unterscheiden können. Ursache dieser Differenzen sind verschiedene Möglichkeiten der Ausmischung. Zuerst muss man sich auf einen Standard einigen. Das »weißeste Weiß« bzw. das »Urweiß« ist ein Mineral: Bariumoxid. Technisch ist es oft unmöglich, das Urweiß nachzustellen. Auch der Markt verlangt eine andere Weißnuancierung. Grundsätzlich kann Weiß mit kalten (z.B. Blau) oder warmen Farben (z.B. Rot) abgemischt werden. Auch neutrales Grün oder Braun kann das Ursprungsweiß verändern. Im Zusammenhang mit dem Landhausstil wurde eine neue Weißnuance nötig: das so genannte »off white«. Der Begriff »off white« (auch faux blanc) symbolisiert ein »beinahe Weiß« mit einem farbigen Schimmer. Diese Bezeichnung »von Weiß abweichend« bzw. »falsches Weiß« symbolisiert einen Mangel: Die gewollte Weißfärbung von Textilien wurde technisch nicht erreicht. Heute sind die echten »off whites« mit Namen wie »white linnen« beliebte Grundnuancen für Regionalkolorits. Stärker sind die »beseelten Weißnuancen« mit bunten Farben abgemischt. Sie tendieren zu leichten Pastells. Wir stellen hier ein System der Weißnuancen dar. Um die Farben zu verdeutlichen, zeigen wir das Beispiel der Sanitärfarben.

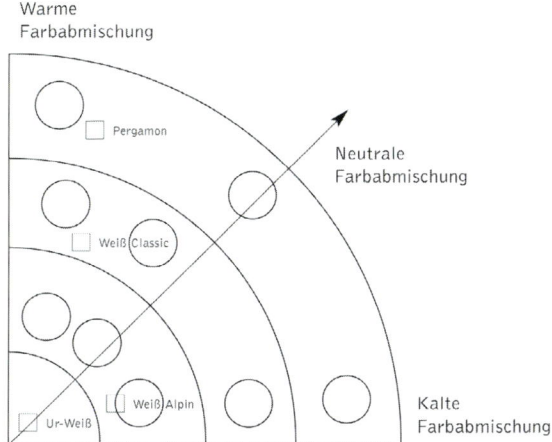

Warme
Farbabmischung

Pergamon

Neutrale
Farbabmischung

Weiß Classic

Weiß Alpin

Ur-Weiß

Kalte
Farbabmischung

Echtweiß   Off White/faux blanc   Beseeltes Weiß

System der Weißnuancen

für Sanitärfarben

**Der schwere Auftritt
wird mit Edelgrau
modernisiert (links).
Die Anwendung der
Lichtfarben beim
Interieur (rechts).**

Schattenfarben   Probleme wie bei Weiß gibt es bei den zahlreichen Schwarznuancen nur im Hinblick auf den Glanzgrad. Während beim Weiß der unterschiedliche Glanzgrad nur bedingt stört, fällt bei Schwarz die Reflexion sofort ins Auge. Daher ist bei Abstimmung von Schattenfarben dem Glanzgrad größte Aufmerksamkeit zu widmen.

(2) Nachbarschaftsharmonien   Harmonien aus kleinen Farbtonschritten sind der Natur abgelauscht. Die Lichter und Schatten einer Rose z.B. schimmern von Rotorange über Rot bis Rotviolett.

Wasser lasiert je nach Licht grünlich, bläulich oder blauviolett. Solche Beobachtungen macht man sich zunutze und formuliert die Harmoniekennung der Nachbarschaftsfarben. Auch Farben unmittelbar aus dem Farbkreis erfüllen das Nachbarschaftskriterium.

(3) Farbreihen   Nach Gekeler [S. 112] sind Farben dann harmonisch, wenn man bei der Farbgebung eine klare, d.h. systematische Reihenfolge erkennt. Alle Spektren, Modulationsreihen von bunt zu unbunt usw. wären damit dem Prinzip der Klarheit gemäß. Ob das wirklich so ist, kann an den Beispielen gut überprüft werden.

(4) Querschnittsharmonien (Ton-in-Ton-Harmonien)   Ton-in-Ton-Harmonien sind durch die Modulation einer bunten Basisfarbe mit Schwarz, Weiß oder Grau gekennzeichnet. Anders ausgedrückt: Es geht um die Kombination jeweils einer farbtongleichen Pastellfarbe, abgedunkelten Farbe oder verhüllten Farbe im Verhältnis zu einer Grundfarbe.

Die auffallende Wirkung eines Bucheinbandes resultiert aus der Verwendung von Nachbarschaftsfarben und dem Streifenmuster.

Nachbarschaftsharmonien
von Rotviolett bis Rotorange

Beispiel für eine kalte
Ton-in-Ton-Harmonie

Farbreihen für einen Buchentwurf

Urfarben als Spektrum

Sehr schön ist die Harmonieform bei Birren beschrieben, der zudem auch noch eine Mischanweisung liefert, damit die Unterschiedsschwellen des Farbtons auch harmonisch ausfallen.

Eigentlich benötigt man keine Mischanleitungen für Ton-in-Ton-Harmonien, wenn man sich an die bekannten empirischen Systeme hält (Prinzip der Schwelle!). Auf Seite 156 haben wir außerdem Beispiele nach NCS vorgestellt.

Ein gutes Beispiel für Ton-in-Ton-Konzepte bietet der Bucheinband von Victor Vasarely.

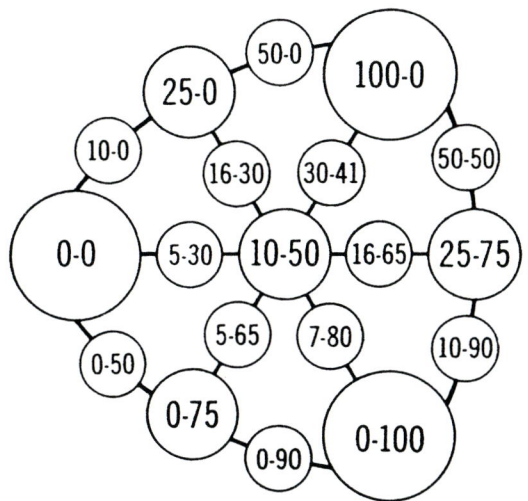

In der Birren-Farbgleichung bedeuten: 0-0 eine beliebige bunte Farbe, 0-100 Schwarz, 100-0 Weiß; im unteren Bogen 0-50, 0-75 usw. finden sich die abgedunkelten Farben, im oberen Bogen 10-0, 25-0 usw. die aufgehellten Farben; die verhüllten Farben 5-30, 10-50 usw. markieren die Mittelachse.

Typische Farbpaletten nach Birren: Diese Ton-in-Ton-Harmonien werden z.B. sehr gern im Privatbad eingesetzt, weil man meint, damit ein hohes Maß an ästhetischer Durabilität zu erreichen.

Prinzip des Kontrastes   Wenn Gleichklang und Eindeutigkeit zu langweilig werden, dann wird man sich dem Widerpart, der Differenz, zuwenden. Wir wollen — wie dargestellt — auf der Basis der Wahrnehmungstheorie die drei möglichen Stufen der Aktualgenese erörtern:

- Eindruckskontraste
- Empfindungskontraste
- Wirkungskontraste

(1) Eindruckskontraste Farbkontrast: hell versus dunkel   Die dunklen Farbnuancen sind Grünblau, Blau, Violett, Magenta (inkl. ihrer Braunausmischungen). Die hellen Farben sind Gelbgrün, Gelb, Orange und Orangerot (inkl. ihrer Pastellausmischungen). Die Kontrastierung ist nun dadurch möglich, dass man beliebige Farben des Hell-Horizonts mit denen der Dunkel-Palette kombiniert.

Farbkontrast: bunt versus unbunt   Jede einzelne bunte Farbe harmoniert mit Schwarz oder Weiß. Diese als Bunt-Unbunt-Kontrast bezeichnete Konstellation wird in der Architektur (Eigenheime!) überaus gerne benutzt. Ein Hersteller (Hewi) hat sich mit dieser Harmonie sogar quasi ein Geschmacksmonopol errichtet. Wichtig hierbei ist jedoch der Hinweis: Es darf sich immer nur um eine bunte Grundfarbe handeln, niemals um zwei.

Beispiele für Hell-versus-dunkel-Kontraste aus Venn,
Colour Kaleidoskop, dort auch weitere Tipps.

Bunt versus Unbunt als Kontrast.

Mehrere rein bunte Farben harmonieren
gut mit Schwarz.

Mehrere verhüllte Farben harmonieren
gut mit Grau.

Mehrere aufgehellte Farben (Pastellfarben)
harmonieren gut mit Weiß.

Farbkontrast: leuchtend versus matt Durch spezielle Zusätze lässt sich jede Farbe als Tagesleuchtfarbe aufmischen. Mattierungspulver bewirkt genau das Gegenteil. Hier lassen sich interessante Kontraste erzielen, die besonders bei der Farbgebung von Sportprodukten (von Skiern bis hin zu Fahrrädern) zu erstaunlichen Ergebnissen führen.

Farbkontrast: glänzend versus stumpf Glänzend sind alle Metallfarben und auch die Metallics. Werden diese mit stumpfen, d.h. diffus reflektierenden Materialien/Farben kontrastiert, ergeben sich interessante Aspekte zum Thema Hightech, Sachlichkeit, Minimalismus usw. Aus drucktechnischen Gründen können wir das hier nicht reproduzieren — vielleicht gibt der Bucheinband trotzdem eine Vorstellung.

Alufarbiger Grund mit matt unbunter Schrift

ergibt einen technischen Kontrast.

Leuchtend versus matt

(2) Empfindungskontraste Es gibt eine Fülle von Kontrasten, die man jeweils aus dem Polaritätsprofil der Empfindungen entsprechend Kapitel 4 ableiten kann. Wir beschränken uns hier auf die bekanntesten:

düster – heiter
leicht – schwer
kalt – warm
aktiv – passiv
dynamisch – statisch
beruhigend – erregend
ernst – heiter
usw.

Im Folgenden wollen wir drei ausgewählte Empfindungskontraste näher ausführen:

Farbkontrast warm versus kalt Warme Farben sind Orange, Orangerot und Orangegelb. Kalte Farben sind Blau, Blaugrün und Blauviolett. Eine Kontrastierung dieser Farben ergibt also den eingangs zitierten Termperaturwiderspruch.

Farbkontrast aktiv versus passiv Aktive Farben sind Rot, Rotorange und Rotpurpur. Passive Farben sind Grün, Grüngelb und Grünblau. Aus der ruhenden Koloration und der dynamisch erfüllenden Palette ergeben sich die gewünschten Kontraste.

Farbkontrast leicht versus schwer Leichte Farben sind Gelb, Gelborange und Gelbgrün. Schwere Farben sind Violett, Violettblau und Violettmagenta. Dieser Farbkontrast steht im Widerspruch mit dem der komplementären Farbgebung. Gelb und Violett gehorchen dem Prinzip der Versöhnung, lassen sich jedoch auch unter Gravitätsgesichtspunkten als Kontrast deuten.

Kalt versus warm

Leicht versus schwer

Ernst versus heiter

Aktiv versus passiv

(3) Wirkungskontraste

In Kapitel 4 haben wir generell über Farbwirkungen berichtet. Unsere Ausführungen ergaben, dass es funktionale, ästhetische und symbolische Wirkungen zu unterscheiden gilt. Will man Wirkungen »kontrastieren«, bietet es sich an, aus ausgewählten Wirkungskategorien jeweils Begriffe zu polarisieren (Beispiel: alt versus modern). Folgende Wirkungskategorien lassen sich unterscheiden:

»Zeit«	»Wert«	»Emotion«
zeitlos – modisch	billig – opulent	verspielt – sachlich
alt – modern	einfach – luxuriös	gemütlich – technisch
traditionell – avantgardistisch	spartanisch – extravagant	fremdartig – vertraut

Für jeweils die ersten Wirkungskonstrukte zeigen wir einige Ausformulierungen in Collagenform:

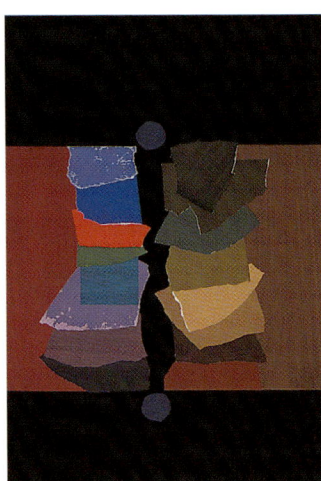

Zeitlos versus modisch

Billig versus opulent

Verspielt versus sachlich

Ästhetische Hinweise zu den Prinzipien der Stimmung und der Assoziation

Vor mehr als zehn Jahren wurde eine viel beachtete Studie vorgestellt: »Wohnwelten in Deutschland«. Der Herausgeber, das Sinus-Institut, berichtete über Wohnmilieus [vgl. Kapitel 12: Farbmarketing]. Keiner konnte ahnen, dass der Begriff »Welt« als ganzheitliche Bezeichnung in die Soziologie eingehen würde. Wir haben diese Vokabel übernommen und bezeichnen homogene, nach einer durchgängigen Idee gestaltete Paletten als Farbwelten. Da die additive Vokabel »Welt« so flexibel zu verwenden ist, arbeiten wir mit Gefühls-, Geschmacks- und Themenwelten. Erfolgreiches Vermarkten wünschen wir Ihnen mit dem Konzept der Farbwelt.

Wie man bemerkt hat, haben wir uns bemüht, jede Art der Bewertung bei den Farbzusammenstellungen zu vermeiden. Wir sprechen z.B. vom »Gestaltungsprinzip der Klarheit« bei Ton-in-Ton-Kompositionen und nicht von Harmonie. Ob es sich bei der Zusammenstellung von kalten und warmen Farben um eine disharmonische Palette handelt, ist uns gleichgültig – wir weisen nur darauf hin, dass die Farben ein Crossover-Potenzial haben, welches wir Kontrast nennen.

Genauso gehen wir beim Konzept der Farbwelten vor. Wir generieren Farbstimmungen und hoffen, dass es gelingt, Assoziationen zu erzeugen. Als wir das Farbwelten-Konzept 1993 vorstellten, konnten wir nicht ahnen, dass heute viele Lackhersteller die Idee übernehmen. Das farbige Ergebnis der Gestaltungsprinzipien, der Klarheit und des Kontrastes sind Farbfelder. Sie entstehen aus topographischen bzw. eigenschaftsorientierten Ausgangslagen. Farbwelten unterscheiden sich davon durch einen viel breiteren Ansatz. Wir bemühen hierzu z.B. die »Welt der Gefühle« und erstellen Farbkompositionen, die unsere eigene subjektive Interpretation ist. Neben den Gefühlswelten gibt es den Bereich der Geschmackswelten – hier stehen farbstilistische Bezüge im Vordergrund. Bei den Themenwelten beziehen wir uns auf begriffliche Zusammenhänge und colorieren Orte (z.B. Manhattan) genauso wie Regionen (z.B. Toskana) oder Geschmacksgeschichte (z.B. Retro).

Im Folgenden also nähere Ausführungen zu den drei denkbaren Weltenkonzepten:
- Gefühlswelten
- Geschmackswelten
- Themenwelten

Gefühlswelten Damit keine Verwirrungen innerhalb der gewählten Terminologie vorkommen – nochmals ein Abgrenzungsversuch. Eindrücke, Empfindungen und Wirkungen sind physiologische Kategorien. Der Begriff Anmutung stammt aus der Schichtenlehre, der Persönlichkeitspsychologie. Der Begriff »Gefühl« (auch Emotionen genannt) ist der allgemeinen Psychologie entlehnt und wird dort im Rahmen der Lern- und auch Problemlösungstheorie verwandt. Man kann grundsätzlich ein Problem »aus dem Bauch heraus« lösen, dann wählt man eine affektive oder eben eine gefühlsbetonte emotionale Lösung. Nähert man sich der Problemstellung nach den Gesetzen der Logik oder wendet spezielle Prinzipien an, ist der Lösungsweg verstandesbezogen oder kognitiv (rational).

Gefühle helfen also bei der Bewältigung von Problemen, indem man diese ganzheitlich und mit ganz bestimmten Schwerpunkten, die intuitiv gewählt werden, angeht. Die Fokussierung für diese spezielle ganzheitliche Lösung nennt man »Gefühlstönung« und dafür stehen dann sehr differenzierte Angebote zur Verfügung: das Angenehme, das Beruhigende, das Sanfte usw. Im Rahmen der Farbtheorie werden diese Gefühle zur Beschreibung ganzheitlicher Felder benutzt, die man dann aber »Welten« (Gefühlswelten) nennt.

Ausführliche Veröffentlichungen zu den Gefühlswelten liegen vor [Heller, S. 185 ff.]. Wir zeigen hier eine Auswahl von über 100 empirisch erarbeiteten Wirkungsprofilen und Farbspektren:

Die meistgenannten Farben von Eigenschaften und Gefühlen (Farbspektrum nach Heller)

Das Abweisende   Die Aggressivität   Die Aktivität   Das Alte   Das Altmodische

Die Angeberei   Das Angenehme   Das Angepasste   Das Aromatische

Gefühlswelt	Basisfarbe	Akzentfarbe
das Angenehme	Grün, Pink	Blau, Weiß, Orange, Gelb
das Beruhigende	Grün, Blau	Pink, Weiß
das Charmante	Pink, Weiß	Violett, Rot, Blau
das Einfache	Weiß	Rot, Grün, Blau
das Ehrliche	Weiß, Blau	Grün, Beige
das Elegante	Schwarz, Weiß, Silber	Violett, Grau, Blau
das Festliche	Gold, Weiß, Silber	Schwarz, Blau
das Freundliche	Blau, Pink, Gelb, Weiß	alle warmen Farben
das Funktionale	Weiß, Grau	Schwarz, Blau, Silber
das Gemütliche	Blau, Beige, Pink	Grün, Gelb, Blau
das Technische	Silber, Grau	Magenta, Violett, Gelb
das Jugendliche	Grün, Pink, Gelb	Blau, Weiß
das Fröhliche	Rot, Gelb, Orange	Grün, Blau, Pink
das Neutrale	Weiß, Grau	–
das Luxurierte	Gold, Gelb, Violett	Silber, Schwarz, Rot
das Lustige	Rot, Orange, Gelb	Pink, Weiß, Blau
das Extravagante	Purpur, Violett	Gold, Silber, Schwarz
das Männliche	Blau, Schwarz	Braun, Rot, Silber
das Weibliche	Pink, Rot, Weiß	Blau, Orange, Gelb
das Romantische	Pink, Weiß	Grün, Orange
das Originelle	Violett, Orange, Silber	alle Akzentfarben
das Phantastische	Violett, Blau, Gelb	alle bunten Farben
das Prachtvolle	Gold, Rot, Magenta	Violett, Grau
das Sachliche	Weiß, Grau, Blau	Schwarz, Silber
das Sanfte	Pink, Blau, Weiß	alle warmen Farben
das Reine	Weiß, Blau	–
das Spartanische	Weiß	–
das Stille	Grün, Weiß, Blau	Grau, Schwarz, Silber
das Warme	Rot, Orange, Braun	Gelb, Gold
das Aktivierende	Rot, Orange, Gelb	Grau, Blau
das Dynamische	Rot, Blau	Orange, Silber, Gelb
das Kühle	Blau, Silber, Weiß	Grau
das Tradierte	Beige, Braun, Gold	Grün, Orange

Viele der Heller'schen Gefühlswelten sind im Bereich der Produkte wenig hilfreich – sie sind zu esoterisch. Deshalb schlagen wir hier eine Übersicht von ausgesuchten produktorientierten Gefühlswelten vor. Diese sind so ausgewählt, dass man differenzierten Basisfarben unterstützende Akzentfarben zuordnen kann.

183

Noch ein wichtiger Hinweis: Die Heller'schen Farbprofile sind ziemlich formalistisch. Ausdrucksstärker sind so genannte Farbcollagen, wie wir sie hier für ausgewählte Gefühlswelten vorstellen.

Das Gemütliche   **Das Aktivierende**   **Das Technische**   **Das Tradierte**   **Das Jugendliche**

Man kann die ästhetische Wirkung der reinen Gefühlswelten dadurch steigern, dass man polare Emotionen miteinander korreliert. Beispiel: Normalerweise ist Sachlichkeit mit Kühle, Reduktion oder Einfachheit assoziiert. Versucht man aber bewusst andere, gegenläufige Verbindungen wie warm, opulent oder prachtvoll zu inszenieren, erhält man so genannte Faszinationswelten wie

- elegante Funktionalität
- prachtvolle Sachlichkeit
- dynamische Neutralität
- originelle Romantik usw.

Elegante Funktionalität   **Prachtvolle Sachlichkeit**   **Dynamische Neutralität**   **Originelle Romantik**

Der Begriff »Faszination« ist dadurch gekennzeichnet, dass hier bewusste Widersprüche gestaltet werden. In der Psychologie nennt man das die Realisation von Appetenz-Aversions-Konflikten. Die außerordentliche Wirkung von solchen ästhetischen Bezügen liegt nun darin, dass man von diesen Artefakten gleichzeitig angezogen, aber auch abgestoßen wird. Genau das passiert mit den farbigen Faszinationswelten: Sie bilden einen Widerspruch in sich! Im Folgenden zeigen wir einige Beispiele – andere lassen sich analog aus den singulären Gefühlswelten entwickeln.

Geschmackswelten   Von den Gefühlswelten unterscheiden sich die Geschmackswelten durch ihre »mentale Tönung«. Gefühle haben ihren Ursprung im emotionalen Tiefenbereich. Geschmack ist an die aktivierende Motivstruktur gekoppelt, die ihre Entsprechung immer in der Welt der Artefakte hat. Wir benutzen diesen expressiven Begriff, um den Farbgeschmack vergangener Kulturepochen bewusst zu machen. Die aktuelle Wahrnehmung von Farben ist immer an die Erfahrungen mit Stilen, Architekturen und Designepochen der Vergangenheit geknüpft. Diese quasi archetypischen »Wissensreste« wollen wir hier vorstellen.

Man kann recht pragmatisch die historischen, eindeutig abgrenzbaren Stilwelten dokumentieren. Im vergangenen Jahrhundert haben sich im Zuge des Historismus umfangreiche Musterbücher entwickelt. Diese dokumentieren in ganz hervorragender Weise die epochalen Stilwelten. Wir bebildern diese Welten mit Beispielen von Racinet, dem bekanntesten französischen Musterzeichner. So können wir hier ohne große archäologische Studien die bekanntesten Stile chronologisch belegen [Näheres Küthe/Küthe, Marketing mit Mustern].

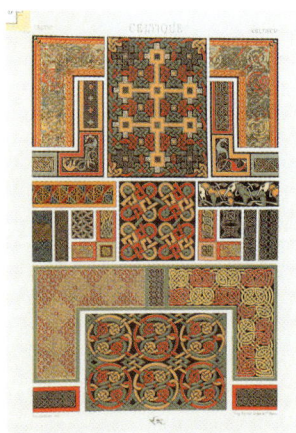

Ägyptische Farbwelt: Die Elementarfarben Rot, Gelb, Blau, Grün werden kontrastreich miteinander kombiniert, Weiß dient oft als Hintergrund.

Griechische Farbwelt: Warme Erdfarben kontrastieren mit schwarzen Hintergründen.

Römische Farbwelt: Aus Stabbiä und Pompeji sind farbige Wände in gedeckten Bunttönen überliefert (Pompejanisch-Rot, Neapel-Gelb, Stabbiä-Blau); interessant sind die bunten Figuren auf schwarzem Grund.

Nordische Farbwelt (romanisch, keltisch usw.): verhaltene Bunttöne in ungewohnter Kombination, z.B. als Nachbarschaftsfarben, keine unbunten Farben.

Gotische Farbwelt: Schwere Bunttöne (jedoch ohne Grün und Gelb) werden mit Gold veredelt und mit Braun hervorgehoben.

Farbwelt der Renaissance: Purpur und alle Metallfarben werden verwendet; auch Grüntöne und tiefes Rot werden kombiniert.

Farbwelt des Barock/Rokokko: kraftvolle Buntfarben auf hellen Hintergründen; Applikationen mit Gold; völlige Verdrängung der Braun-Nuancen.

Farbwelt des Klassizismus: der Aufgang des Schlosses in Weimar; Weiß und Grau sind die vorherrschenden Farben – Gold und Pompejanisch-Rot sind die Akzentfarben.

Architekturwelten Bis nach dem Zweiten Weltkrieg lassen sich drei Architekturstile nachweisen, die europaweit Gültigkeit hatten. Es lassen sich für diese relativ kurzfristigen Stile (ca. 10 – 20 Jahre) keine eindeutigen Jahreszahlen angeben, da sie sich von Land zu Land ziemlich unterschiedlich entwickelten:

- Art Nouveau (Jugendstil)
- Rationalismus (Bauhaus)
- Art Deco (Styling und Streamline)

Designwelten Es hat sich eingebürgert, die Produkt- und Einrichtungswelten in Dezennien abzuhandeln. Die Standardwerke des Nachkriegsdesigns heißen dann auch

- Die fünfziger Jahre - Stil eines Jahrzehnts (Koetzle, Sembach, Schölzel)
- The Sixties (Lesly Jackson)
- 70er - Utopie und Alltag (Caspers)

Aus diesen und anderen Veröffentlichungen belegen wir typische Farbkonstellationen in diesem Rhythmus.

Art Deco (Styling und Streamline)

Art Nouveau (Jugendstil)

Rationalismus (Bauhaus)

Die Farben der 50er   Es lassen sich ein früher und ein Folgetrend beschreiben:

Starke Buntheit in den frühen 50er Jahren.

Die starken Farben erfahren eine Abwandlung in zarte Pastells.

Auch die Verkehrsprodukte sind in diesen Farben lackiert worden.

Wegen der Vorreiterrolle von Piaggio assoziiert man die späten

50er auch mit den so genannten Vespa-Farben.

Die 60er Jahre Da man sich an den bunten Farben satt gesehen hatte, beginnt der Siegeszug der verhüllten Farben in Kombination mit Grau. Das Luxus-Interieur aus einem frühen Miller-Prospekt ist richtungsweisend. Aus diesen Kolorits entwickelt sich nachher die so genannte Rustikalwelle in allen erdenklichen Erdfarben.

Die 70er Jahre Ein letztes Mal in diesem Jahrhundert wird der farbige Aufstand geprobt. Satte Grüntöne, starkes Gelb, loderndes Rot - alles wird großformatig und mit auffallenden Mustern kombiniert. Ein kurzes Aufbäumen!

Die 80er Jahre Man kann es sich heute kaum noch vorstellen: Schwarz (black magic) und kaltes Grau werden bestimmend. Im Automobilbereich wird das »Schwarzchrom« erfunden. Schrankoberflächen in glänzendem Schwarz für die Küche (!) sind keine Seltenheit. Die vorher braunen Balken und Holzoberflächen werden schwarz lasiert. Die Holzschutzmittel von Xyladecor erreichen im Farbton »Ebenholz« Rekordhöhen. Über die Frage einer nachträglichen Farbveränderung macht man sich keine Gedanken: black is beautiful!

Die 90er Jahre Nach diesen recht einheitlichen Epochen laufen in diesem Jahrzehnt die Entwicklungen völlig auseinander. Zum einen macht man verstärkt von Themenwelten Gebrauch, indem man so genannte Landhausfarben durchdekliniert: Modisches, Mediterranes, Französisches, Englisches, Spanisches usw.

Darüber hinaus beginnt man verstärkt mit Crossover- und Sampling-Konzepten zu arbeiten. Auch die »Wiederentdeckung« von Farbwelten der Vergangenheit (z.B. die 50er) ist ein Thema. Man versucht jedoch keine Authentizität, sondern eine zeitgemäße Annäherung, eine Interpretation oder eine Hommage.

Zu den Abb. Seite 191: Farben in den 60er Jahren: gedämpfte Buntheit (oben), die 70er Jahre: der farbige Aufstand (links), die 80er Jahre: »black is beautiful!« (rechts)

Themenwelten Geschmackswelten schmeicheln durch ihre stimmige Komposition den Sinnen; sie erzeugen ohne weiteres Zutun Emotionen durch Kennerschaft. Themenwelten verlangen eine mentale Leistung: die Verbindung von Begriff und Deutung. Dazu ein Beispiel: Espressomaschinen sind üblicherweise schwarz (Kunststoffteile) und silbermetallic bzw. chromfarbig (die Metallteile). Ein Hersteller (Krups) entschließt sich nun, die Hausgeräte farbig zu gestalten. Hierzu wurde eine thematische Leitlinie mit dem Namen »Toscana« entwickelt. Man wählte Farben aus (Braunnuancen, Fliedertönungen, Zypressengrün usw.), die in entsprechender Abmischung dem Begriff »Toscana« entsprechen. So entstanden Farbpaletten, die das Thema nachstellte und für begriffliche Assoziation sorgten. Um die Vielfalt der möglichen Themenwelten auch nur halbwegs zu illustrieren, zeigen wir am Ende dieses Kapitels eine ungeordnete Beispielsammlung.

Alle neueren Bücher zur Farbkombination arbeiten mit Themenwelten [vgl. z.B. Colour Harmony Workbook, J.L. Puck usw.]. Wir wollen hier kurz auf das Arbeitsbuch »Colour Harmony« eingehen: Es ist hilfreich, weil es begriffsorientierte »Farbkombinationen« aufweist, die jeweils auf **einer** Basisfarbe aufbauen.

Wir geben einen Überblick:

- powerful
- rich
- romantic
- vital
- earthly
- friendly
- soft
- welcoming
- moving
- elegant
- fresh

- traditional
- refreshing
- tropical
- classic
- dependable
- calm
- regal
- magical
- energetic
- subdued
- professional

Gestaltung farbiger Haushaltsgeräte mit der Themenwelt Toskana

Wenn man sich diese Welten jedoch näher ansieht, stellt man fest, dass hier Gefühlswelten (z.B. frisch, weich, kraftvoll) neben Geschmackswelten (z.B. klassisch, traditionell)
und Themenwelten (z.B. tropical, Professionalität, romantisch usw.) stehen. Eine Vermi-
schung, von der man aus Verständigungsgründen dringend abraten sollte.

Darüber hinaus wird nur eine Farbe, keine Farbkomposition wie bei Heller (vgl.
Gefühlswelten), zur Defintion eines Themas herangezogen: Rot steht für »powerful«, Blau
für »classic«, Grau für »professional« usw.

Farbspektren werden nun dadurch erzeugt, indem man monochrome Farbmischungen
(also Ton-inTon-Stellungen), Primär-Stellungen, komplementäre Abmischungen oder auch
neutrale Kompositionen (mit Grau) vorschlägt. Natürlich ist dieses Vorgehen naiv – so
kann man keine Themenwelten »konstruieren«. Trotzdem ein Beispiel: Das Gefühl »kraftvoll« wird durch die Basisfarbe Rot ausgedrückt. Hieraus werden dann abgeleitet:

powerful monochrom   powerful primary   powerful complementary   powerful neutral

Beispielsammlung zu den Themenwelten

Thema	Farben	Assoziationen
Rasta	Gelb-Schwarz-Grün	Südamerika-Folklore
Mayflower	Rot-Weiß-Grau	Südamerika-Folklore
Plantation	Beige-Natur	Südamerika-Folklore
Loukoum	Türkis-Bleu-Rosé-Pastelle	Südamerika-Folklore
Regenwald	natürliche Grüntöne, Moos, Flechte, Tanne	Öko/Natur
Arktischer Gletscher	klare Eistöne, Blau, Silbergrau, Weiß	Öko/Natur
Gesteinsformation	prächtiges Steingrau, erdfarbene Lehme, Sand, Ziegel	Öko/Natur
Beerenfrüchte	pflanzliche Farbstoffe (klar), Rottöne, Erd-, Him-, Blau-, Preiselbeere	viktorianisch
Manhattan	Rot, Grün, Gelb, Schwarz	Sachlichkeit
Toscana	warme, erdige Töne, Holz	Rückbesinnung zur Natur
Versailles	Blau, Weiß, Rot	Royal Colours (majestätische Farben, Romantik)
Cultural comfort	tiefe, prächtige Töne, Weinrot, Rostrot, Tintenblau	Sehnsucht nach Tradition und Luxus
Modern vibrations	knallig wilde Farben	See, Sonne, Lebensgenuss
Secret Garden	Herbstfarben, abgeerntete Äcker etc.	behagliche, edle Hauswärme
Transparent Daybreak	Opal, wasserklar, transparent	ländliches Leben
Country Side	rote Brauntöne, Maisgelb, Pistazie	rustikale Romantik
Ironical	Petrol, Tiefviolett, Schwarz, Signalgelb, Orange	Comic-Art und Kunst
Classical	Schwarz, Königsblau, Smaragd	Luxus und Tradition
Warmth	Burgunder, Moos, Purpur	
Essential	Bordeaux, Aubergine, Salbei, Anthrazit	Hightech, Ästhetik, naturbelassene Materialien
Lyrical	Vanille, Apricot, Himmelblau, Flieder	Hollywood der 20er Jahre
Weekend	dezente Eleganz, kühle Pastelle, Licht- und Schattenwirkung	signalisiert Lebensstil
Kaleidoscope	skurrile Farbigkeit, Glas-, Mineral-multicolors, kontrastreich kombiniert	Einfluss des spanischen Architekten
Romance	monochrom, bicolor, mild gedämpft, Rot-Braun-Skala, Blau-Grüne-Reihe	Gefühle

Thema	Farben	Assoziationen
El Dorado	Schwarz, Ocker, Orange, Blau-Weiß, Mauve Rost, Grün, Aubergine, große Farbintensität	Südamerika/Siebdruckdessins
Balance	zarte Farbigkeit aus der Natur, transparente Rötlich-Braun-, Grün-, Beigetöne	schlichte Einfachheit
Zärtliche Poesie	Weiß, Grün, Flieder, Rot, Beige, gedämpfte warme Töne	Romantik, Natur, Geborgenheit
Splendid Harmony	kontrastreiche Farben, prächtiges Schwarz, Braun, Gold, Rot	Luxus, Komfort, Sehnsucht nach Vergangenheit
Multimedia	spannungsreich, leuchtende, fast aggressive Farben, Pink, Rot, Rosé, Hellblau, Blau, Schwarz, Weiß, Flieder	signalgebende Progressivität
Gelbe Heiterkeit	prächtige Farben	exotische Welt
Arabeschi	kräftiges Rot, Schwarz, Türkis	Orient, Renaissance, Klimt
Ornamenti	Nachtblau, Blau, Orange, Violett	
Regency	ausdrucksvolle, warme Kolorits	elegante Raumatmosphäre
Naturalisme	kräftige Gewürztöne	neue Natürlichkeit
Retro	pastellige Nuancen	30er bis 60er Jahre
Uptown	gedeckte Grau-Blau-Farben	Urbanität, zurück zur Stadt
Masquerade	tiefere Primär-Töne	Material-Mix
Media Mix	bunte, klare Farben	Medien und Show-Buntheit
Afrikanische Impression	naturfarbige, prächtige Erd- und Burnustöne	Flechtwerk, Gewürze, Keramik
Japanisches Licht	zarte, diffuse Sonnenauf- und -untergangstöne	Seidenmalerei, Kalligraphie
Kalifornischer Pop	Grelltöne, laut und bunt, Rot, Gelb, Blau, Grün	mexikanische Folklore
Wiener Charme	offensive Töne, Rot und Blau, Gold	Historismus, Werkbund bis Hundertwasser
New Yorker Üppigkeit	Marmor, Palisander, Gold, Silber, Lapislazuli	Jugenstil, Art Deco, neuer Kubismus
Pariser Plüsch	imposante schwülstige Farben, Violett, Purpur, Rot, Schwarz	Historismus, Belle Époque, Seide, Damast, Satin

Die (Er-)Findung von Zukunftsfarben

Flops lassen sich bei der Kreation von Trendfarben nicht vermeiden. Aber die Floprate

können Sie senken, wenn Sie immer an das Prinzip der Brüche denken! Seit den

50ern ist die Sanitärkeramik immer bunter geworden: Pastelle, Kreidefarben, kräftige

Zwischenfarben, echte Bunts. Als wir Anfang der 90er aufgefordert wurden, neue

Sanitärfarben zu entwickeln, haben wir nochmals den Farbtopf geschwungen ...

der Missgriff war vorprogrammiert. Man hätte erkennen müssen, dass der Zyklus

der »Bunts« abgelaufen war und die unbunten Farben (Weiß, Alpin, Pergamon,

Starwhite usw.) ihren Siegeszug begannen. So einen Bruch oder einen Paradigmen-

wechsel nicht zu erkennen, ist für Farbberater ein echter Kunstfehler.

Die Beantwortung der Frage nach den Trendfarben ist zu einem eigenständigen Business geworden. Berater, Agenturen, Institute, auch interessierte Firmen veröffentlichen Listen, Paletten und Collagen mit den so genannten Zukunftsfarben. Grund genug, sich einmal generell damit zu beschäftigen, wie man mögliche Farbtrends herausbekommt. Grundsätzlich kann man die Theorien der Farbforschung oder die Methoden der Trendforschung heranziehen. Natürlich kann man auch Farbprognosen kaufen oder als Service der Pipeline (Vorlieferanten) erhalten — worauf man dabei achten muss, wollen wir ebenfalls erörtern.

1. Farbforschung   Die Farbforschung als Teilbereich der Farbenlehre bezieht sich insbesondere auf
- die Farbarchäologie
- die Farbergonomie
- die Farbdynamik und
- die Farbprognose

Farbarchäologie   bezieht sich auf die Kolorits, die Pigmente usw. der geschichtlichen Epochen. In Kapitel 9 (unter Geschmackswelten) haben wir die wichtigsten Ergebnisse der Epochenforschung zusammengestellt. Farbtrends lassen sich dadurch kreieren, dass man die Kolorits vergangener Stilrichtungen authentisch imitiert, zeitbezogen variiert oder frei interpretiert. Es ist erkennbar, dass meistens im Abstand von einer Generation (30 Jahre) die Geschmackswelten wiederentdeckt werden. Während Mitte der 90er die späten 50er (Vespa-Farben, Pastelle der Raumfarben) ein Revival feierten, sind momentan die 70er an der Reihe. Wir finden die kraftvollen Orange- und Grüntüne wieder schön, besonders in Kombination mit tiefem Braun. Wer hätte gedacht, dass die Nussbaumtöne der 70er jemals wieder für Avantgarde-Avancen herhalten würden. So kann also die Farbarchäologie helfen, Trendfarben zu entwickeln als Stilrevival, Hommage oder Zitat.

Farbergonomie   Es geht um die Bedingungen, die Farben erfüllen müssen, damit die Arbeitsaufgaben am Arbeitsplatz optimal erfüllt werden. Man erforscht so genannte Humanprinzipien.

Wir zeigen einen Überblick:

Prinzipien – funktionsbestimmte:

- keine Blendungsreflexe
- keine Helligkeitssprünge
- große Nachfarbenneutralität
- eher mittelwertige Farben
- bedeutende Strukturdifferenzierungen

Prinzipien – emotionsbestimmte:

- große Individualakzeptanz
- große Kollektivakzeptanz
- eher trendgerechte Töne
- mit Lebensdauer-Staffelung
- Geschmacksaffinitäten zu bestehenden Tönen
- haptische Übereinstimmungen mit Materialien
- Farben mit Befreundungspotenzial
- auch teuer wirkende Töne

Diese ergonomischen Prinzipien können als Basis für Trendfarben herangezogen werden, wenn man der Meinung ist, dass die Humanfaktoren im Trendrepertoire bedeutsam werden. Bei der Trendbeobachtung bezogen auf Farben kann man immer wieder den Wechsel zwischen Ergonomie und Emotion feststellen. Vor Jahren noch dominierte die bekannte »grün« bzw. »orange« unterlegte Armaturenbrettbeleuchtung. Momentan sind emotionale Beleuchtungen wie Violettblau oder Tieftürkis zu beobachten. Hier bietet die Farbergonomie natürlich kein Trendpotenzial, aber sicherlich geht es auch wieder andersherum.

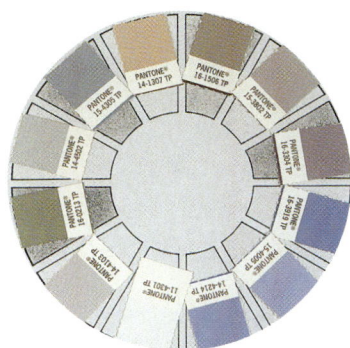

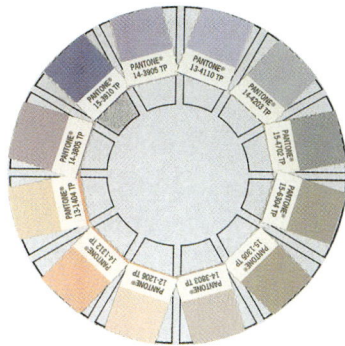

Die zwölf ergonomischen Farbtöne. Beispiel: Arbeitsflächen und großflächige Fronten.

Die Akzenttöne zum ergonomischen Farbenkreis. Beispiel: Raumbetonungen und Accessoires.

Die passenden, harmonisch zugeordneten, hellen Begleittöne zum ergonomischen Farbenkreis. Beispiel: Wandflächen und Böden.

Farbdynamik Der Begriff Farbdynamik wurde in den 40er Jahren dieses Jahrhunderts eingeführt. Etwa zwanzig Jahre später waren es drei Verfasser, die dieses Wort nahezu gleichzeitig zu benutzen begannen: Frieling (1968), Birren (1961) und Déribéré (1968). Heute wird unter dem Begriff Farbdynamik eine zweifache Tätigkeit verstanden: einerseits die Klärung der elementaren Beziehung des Menschen zur Farbe sowie der komplexen Beziehung des Menschen zur farbigen Umweltplanung, andererseits die Nutzung der Ergebnisse bei der praktischen Umweltplanung. Im Laufe der ersteren Tätigkeit wurde es notwendig, die im Rahmen verschiedener Wissenschaften über die Beziehung des Menschen zur Farbe und zum architektonischen Raum gewonnenen Ergebnisse zu sammeln und zu systematisieren und weitere Forschungen nach noch fehlenden Kenntnissen zu betreiben. Diese Aktivität ist in der ganzen Welt im Aufschwung begriffen und hat die Farbdynamik zu einer eigenen Wissenschaft werden lassen.

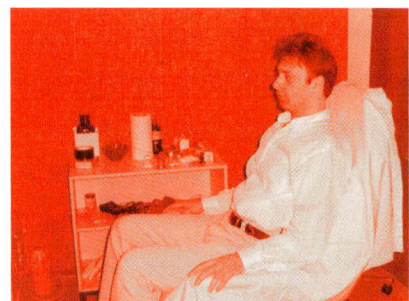 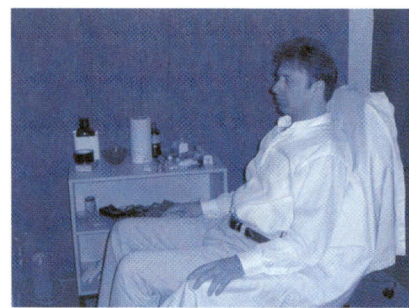 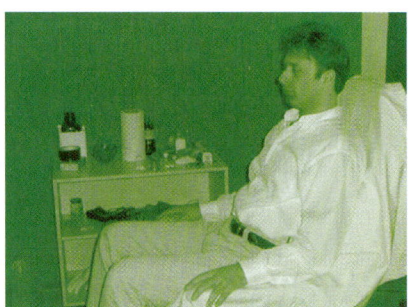

Farbprognose   Von vielen Farbforschern wird heute versucht, »theoriegeleitete Farbprognosen« zu betreiben. Momentan haben Konjunktur:

- Zyklustheorie
- Evolutionstheorie
- Pendelthese
- Stimulationsthese
- Individualisierungsthese

Im Farblabor werden die elementaren Beziehungen des Menschen zur Farbe analysiert [aus: Pfirsichblüt und Cyberblau, S. 50].

Zyklustheorie   »Farbzyklustheorien« gehen von der mechanistischen Grundüberlegung aus, dass es regelmäßige Farbabfolgen gibt. Jeder Farbzyklus (ähnlich wie in der Volkswirtschaftslehre der Kondratieff-Zyklus) hat eine bestimmte Dauer und innerhalb der Periode einen genormten Ablauf der Farbspektren. Christel Darmstadt, die die historischen Farbkonzepte von Gebäuden untersuchte, bemerkte, dass Farbveränderungen regelhaft stattfanden und sich zyklisch wiederholten. Zwischen 1860 und heute konnte sie vier ausgeprägte Farbzyklen nachweisen, die ähnlich verliefen und jeweils ca. 15 bis 25 Jahre dauerten. Zu Beginn jedes Zyklus dominierten starkbunte Farben und Vielfarbigkeit. Diese wurden durch schwachbunte (gedämpfte) Farben verdrängt. Dann setzten sich erdige Farben (Brauntöne) durch, die schließlich durch unbunte Farben (Weiß, Grau, Schwarz) abgelöst wurden. Nach der Phase der unbunten Farben wurde wiederum starkbunten Farben der Vorzug gegeben, womit ein neuer Zyklus begann.

Noch weiter geht Oberascher, der sich auf Darmstadt beruft und eine »allgemeine« Farbfolge feststellt:

Buntphase: Ausgeprägte Polychromie (Vielfarbigkeit) und starke Bunttonkontraste (kontrastierende Bunttöne werden gegeneinander gestellt, z.B. Orange-Grün) sind charakteristisch für diese Phase.

Abdunkelungsphase: Die Polychromie bleibt vorerst erhalten, die Bunttonkontraste werden jedoch durch Abdunkelung zusehends gemildert. Das gemeinsame Merkmal der Farben ist ein gleicher oder ähnlicher Schwarzempfindungsanteil (Schwarzverhüllung, Schwarzverwandtschaft).

Braunphase: Die abgedunkelte Farbpalette wird auf wenige Bunttöne (zwischen Gelb und Rot) eingeengt. Die Farben zeichnen sich durch Bunttonverwandtschaft (Ton-in-Ton-Harmonien) aus.

Aufhellungsphase: Die Braunpalette erfährt eine Aufhellung in Richtung Beige und gebrochenes Weiß und wird durch Pastellfarben ergänzt. Insgesamt wird die Farbpalette dadurch wieder vielfarbiger, jedoch sind die Farben bestimmt durch einen gleichen oder ähnlichen Weißempfindungsanteil (Weißverhüllung, Weißverwandtschaft) und häufig auch durch Nuancenverwandtschaft (gleiche Wertigkeit).

Unbuntphase: Die Farben bleiben immer stärker aus. Neutrales Weiß dominiert und wird zusehends durch lichtes Grau, dann Mittel-, Dunkelgrau, Anthrazit und Schwarz ergänzt. Die Farben zeichnen sich durch einen fehlenden oder geringen Buntanteil (schwachbunt) aus. Die Gestaltung beschränkt sich weitgehend auf Helligkeitskontraste.

Unbunt-Buntphase: Unbuntfarben werden mit starkbunten (und auch mittelbunten) Farben kombiniert. Vielfältige, subtile Farbkombinationen sind dadurch möglich. Dominantes Gestaltungsprinzip ist der Buntanteilkontrast (unbunte und mehr oder weniger bunte Farben werden gegeneinander ausgespielt).

Violettphase: Die Farbpalette beschränkt sich auf einen sehr begrenzten Bunttonbereich (zwischen Violett und Magenta). Violett kann alleine stehen oder mit anderen Farben kombiniert werden. Sowohl Ton-in-Ton-Kombinationen (Rotviolett und Blauviolett) als auch kontrastreiche Kombinationen (Violett und Türkis) sind möglich. Wir zeigen hier das Modell als Farbspektrum.

Die Analysebasis bei Oberascher bezieht sich auf die Titelblattgestaltung von Wohnzeitschriften: »Hierbei gingen sie von der Annahme aus, dass Farbtrends für den Wohnbereich von den großen Publikumszeitschriften sensibel erfasst und in der Titelblattgestaltung zum Ausdruck gebracht werden.« Diese Zyklusmodelle werden nun dadurch genutzt, dass man branchenspezifisch eine Zyklusphase (z.B. derzeit Violettbevorzugung) erkennt und dann prognostiziert, es stünde die nächste Phase (in unserem Fall also die Buntphase) ins Haus.

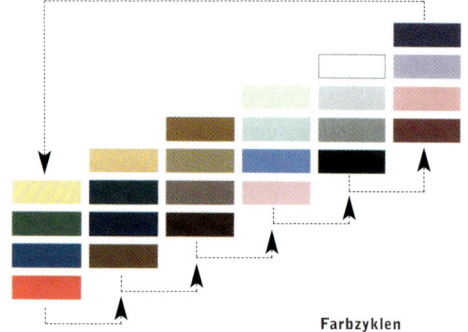

Farbzyklen

Evolutionstheorie   Diese auf Darwin zurückgehende Theorie lebt aus der Abfolge von Konfiguration (Population), Mutation und Selektion. Die Techniker haben diese Theorie zuerst in ihr strategisches Konzept übernommen. Rechenberg beschreibt sehr eindrucksvoll Optimierungsexperimente, die z.B. für die strömungsgünstigste Führung von Leitungen [S. 32] herangezogen werden.

Wir zeigen nebenstehend an einem Bildbeispiel aus der Modeindustrie die Funktionsweise.

comfort tender

NERZ D

3 Designs 9 Colorits

keyword
eclectic

MADE BY HAND
ARTISTIC TENDENCIES
FRENCH ECCENTRICITY
FASHIONABLE TRACES
ROMANTIC
UNI NERZ DESIGN
comfort tender

NERZ UNI

NERZ
FANTASIA

top ten

NERZ DESIGN

Ausgangskonfigurationen
sind die zehn meistverkauften Farben (Top Ten);
Mutation der Top Ten durch
Vergleich mit Farbtableaus
und Collagen; Selektion
von so genannten Schlüs-
selfarben (key colours) und
anschließende Mutation.

In der Farbforschung (besonders bei Kollektionen) ist man (in der Vergangenheit) ähnlich vorgegangen. Im Rahmen einer ABC-Analyse werden z.B. die fünf meistverkauften Kolorits/Muster herausgefiltert. Diese »Top Five« werden nun mutiert, d.h. farblich nach dem Prinzip der Feinnuancierung verändert. Ausgetauscht mit den schwerverkäuflichsten Produkten (den angeblichen Flops) werden diese neuen Farben/Muster kollektioniert und in den Markt entlassen. Das Ergebnis: Nach wenigen Mutations-Selektionsrunden hat man eine Kollektion, die angeblich nur noch aus A-Produkten besteht, aber so langweilig ist, dass sie in keiner Weise mehr attraktiv ist. Die Evolutionstheorie führt eben nicht in die farbaktiven Kolorits, sondern in den »Mittel-Matsch«, der immer unverkäuflicher, da innovationsloser wird.

Pendelthese   Diese Überlegung ist einfach erklärt. Unterstellt wird die physiologische These der »Reizminimalisierung«. Hierbei geht es darum, Reize stufenweise zu erhöhen und wieder abzubauen. »Die Art des vorherrschenden Stils hat sich in der abendländischen Kultur periodisch verändert. Das Ordnungssystem entwickelte sich jeweils vom Einfachen zum Komplexen, um nach einer Übersättigung wieder zur Einfachheit zurückzukehren«, schreibt Grütter über den Stilwandel abendländischer Architektur [Grütter, 1987, S. 37]. Die Farbgebung – als Bestandteil des visuellen Ordnungssystems der Architektur – unterliegt einem vergleichbaren Wandel.

In dem 1981 veröffentlichten Artikel »Architektur zwischen grau und superbunt« zeigt Spillmann auf, wie die Farbgebung in der Architektur des Abendlandes zwischen den beiden Extremen bunt - unbunt hin und her pendelte. Analysiert man die Farben in ihrer Wirkung, fällt auf, dass in den letzten 70 bis 80 Jahren ein »buntes« Jahrzehnt jeweils von einem »unbunten« abgelöst wurde.

Die 30er Jahre mit Bauhaus und Art Deco waren relativ farbenfreudig, die 40er Jahre dagegen eher traurig-grau. Die 50er Jahre präsentierten sich wieder farbenfreudiger; die 60er Jahre tiefer und zumindest in den Akzentfarben eher verhalten. Die 70er Jahre kamen ohne Grau und Schwarz aus, wähend die 80er das »schwarze Jahrzehnt« darstellten – allerdings mit kräftigen buntstiftfarbenen Akzenten.

Jede Farbepoche hat ihre multikulturellen, wirtschaftlichen und politischen Ursachen und hinterlässt ihren farbtypischen Fingerabdruck. Es gibt nur zwei Farben, die immer wieder auftauchen: Rot- und Blautöne. Auch bei ihnen ist ein häufiges Pendeln zwischen Akzent- und Hauptfarben festzustellen. Aber beide Farben bleiben sehr vertraute Töne mit starken Signalwirkungen.

Es ist erstaunlich, wie selten Pastelltöne und leichte, schwingende Farbstellungen im Vordergrund stehen. Stärker verbreitet waren sie nur im Jugendstil und im Art Deco. Später wurden die Farbharmonien eher lau und vordergründig. In diesem Jahrzehnt werden sie sicherlich eleganter auftreten als in den Jahrzehnten zuvor.

Stimulationsthese Reizüberflutung, Reizvermehrung, »visual overflow« sind die Zentralvokabeln in dieser Methode. Erklärung hierzu gibt das Fechner'sche Gesetz, welches ein logarithmisches Verhältnis zwischen Reiz und Wirkung (Reaktion) beweist. Auf die Farbwelt angewandt heißt das, dass Farbkontraste immer stärker werden müssen, um überhaupt noch als Kontrast wahrgenommen zu werden. Wenn man die Bühnengestaltung der bekannten TV-Shows ansieht, kann man der Stimulationsthese nur zustimmen. Farbpolitik ist nach dieser Theorie also die dauernde Suche nach lauteren und provokanteren Kolorationen.

Individualisierungsthese Ausgangspunkt dieser These ist die Überfluss- bzw. Überdrussgesellschaft. Da man sich nicht mehr mit der Zahl gekaufter Produkte profilieren kann, benötigt man Einzigartigkeit als Unterscheidungsmerkmal. Diese Einzigartigkeit kann durch Manufakturprodukte, Luxuserzeugnisse usw. dargestellt werden. Die Inszenierung mit einzigartigen Produkten verlangt jedoch ein neutrales Substrat. Dieser generelle und unauffällige Grund wird dann genutzt, um Individualität zu zelebrieren.

Übrigens: Die Individualisierungsthese ist in der Küche und im Bad noch voll gültig. Mehr als 75 Prozent dieser Räume werden »rein weiß« angelegt. Die persönliche Unverwechselbarkeit wird dann mit farbigen Accessoires hergestellt. Wo die Individualisierungsthese gilt, ist jede »Strategie der bunten Farbe« zum Scheitern verurteilt.

2. Trendforschung für Farben

Im Rahmen dieses Kapitels geht es darum,

- Ordnung in das System der Farbtrends zu bringen;
- Methoden und Prinzipien bereitzustellen, um selbständige, autonome Farbtrends entwickeln zu können und
- darzulegen, welche Farbtrends für farbpolitische Entscheidungen zu akzeptieren sind.

Trendbegriffe für Farben

Man muss sich die Mühe machen, zuerst einmal vier von der Zeitdauer unterschiedlich lange Intervalle auseinander zu halten:

Farbhits entstehen ausschließlich in den Druckmedien. Es werden Farbkompositionen benutzt, um zu differenzieren und sich abzuheben. Die Farbgrafik wird von anderen Gestaltern goutiert, imitiert und ebenfalls benutzt. Grund genug für die Initiatoren, aufs Neue andere Paletten zu versuchen. Diese Farbhits sind genau dann »out«, wenn sie die elektronischen Medien (Internet usw.) erreicht haben. Farbhits können nur wenige Wochen oder Monate andauern, längstens jedoch eine Saison. Wie das Spiel mit den Farbhits funktioniert, kann man sehr schön am Beispiel der zeitgeistigen Zeitungsbeilagen studieren: z.B. im Magazin der Süddeutschen Zeitung.

Fashion-Farben

So werden typische Modefarben bezeichnet. Sie werden bewusst für eine Saison lanciert und dann von einer anderen Palette abgelöst. Der schnelle Wechsel der Farbe der Mode hat natürlich System und wird bewusst gesteuert. Zum einen durch die Hersteller von Fasern, Garnen oder Ausrüstern. Aber auch Institute von Pipeline-Firmen (z.B. das Institut für Herrenmode in Düsseldorf) veröffentlichen Farbpaletten, aus denen sich die Konfektionshersteller bedienen können. Zusätzlich liefern freie Farbberater aufwändige Farbzusammenstellungen, die gekauft werden können (z.B. das Büro Edelcourt in Paris).

Diese Fashion-Farben haben einen Vorlauf von bis zu zwei Jahren und werden jeweils für Sommer- und Winterkollektionen herausgegeben. Die überaus interessante Frage, wie diese Kollektionen zustande kommen, wie sie gemacht werden, beantworten wir im nächsten Kapitel. Hier nur so viel: Diese Paletten werden aus (angeblich!) gesellschaftlich relevanten Themen (Weltbilder, Kontexte) entwickelt und um Farben herum positioniert, die in den vorangegangenen Zyklen nicht vorgekommen sind (»vergessene« Kolorits).

Zeitgeistfarben im Automobilbereich werden in großer Angebots-
breite entwickelt und dann einem Akzeptanztest unterworfen.

Zeitgeschmacksfarben   Hierunter fallen die Autofarben, aber auch Heimtextilien,
Farben für Sportgeräte (z.B. Fahrräder). Die Mindestlaufzeit beträgt mehr als ein Jahr,
möglichst jedoch länger wegen der hohen Initialkosten. Diese Farben sind weniger experimentell als Fashion-Farben, aber auch nicht so basisbezogen wie Zeitgeistfarben. Wie
diese Farben generell entwickelt werden, zeigt die obige Abbildung.

Zeitgeistfarben   Bei Farbkollektionen für Dispersionsfarben, Teppichböden, auch
Farben für Fliesen und Sanitärfarben geht man von einem Lebenszyklus von mehreren
Jahren aus. Bei der Entwicklung von Einzelfarben und Kollektionen muss deshalb das
Umfeld sehr sorgfältig auf mögliche Brüche (Paradigmenwechsel) und vor allem Mega-
trends inspiziert werden. Jede Einbeziehung kurzfristiger Farbwellen wird den Erfolg
von Zeitgeistfarben negativ beeinflussen.

Bei der Entwicklung von Teppichkollektionen werden
die Umfeldthemen sorgfältig in Collagen abgebildet,
um dann Farben daraus zu extrahieren.

Damit ergibt sich folgender Zusammenhang:

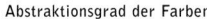

Abstraktionsgrad der Farben

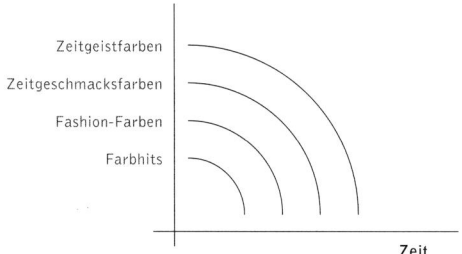

Zeitgeistfarben

Zeitgeschmacksfarben

Fashion-Farben

Farbhits

Zeit

Nun kann es natürlich auch sein wie 1995. Da hatten wir eine Konstellation, die ziemlich einmalig war. Fashion-, Zeitgeschmack- und Zeitgeistfarben gaben sich für kurze Zeit ein gemeinsames Kolorit. So heißt es im Kölner Stadt-Anzeiger vom 25./26. Februar 1995: »Sie haben gerade ein Parfüm geschenkt bekommen? War es ›Horizon‹, ›Nightfight‹, ›Sculpture‹, ›Chapeau Blue‹, eines von Montana oder MCM? Egal. Es war blau verpackt. Sie gucken gerade ›Viva‹ oder die Tagesthemen? Der Hintergrund ist blau. Wodka-Reklame oder Pralinen-Werbung: blau. Katzenfutterverpackung oder Weinflasche: blau. Sie steigen in Ihr neues Auto? Vermutlich ist auch das blau. Schließlich hat das Kraft-fahrtbundesamt in Flensburg erst vor kurzem verkündet, dass erstmals seit dem Zweiten Weltkrieg mehr blaue als rote Autos angemeldet wurden. Und warum das alles? Ist Blau die Farbe der Ferne oder der Weite? Oder die der Treue? Oder die der Ratio? Oder gehört Blau zur Romantik? Oder zum blauen Brief, zum Blauen Engel, zum blauen Blut, zum Blauen Reiter, zum blauen Müllsack?«

Blausucht allenthalben. Man könnte das Blaue vom Himmel herunterschwatzen, um den Trend zu erklären, man könnte aber auch den Damen und Herren Trendsettern ihre Maske (in Blau) abreißen – und dann stünden sie da, blass und bleich. Vielleicht wird ihnen auch blümerant (was von ›bleu mourant‹ kommt und im Französischen so viel heißt wie ›sterbendes Blau‹).

BLAU

Ob Katzenklo oder Edel-Wein, ob Duftwässerchen oder das neue Auto: Die Modefarbe dieses Jahres ist blau, blau, blau. Wie der Enzian. Wie die gleichnamige Stunde. Warum ist das so? Weil wir Hoffnung brauchen? Weil wir in Endzeitstimmung sind? Barbara A. Cepielik erklärt es uns

Werden tragfähig: Veilchenblaue Taschen

Blaues Licht und ...

blaue Räder

Ein Bikini: Vom Meeresblau praktisch nicht mehr zu unterscheiden

Auch Veröffentlichungen tragen dazu bei, dass Farbhits und Zeitgeistfarben zusammenfallen.

Das Virus wirkt. Die Macht des Marktes hat zugeschlagen, mit Blau schreibt man im Moment schwarze Zahlen. Obwohl die meisten Deutschen schon seit Jahrzehnten Blau als Lieblingsfarbe nennen, dauerte es lange, bis der Durchbruch kam. Aber schon im Winter war alles ganz anders, so schnell kann das gehen:

Frauen und Männer sind Feuer und Flamme

Rot erglüht als Trendfarbe dieses Winters. Die tristen Schlammfarben der vergangenen Jahre sind passé.

Düsseldorf (dpa). „Rot, Rot, Rot", nannte der Künstler Emil Nolde ein wunderschönes Mohnblumen-Gemälde und ehrte so die Königin aller Farben. Rot steht für Feuer und Verführung, Liebe und Sinnlichkeit, aber auch Aggression und Macht. In diesem Winter sticht Rot als leuchtendste Trendfarbe leisere Töne aus. Nach Jahren der tristen Schlammfarben entfachen die Designer auch wieder Feuriges und setzen Rot in ihren Kollektionen für diese Saison ein.

Ob karminroter Lack bei Iceberg, orangerote Kostüme bei Emporio Armani, Tweedjacken in Rosa und Violett oder Cardigans in Fuchsia bei Chanel — alle Varianten sind vertreten. Hermes zeigt in einer sehr ästhetischen Kollektion Kaschmir, Seide und Leder in Kirsch- und Tomatenrot. Und die deutsche Firma Comma eröffnete ihre Herbst/Winterschau in Düsseldorf mit einer fulminanten Rot-Orgie.

Bei soviel Modefeuer titelte die Zeitschrift „Madame Figaro" kürzlich „Passez au rouge" (Wechseln Sie zu Rot) und zeigte Kleider und Accessoires, aber auch Tische oder gar Badewannen in Tiefrot. „Die anderen Trendfarben dieses Winters konnten wir lange voraussehen, doch die rote Welle hat vor einem Jahr niemand prophezeit", kommentierte bei den Pariser Pret-a-porter-Schauen die Expertin eines Mailänder Trendbüros, die sonst modisch die Nase ganz weit vorn hat. Ebenfalls „angesagt" sind in dieser Saison Beige und Schokoladenbraun, Schwarz, Grau und Weiß — und immer noch Silber. Doch nichts fällt so auf wie die Farbe der Glut und der Rosen.

Beim Make-up dieses Winters rücken dementsprechend die Lippen in den Vordergrund. Bei Chanel lockt ein purpurfarbener Mund. Einen wirbelnden Reigen zaubert Kreateur Serge Lutens mit seinem Make-up „Red Madness" für Shiseido: kirsch- oder signalrote Lippenstifte in Mattnuancen, roter und violetter Lidschatten — das Gesicht dieser Saison gleicht dem einer Tänzerin des russischen Balletts.

Artikel aus dem Remscheider General-Anzeiger

vom 19.11.1995

Prinzipien, Techniken und Methoden der Trendforschung   Genauso wichtig wie der unterschiedliche Zeitrahmen ist es, sich Klarheit über die drei in der Überschrift genannten Begriffe zu verschaffen.

Prinzipien   Sie sind der generelle Ansatz zur Lösung eines Problems. Wir haben in Kapitel 7 auf die »ästhetischen Prinzipien« Bezug genommen, um Farbkompositionen zu erzeugen (Prinzip der Versöhnung, Prinzip der ästhetischen Mitte, Prinzip der Assoziationen usw.). Genauso gibt es auch wissenschaftliche Prinzipien der Farbforschung: Induktion und Deduktion. Bei der Induktion wird aus beobachteten, aber erinnerten Einzelereignissen eine generalisierende Schlussfolgerung gezogen. Einzeltatsachen werden in ein neu entwickeltes Ganzes eingebettet. Man schafft für die singulären Erkenntnisse einen neuen Kontext.

Beispiele: Man bemerkt (erinnert), dass in den angebotenen Farbpaletten der vergangenen Jahre die Farbe Orange nicht vorkommt. Wenn man die Absenz dieser Farbe nicht als Einzeltatsache farbpolitisch nutzt, sondern beschließt, »70er-Jahre-Kolorits« zu entwickeln, indem man Braun- und Grüntöne zusätzlich arrangiert, geht man induktiv vor (Kontextbezug). Wenn die Zulassungsstatistik für PKWs ausweist, dass blaue PKWs in der Gunst der Käufer auf Platz 1 stehen (Beobachtung) und man daraus nun eine Palette blauer Nuancen entwickelt, ist das ebenfalls ein induktives Vorgehen.

Bei der Deduktion wird ein neuartiger Globalkontext beobachtet. In der Regel hat das gar nichts mit Farben zu tun. Es kann ein Thema (z.B. Wiederentdeckung der Eleganz), eine Geschmacksvorliebe (z.B. Folklore) oder auch ein kulturspezifisches Gefühl (z.B. lebhafte Provokation) sein. Wenn man nun versucht, das entdeckte Weltbild mit Farben abzubilden, wenn man darangeht, die Farben auszuwählen (Farbsysteme!), die diesem Kontext entsprechen, ist das ein deduktives Vorgehen.

Hier drei Beispiele:

- **Renaissance der Eleganz** (das ist das Thema)

  Es wird eine Renaissance der Eleganz geben. Elitär und zurückhaltend wird sie den »verfeinerten Geschmack« demonstrieren (das ist der Kontext). Die Farben sind ausgesucht diskret, voll verhaltener Farbigkeit, ein wenig lasziv und leben aus dem Kontrast von Reinheit zu Gedecktheit (das ist die Deduktion in allgemeiner Form – noch nicht als Palette).

- **Folklore** (das ist die Geschmacksvorliebe)

  Nach den Einflüssen orientalischer, mexikanischer, südamerikanischer, teilweise afrikanischer Volkskunst wird eine wirkliche Wiederentdeckung nördlicher Folkloreelemente stattfinden. Speziell russische, polnische und Elemente vom Balkan werden die Designszene beeinflussen (das ist der Kontext). Die Farben sind meist kräftig und offensiv, häufig bunt kombiniert. Die wesentlichen Töne sind: Tiefrot, Russischgrün, Weiß, Violett, Bleu und Rosé. Die Zeichnungen sind häufig floral-ornamental (das ist die gewonnene Deduktionspalette auf konkretem Niveau).

- **Lebhafte Provokation** (das ist das Gefühl)

  Kleider und Behausungen sind so etwas wie Verpackung und Umverpackung für die Menschen. Mit Hilfe der Hülle auffallen – um fast jeden Preis – lautet die Devise der Konsum-Provokateure. Die Farben, die sie dafür nutzen, sind eindeutig, lebhaft, aufregend und durch außerordentlich prägnante Signalwirkung gekennzeichnet. Ihr Outfit brilliert nicht durch Gegensätze vom übrigen Umfeld. Die Farben und verwendeten Muster sind nur um einiges geräuschvoller und greller kombiniert. Befindet man sich in ihrer Nähe oder in ihrer häuslichen Umgebung, fühlt man sich wie betäubt, wie nach markerschütternden, ohrenbetäubenden Klangabenteuern.

Schon heute schleichen sich immer häufiger Farbprovokateure in unsere alltäglichen Seherlebnisse ein. In der Architektur – jede Tankstelle stellt eine ästhetische Umweltverschmutzung dar –, in der Mode und in der Einrichtung. Denken wir da nur an die Formen und Silhouetten so mancher Wohnzimmerschrankes oder dickbauchigen Wulst-Sofas und dessen rosa-orange-rot und violett gemusterten, voluminösen Polsterstoff-Verhüllungen.

Wir lösen das Thema Renaissance der Eleganz in einer Collage ein. Aus dieser Collage können nun Farbkolorits entwickelt werden.

Das Gefühl lebhafter Provokation eingebracht in ein Farbbild (keine Collage), in dem die Farben unmittelbar sichtbar werden.

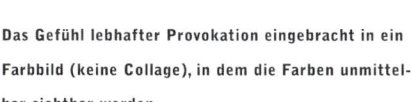

Techniken der Trendforschung Bei der Anwendung dieser Prinzipien kommt man nicht umhin, ganz bestimmte »Techniken« anzuwenden. Man spricht in diesem Zusammenhang von Prognosetechniken (z. B. Szenario-Technik), Kreativitätstechniken (z.B. semantische Intuition, Synektik, Mimesis), Analysetechniken (z.B. Morphologien, Evidenzräume) usw.

Wir können hier nicht im Einzelnen auf die Techniken wissenschaftlicher Forschung eingehen, sondern wir wollen nur einige ausgewählte mit herausgehobener Relevanz vorstellen.

- Szenario-Technik als Prognosetechnik. Sie ist das am weitesten verbreitete Verfahren. Szenarien legen auf der Basis einheitlicher Gegenwartsannahmen »mentale Pfade« in die Zukunft. Man geht von der These aus, dass bei einer Zukunftsprojektion der Einfluss der Gegenwart stetig abnimmt und sich ein Trichter gleich verschiedener Zukunftsszenarien ergibt. Die Zukunft wird bei der Szenario-Technik in zwei Extremen vorgegeben. Dazu die unten stehende Abbildung.
- Synektik als Kreativitätstechnik. Eine bekannte Methode dieser Technik ist das Brainstorming. Effizienter in der Anwendung, aber auch schwieriger in der Durchführung ist die Synektik. Wir zeigen hier die Anwendung aus dem Bereich des kreativen Marketings.
- Morphologien als Analysetechnik. Sie sind neben den semantischen Differenzialen (vgl. dazu Kapitel 4, Anmutungsprofile) eine der typischen Analysetechniken. Bei den Morphologien werden zwei Variablengruppen in eine Zwangskorrelation gebracht. Die sich ergebenden Schnittstellen werden als Ereignisraum (Evidenzraum) aufgefasst und einer Interpretation unterzogen. Ein Beispiel zeigen wir auf S. 217.

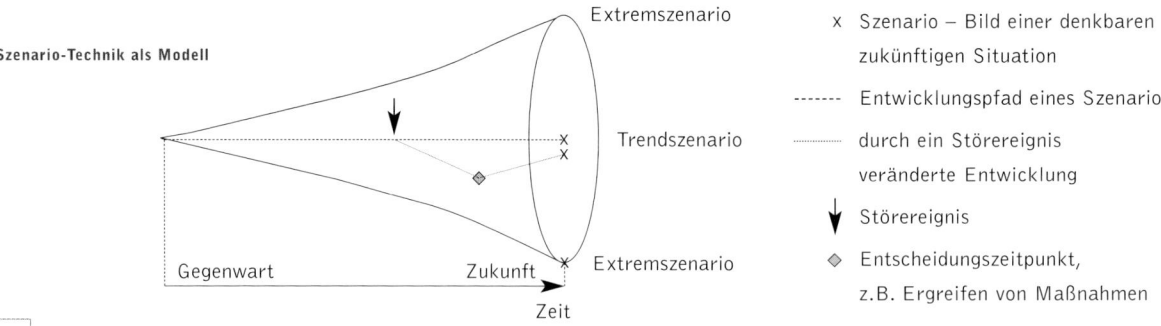

Szenario-Technik als Modell

Extremszenario

Trendszenario

Extremszenario

Gegenwart Zukunft

Zeit

x Szenario – Bild einer denkbaren zukünftigen Situation

------- Entwicklungspfad eines Szenarios

.... durch ein Störereignis veränderte Entwicklung

↓ Störereignis

◇ Entscheidungszeitpunkt, z.B. Ergreifen von Maßnahmen

Ablauf Klausurtagung Produkt- und Geschäftsideen

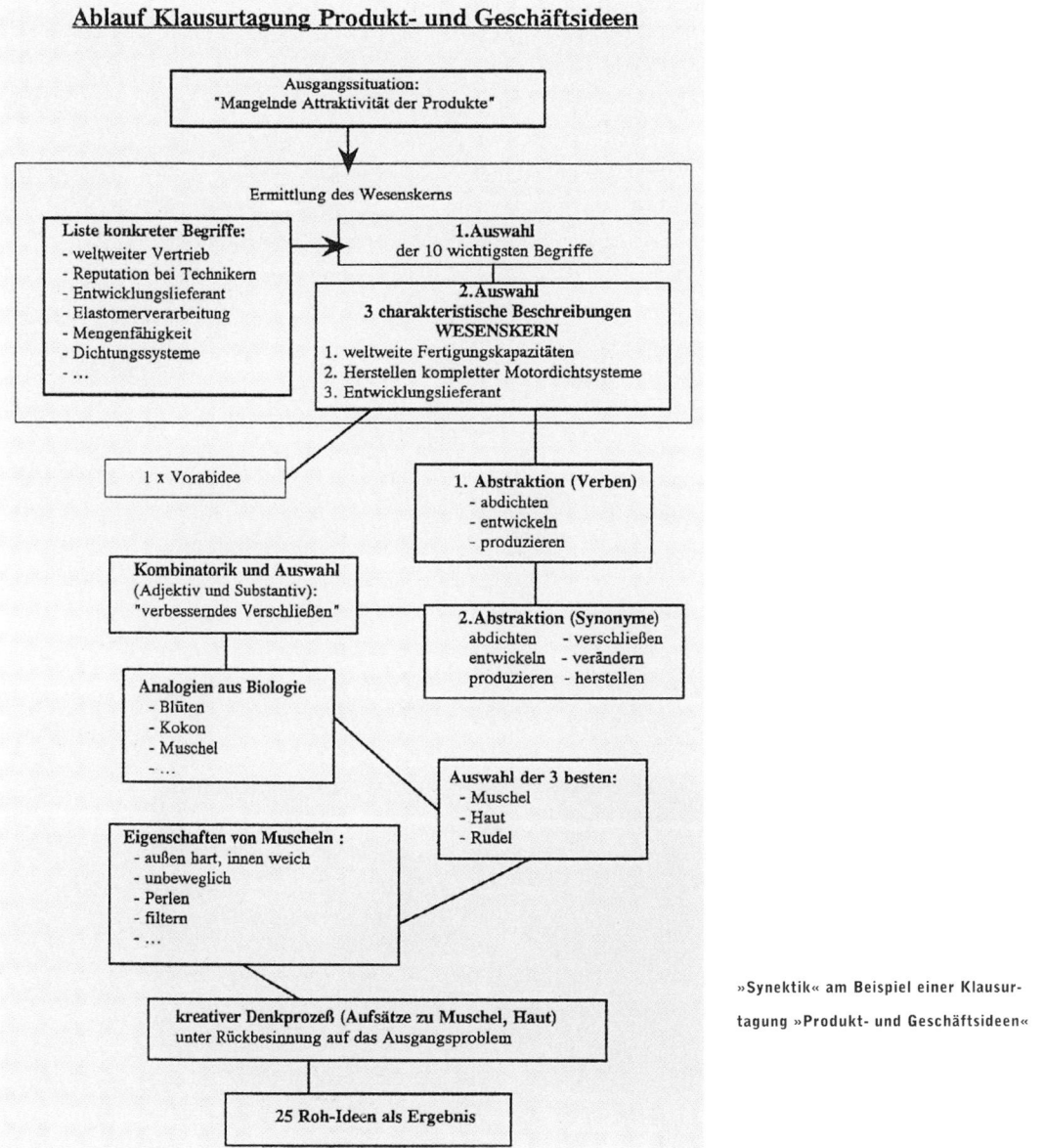

Ausgangssituation:
"Mangelnde Attraktivität der Produkte"

Ermittlung des Wesenskerns

Liste konkreter Begriffe:
- weltweiter Vertrieb
- Reputation bei Technikern
- Entwicklungslieferant
- Elastomerverarbeitung
- Mengenfähigkeit
- Dichtungssysteme
- ...

1. Auswahl
der 10 wichtigsten Begriffe

2. Auswahl
3 charakteristische Beschreibungen
WESENSKERN
1. weltweite Fertigungskapazitäten
2. Herstellen kompletter Motordichtsysteme
3. Entwicklungslieferant

1 x Vorabidee

1. Abstraktion (Verben)
- abdichten
- entwickeln
- produzieren

Kombinatorik und Auswahl
(Adjektiv und Substantiv):
"verbesserndes Verschließen"

2. Abstraktion (Synonyme)
abdichten   - verschließen
entwickeln - verändern
produzieren - herstellen

Analogien aus Biologie
- Blüten
- Kokon
- Muschel
- ...

Auswahl der 3 besten:
- Muschel
- Haut
- Rudel

Eigenschaften von Muscheln :
- außen hart, innen weich
- unbeweglich
- Perlen
- filtern
- ...

kreativer Denkprozeß (Aufsätze zu Muschel, Haut)
unter Rückbesinnung auf das Ausgangsproblem

25 Roh-Ideen als Ergebnis

»Synektik« am Beispiel einer Klausurtagung »Produkt- und Geschäftsideen«

Methoden der Trendforschung Methoden unterscheiden sich von den »Prinzipien« und »Techniken« durch ihren Komplexitätsgrad. Eine Methode folgt ganz bestimmten Prinzipien, wendet unterschiedliche Techniken an und versucht, Ergebnisse zu generieren, die nachvollziehbar, überprüfbar und vor allem »sicher« sind. Welche Methoden sich für die Farbforschung herausgebildet haben, wollen wir erörtern.

Grundsätzlich gibt es zwei Methodengruppen:

- Primärforschung (»field research«)
- Sekundärforschung (»desk research«)

Sekundärforschung Hier greift man auf Ergebnisse von bestehenden Farbprognosen zurück. Diese Ergebnisse finden sich einmal in der entsprechenden Trendliteratur (z.B. M. Horx, C. Mühlhausen, Zitate für die Zukunft; Der Zukunftsletter, Bonn 1999; J. Naisbitt, Megatrends 2000, Düsseldorf 2000) oder in Veröffentlichungen von Farbberatern oder Farbbüros (z.B. Deutsches Institut für Herrenmode – Köln usw.). Natürlich eignen sich auch Studien von anderen Unternehmen (z.B. Pipeline-Veröffentlichungen oder Scanning-Dienste von Farbagenturen und -büros). Meistens sind diese Aussagen nicht sofort als eigene Prognose zu gebrauchen – sei es, dass der Farbbezug explizit fehlt oder dass nur allgemeine Farbthemen und keine konkreten Farbpaletten beschrieben werden. Hierzu unsere Beispiele für Studien über Farbtrends von Pipeline-Diensten (Dupont) für Fashion-Trends:

Studien über Farbtrends von Pipeline-Diensten (Dupont) für Fashion-Trends

	CLASSIC	BASIC	FASHION
KOFFER I CONVENTIONAL Classic.Introvertiert	"ROYALITY" Intimate High Touch Heavy framed Art Sherlock Holmes Dark Colours English domestic style Victorian Flowers Alice in Wonderland	"THE BARE MINIMUM" Minimalist Aesthetic New Semplicity At-home-on-the-road Linen. Cotton. White. Ecru. Gray. Black Marsupial Chic	"PIONEER SPIRIT" Naive Ethic. Montana Pleasure Island Way out West Woven Earth Colour Country
KOFFER II EMOTIONAL Modern.Extrovertiert	"GOSSIP&GLAMOUR" Multicultural Beauty Rigorous Standards New Technology High Tech. Metal. Black. White. + Bright colour	"THIS IS YOU!" Real People Work Ethic Utilitarian Garbage Stripes Pale colours Graphic Evidence. Power of Print	"HIPPY CHIC" multicultural eclecticism Geometric. Free Designs Strong colours Gold. Heavy&Light Mix it All! Ornaments. Barock.

Eine Morphologie mit den Achsen: Classic, basic, fashion und conventional, emotional; die Ereignisräume erhalten einen Begriff und eine nähere Beschreibung; anschließend werden die Felder collagiert. Als Beispiel eine Collage (oben) zum Thema »Gossip und Glamour« [nach M. Thun].

Anfang 2001 hat Venn ein allgemeines Trendthema bezogen auf den Zeitgeist (Zykluslänge > 3 Jahre) abgegeben. Hier der Trendbericht:

Restaurierte Dekomposition Der Glanz des Funkelnagelneuen verblasst vor den angerauten, angestoßenen und mit Patina überzogenen Materialflächen. Ganz besondere Reize gewinnt eine morbide Ästhetik und eine verwelkte Reinheit.

Die feinen Nuancen berühren uns in ihrem scheinbar zerbrechlichen Ausdruck. Sie sind Zeichen eines empfindungsreichen Umgangs mit ihnen, mit Strukturen und Mustern. Sie drücken zugleich eine Sehnsucht nach Vergänglichem aus, auch wenn es sich nur um den künstlichen Schein von Zerbröckelndem und Zerbröselndem, Abgeplatztem und Angeecktem handelt.

Nicht das wahrhaftig Zerbrechliche findet so großes Interesse wie dessen künstliche Adaption. Produkte werden in Zukunft mehr auf »alt« getrimmt. Künstliche Patina und Veralterung ist Teil kommender Designbewegungen. Ab sofort haftet ihnen nicht mehr der Geschmack von Plagiatoren und Fälschern an. Abgestoßene Ecken und Kanten, Farbreste, Stofffetzen und entschönte Oberflächen sind Teil eines anderen Designempfindens, das mit dem Fetisch »steriler Unberührtheit« aufräumt und anstelle dessen »Gebrauchsspuren-Artefakte« bevorzugt.

Wir geben uns auf die Suche nach passendem Bildmaterial und werden in dem schon zitierten Buch »Shabby Chic« fündig:

Künstliche Patina und Veralterung: anderes Designempfinden aus dem Buch »Shabby Chic«

In diesem Bild finden sich viele Farbbezüge. Wir wenden dazu das Prinzip der Deduktion an und entscheiden uns für:

- verblassende, oft angeschmutzte Kalktöne (Kreidefarben)
- zarte Grüntöne
- Beigevariationen und gebleichte Blumentöne
- abgewaschene Brauntöne

An einem zweiten Zitat aus dem vorigen Jahr können wir verdeutlichen, dass auch eine naive Übernahme erfolgreich sein kann. Venn schrieb in 2000: »Die 70er Jahre kommen zurück. Vielleicht ein bißchen zu früh. Viel Beige, viel Braun, dazu kräftige Portionen von Orange, Grün und Gelb. Einrichtungen und Designs waren immer ein wenig zu sauber, zu formal, zu seelenlos. Mühelos abwaschbar, pflegeleicht und nützlich waren Möbel, Teppiche und Gardinen. Die Lieblingsbeschäftigung der Menschen bestand im Rasenmähen, Autowaschen und Raufasertapetenkleben.

Nur in der Rückerinnerung erhalten die Farben und Formen eine nostalgische Erhöhung. Aber die Zeitsegmente der 70er Jahre wieder aufzunehmen, umzuformen und ihre grobe Liebenswürdigkeit wieder neu zu entdecken, endet sicher nicht im wolllüstigen Sinnestaumel, vielleicht aber in häufig überraschenden, ansprechenden, schöpferischen und besseren Einfällen.«

Immerhin war das der Firma Prada Anlass genug, eine neue Schuhkollektion Frühjahr 2001 zu lancieren, die in den Venn'schen Farben daherkommt. Sie erkennen unschwer – man muss nicht alles selbst erforschen, es genügt oft, die analystischen Arbeiten von Experten aufzunehmen.

Primärforschung Hier geht es darum, durch Eigeninitiative zukünftigen Farbpaletten auf die Spur zu kommen. Dabei ist es eigentlich zweitrangig, ob man die Informationsgewinnung selbst übernimmt (Eigensuche) oder damit fremde Stellen beauftragt. In jedem Fall wird man auch bei der Fremdsuche darauf bestehen, die bewährten Methoden der Primärforschung anzuwenden. Es gibt zwei verlässliche Methodengruppen bei der Primärforschung:

- Befragung
- Beobachtung

Befragung zu Farbtrends Hiermit sind keine Mitarbeiter- oder Konsumenteninterviews gemeint, die zwar beliebt sind, sich aber als uneffizient erwiesen haben. Als wichtigste Methode hat sich das Delphi-Verfahren (nach dem griechischen Orakel benannt!) erwiesen. Die Delphi-Befragung ist durch folgende Merkmale gekennzeichnet:

- Expertenbefragung
- mehrere Befragungsrunden
- Begründungszwang
- Synthesezwang

Will man eine Delphi-Session durchführen, benötigt man vier bis acht Experten, die sich mit Farbentwicklungen auskennen. Diese können unterschiedliche Arbeitsschwerpunkte haben. Wichtig ist, dass sich die Experten eines einheitlichen Farbcodes bedienen. Im Zweifelsfall muss jedem Experten das gleiche Farbsystem zur Verfügung gestellt werden.

Die erste Befragungsrunde definiert eindeutig die Zielsetzung (z.B. farbige Oberflächen für ein Badmöbelprogramm). Skizzen oder Marketingdetails sind nach Möglichkeit mitzuteilen. Jeder Experte kann beliebige Vorschläge machen, die jedoch in jedem Fall zu begründen sind.

Die zweite Befragungsrunde teilt allen Experten die eingegangenen Farbstellungen und ihre jeweiligen Begründungen mit. Um die Zahl der Vorschläge zu begrenzen, haben die Experten nun zwei Möglichkeiten: entweder (ohne weitere Begründung!) Vorschläge der Kollegen zu akzeptieren oder aber die eigenen Kolorits mit weiteren Begründungen gegen die Wettbewerbsvorstellungen zu verteidigen.

Der Vereinigungszwang bringt es mit sich, dass nach maximal vier Runden wenige argumentativ gut fundierte Vorschläge vorliegen und entsprechend den eigenen Zielen/Vorstellungen in die Trendarbeit einfließen. Die Delphi-Forschung ist zwar relativ teuer (Experten müssen honoriert werden!), sie bringt aber Entwicklungsbrüche zu Tage und bietet aus dem Verfahren heraus beste Begründungs- und Argumentationshilfen.

Das so genannte Pipelining ist eine einfache Befragung, die aber sehr gut kurzfristige Marktdaten offen legt. Bleiben wir bei dem Beispiel Farbe für Badmöbel: Da die Oberflächen nicht lackiert, sondern laminiert sind (also mit farbigen Folien beschichtet), bietet es sich an, die Hersteller von Schichtstoffplatten nach dem Farbranking bei Küchenmöbeln zu fragen. Unter der Voraussetzung, dass es »Cross-Colour«-Bezüge gibt und die farbigen Küchenfronten der Badmöbelkoloration vorauseilen, ergeben sich verlässliche Trenddaten.

Nun zur Primärforschung durch Beobachtung, den eigentlichen zentralen Methoden zur Generierung von Zukunftsfarben. Es handelt sich um folgende systematische Verfahren der Farbbeobachtung:

- Scouting
- Scanning
- Monitoring

Scouting   Man muss unterscheiden zwischen den Personen (den Scouts) und der Forschungsmethode (dem Scouting). Scouts waren ursprünglich Späher und Kundschafter im Kolonial- und Dschungelkrieg, bevor Lord Baden-Powell den Begriff auf Mitglieder seiner Pfadfinderbewegung übertrug. Heute werden meist nebenberuflich eingesetzte (Trend-)Scouts als Späher und Kundschafter der Szenekultur eingesetzt. Sie arbeiten für Farbbüros und Trendagenturen. Als Szeneteilnehmer betreiben sie »teilnehmende Beobachtung« unter so genannten Feldbedingungen und berichten ihren Auftraggebern in Form von Reports, Fotos oder Szenecollagen. Scouts arbeiten in dieser Form als Dienstleister für Unternehmen der Trendforschung.

Scouts werden eingesetzt, um Modevarianten, Designvorlieben, Stylingambitionen usw. auf die Spur zu kommen. Scouts kennen immer die zurückliegende »Geschichte«, sie haben einen geschulten Blick für Nuancen und ein bewährtes Instrumentarium, um Veränderungen zu registrieren und für eine Zentrale reproduzierbar zu machen.

Trendscout Maneri (Mitte) und Forschungs-
objekte: Was ist top, was trendy?

Scouting ist ein Prozess. Scouting verlangt die permanente Auseinandersetzung mit dem Metier. Scouting ist nicht allgemein, sondern an immer speziellere Szenen und Milieus usw. gebunden. Dazu ein Beispiel: Die Jugendszene ist zerfallen in eine Ansammlung unüberschaubarer Gruppierungen. Als Einheit sind die Jugendlichen nicht mehr zu betrachten; es gibt quasi nur noch Minderheiten unter ihnen: Punks, Neonazis, Raver, Computerhacker, Autonome – die Reihe ließe sich fortsetzen – endlos, wenn man es genau nimmt. Denn selbst in jeder Gruppe gibt es mittlerweile eine große Anzahl von Subgruppen. Und Scouting funktioniert nur in den einzelnen Szenen.

Scouts kennen die vergangenen Farbphasen, sie haben ein trainiertes Auge für Einzelfarben und Kolorits (Kompositionen), und sie arbeiten mit einem Farbsystem (NCS, Munsell, RDS usw.). Ihre Aufgaben können sehr unterschiedlich sein. Sie suchen z.B. nach Keller-Farben: Im ständigen Strom des Entstehens und Vergehens von Farben gibt es Kolorationen, die nicht mehr auftauchen (z.B. waren die pastelligen Vespa-Farben der 60er wegen ihrer Süße nicht mehr zu sehen gewesen – nun nutzt sie Alessi-Philips für Elektrogeräte). Scouts analysieren allgemein oder für Produktgruppen Farben, die momentan nicht benutzt werden oder einmal eine große Bedeutung hatten: Farben, die im Keller verschwunden sind. Das Ziel: Farbinnovationen.

Key Colours   Farben, deren Verbreitungsgrad plötzlich rasant zunimmt, sind Schlüsselfarben. Man muss unterscheiden zwischen intrakategorialer Ausbreitung einer Schlüsselfarbe (z.B. vom Bereich der Mode und Luxusprodukte auf alltägliche Produkte) und interkategorialer Verwendung (z.B. aus dem Sportbereich in den Bereich der Küchen-accessoires). Besonders interessant wird es, wenn aus Key-Colours Mainstream-Colours zu werden beginnen. Das Ziel: die Farbadaption.

New Kolorits Häufig ändern sich nicht die Leitfarben (die Zentralfarben), sondern die Nuancen. Dadurch ergeben sich völlig neue Farbwirkungen. Auch hier gibt es Handlungs-bedarf für den Produktmanager. Ziel: der Farbrelaunch.

Scouts können aber auch als unternehmensinterne Beobachter eingesetzt werden und damit Eigenforschung initiieren. Jeder Farbberater agiert letztlich als Scout, wenn er das Instrument der teilnehmenden Beobachtung einsetzt. Welche Instrumente das persönliche Scouting substrahieren muss, wollen wir kurz erörtern. Grundsätzlich geht es bei dem individuellen Scouting um eine Prozessfolge mit den Phasen

Beobachtung – Deutung – Folgerung

Beobachtung oder Wahrnehmung ist keine willkürliche oder einfache Operation. Glaubt man Hayek [Die Theorie komplexer Phänomene, Tübingen 1972, S. 7 ff.] besteht gar die Unmöglichkeit einer theoriefreien Beobachtung. Insofern kommt den Fragen einer eindeutigen Farbordnung [vgl. Kapitel 3] und der Substanziierung durch logische Farb-systeme [vgl. Kapitel 6] eine zentrale Ausgangsstellung zu.

Beobachtung bedeutet auch zu erkennen, auf welchen Prinzipien [vgl. Kapitel 7] Farb-kompositionen [vgl. Kapitel 8] beruhen. Die (Aus-)Deutung der beobachteten Phänomene geschieht dann nach den vorgestellten Ergebnissen der Farbphysiologie [vgl. Kapitel 4] und der Farbpsychologie [vgl. Kapitel 5]. Zugegeben: Die Deutung ist nicht immer einfach – sie gelingt aber besser – wenn man sich induktiv vorgehend vergewissert, welches Farb-weltenkonzept [vgl. Kapitel 9] hinter den beobachteten Tatsachen stehen könnte.

Die Folgerungen aus dem beobachteten persönlichen Scouting sind mannigfaltig: Von »kein Handlungsbedarf« über »Variation« bis »Innovation« können die Handlungs-anweisungen lauten. Auch Scanning- oder Monitoringaufträge können erfolgen. Dazu im Folgenden mehr!

Scanning   Scanning bedeutet »Überfliegen«, »Abtasten«, »Ansehen« eines Suchfeldes nach einem vorgegebenen Raster. Im Vergleich zur Primärforschung des Scoutings, die als teilnehmende Beobachtung »im Feld« geschieht, ist Scanning reine »Schreibtischforschung« (»desk research«). Besonders in der bekanntesten Form des »Medien-Scanning« geht es um Entdeckungsbeobachtung. Der Scanner muss zuerst einmal empfänglich sein für Farbreize (bemerken) und diese dann richtig zuordnen.

Die wichtigste Fähigkeit ist jedoch, aus dem einprasselnden »Strom von Farbreizen« die herauszufiltern, die der geforderten Aufgabe entsprechen (Näheres bei Kienzle, S. 202 ff.). Scanning kann in sehr unterschiedlicher Form vorkommen. Da ist zuerst einmal das Farbranking. Es gibt dann noch das induktive und das deduktive Scanning. Die komplizierteste Form ist das Gap-Scanning. Hier begibt man sich auf die Suche nach Farben, die überhaupt nicht da sind – die momentan nicht oder nur in geringer Ausprägung vorkommen.

Um zu verdeutlichen, wie die einfachste Form des Scanning abläuft, zuerst ein Beispiel: Die Geschäftsführung der Firma Krups (Tochter von Moulinex, 1999 liquidiert, Marke besteht weiter) beschloss 1994, für Haushaltskleingeräte jeweils die »trendorientierte Jahresfarbe« herauszugeben. Wie Sie sich erinnern (vgl. dieses Kapitel System der Trendbegriffe) war für 1995 nur eine Farbe, nämlich »Blau« angesagt. Die Produkte in dieser Farbe waren ein großer merkantiler Erfolg.

Wie sollten die Farben der folgenden Jahre jedoch ermittelt werden? Hierzu wurden die Wohn- und Lifestyle-Zeitschriften ein halbes Jahr vor Farbeinführung auf häufig anzutreffende Farben »gescannt«. Die Idee hierbei: Farben, die Kunden in Zeitschriften häufig antreffen, sind schon »gewohnt«, quasi vorverkauft. Die neuen Farben werden – psychologisch gesprochen – schon erwartet! Um zu eindeutigen Ergebnissen zu kommen, wurden die entsprechenden Farben und Produkte ausgeschnitten und in so genannten Mood-boards verarbeitet.

Während für das Jahr 1996 (Gelb) noch eine eindeutige Aussage möglich war, waren 1997 zwei Favoriten zu differenzieren: »Jade« und »Mandarin«. Das Management hat sich für die letzte Nuance entschieden: ein Fehler, wie sich herausstellte – Gelb und Orangerot lagen zu eng beieinander (zeitliche Differenzierung) und ergaben zudem auch noch ästhetisch unbefriedigende Kontraste.

Mood-Boards als Ergebnis

eines monochromen Farbscannings

Man erkennt, dass mit dem Scanning zuerst einmal ein »Ranking der Farben« in einem bestimmten Rhythmus möglich ist. Genauso wie ein Farbranking funktioniert auch die Analyse von bevorzugten Farbkompositionen, also die Zusammenstellung verschiedener Farbnuancen. In der Regel ergibt sich hier kein Ranking, sondern es werden die angetroffenen Farbzusammenstellungen in Form von Farbspektren (Beachtung der prozentualen Verteilung) oder Farbpaletten (Offenlegung der Farben) angegeben.

Beim induktiven Scanning geht es darum, Farbfamilien oder Farbwelten auf die Spur zu kommen. Der Auftrag für den Scanner lautet: typische Farbarrangements zusammenzustellen; d.h. es geht zuerst um nichts anderes als um die in den Medien verwendeten Spektren und Paletten. Die Ergebnisse dieser Recherche werden jedoch weiter verdichtet zu Farbfamilien [vgl. Kapitel 7] oder Farbwelten [vgl. Kapitel 9]. Dazu ein Beispiel: Die Firma JCJ beauftragte 1999 einen Farbberater, sich um neue Dispersionsfarben für die Wohnung zu kümmern. Dieser vergibt einen Forschungsauftrag, der die aktuellen Wohnzeitschriften auf trendige Kolorationen scannen soll. Das Ergebnis ist ernüchternd: 80 Prozent der Wände werden »weiß« gestrichen. Die Feinanalyse ergibt jedoch, dass Weiß in delikaten Feinstabstufungen gebraucht wird. Die gesamten Farben gehören zur Familie der »beseelten Weißtöne« [vgl. Kapitel 8: Farbfamilien] und werden vom Verwender sehr wahrscheinlich aufwändig abgemischt. Das Ergebnis können Sie kaufen: »Sieben Welten Weiß« heißt die Farbpalette – Toskanisches Weiß (mit roter Seele), Venezianisches Weiß (mit grüner Seele), Ligurisches Weiß (mit gelber Seele), Provenzialisches Weiß (mit violetter Seele). Man erkennt unschwer den induktiven Weg: Aus den Einzeltönen »Weiß« wurde eine Farbfamilie erschlossen und diese wurde benutzt, um eine moderne Weißpalette abzumischen.

Beim deduktiven Scanning geht es zuerst gar nicht um Farben, sondern um dargestellte Milieus, Themen-, Geschmacks- oder Gefühlswelten. Diese werden verbalisiert, positioniert und anschließend collagiert. Erst wenn eine Collage angefertigt ist, werden daraus die entsprechenden Farben extrahiert. Wie das Ganze funktioniert, wollen wir wiederum an einem Beispiel zeigen: Die Firma Hornitex hat uns beauftragt, Oberflächen (dazu gehören Farben, aber auch Holzdekore) für zukünftige Küchenarrangements zu entwickeln. Hierzu wurden alle erdenklichen Medien gescannt und typische Einrichtungsstile herausgearbeitet und einem Ranking unterworfen.

Es ergab sich folgende Listung:

- klassische Moderne (modern classic)
- traditionelle Moderne
- jugendliche Moderne
- neue Moderne
- Neofunktionalismus
- üppiges Landhaus
- Chalet-Stil
- nordisches Landhaus
- Neopurismus (japonais)
- Art Nouveau
- New Art
- Purismus

Die fünf wichtigsten **Wohnwelten** haben wir positioniert und damit
ihre gegenseitige Bezugnahme bzw. Differenzierung optisch verdeutlicht:

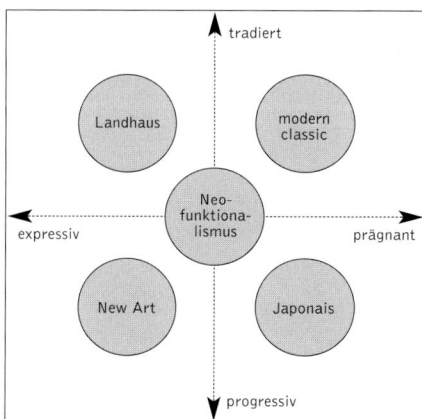

Anschließend wurden diese Welten collagiert und aus den Collagen wurde jeweils eine Farbpalette extrahiert.

Collagen zu Wohnwelten mit jeweiligen Farbauszügen

Monitoring   Scanning ist so angelegt, dass man aus einem Einzelbild seine Schlüsse zieht. Dieses Einzelbild kennzeichnet den Status quo zu einem bestimmten Zeitpunkt (natürlich ist es möglich, mehrere Einzelbilder zu einem Gesamtbild zu vereinigen!). Beim Monitoring geht es um eine permanente Überprüfung im Zeitablauf, um dann einzugreifen, wenn sich Brüche oder notwendige Veränderungen ankündigen (vgl. Kienzle, S. 228). Auch hier ein Beispiel: Die Firma Vitra hat eine Fliesenserie Architekt Color im Markt. Diese Kollektion besteht aus 40 Nuancen. Entwickelt wurde sie vor ca. fünf Jahren mit Hilfe des RAL-Systems. Hier das vollständige System (siehe Abbildung auf Seite 229):

 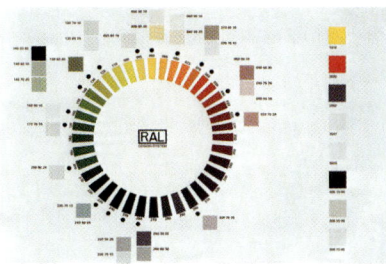 

Nun wäre es möglich, mit Hilfe der Abverkaufszahlen eine ABC-Analyse zu erstellen und die C-Produkte zu modifizieren oder zu eliminieren. Das wäre jedoch betriebswirtschaftlicher Unsinn, da es interne Komplementaritäten gibt, die – würde man eine C-Nuance streichen – auch unweigerlich A-Produkte tangieren würden (Beispiel: Ultramarin, ein C-Produkt, und Reinweiß, ein A-Produkt; Ultramarin ist jedoch die Akzentfarbe von Weiß). Aus diesem Grunde lässt man Monitoring betreiben. Es wird sehr genau überprüft, ob die gängigen Wohnwelten auch noch mit den bestehenden Angeboten abgedeckt werden. Sollten neuere Wohnwelten wie tradierter Luxus oder mediterrane Folklore mengenmäßig im Markt zunehmen, führt das notgedrungen zu einer Kollektionsveränderung.

Diese Modifikation (mit oder ohne Elimination) ist dann jedoch recht schnell durchzuführen, da der Farbfundus als NCS-Register bereits existiert. Das belegt nochmals die Bedeutung von Farbsystemen.

Zusammenfassung Farbtrends mit den Mitteln und Ergebnissen der Farbforschung zu entwickeln, ist problematisch. Nichtsdestotrotz sensibilisieren und informieren die Teilbereiche dieser Disziplin umfangreich. Trendforschung für Farben sollte immer speziell für einen Problembereich initiiert werden. Überlegen Sie immer genau, wie lange der Farbzyklus sein wird!

Erst dann geht es los: »field research« (Scouting usw.) oder »desk research« (Scanning, Monitoring). Wir glauben, dass die Beispiele mehr sagen als lange Erklärungen. Wer tiefer einsteigen will – wir bieten auch die aktuellsten Literaturbezüge!

Traditionen, Präferenzen und Entscheidungen

Für mich begann die Beschäftigung mit Farben im Jahre 1972. Wieso? Ich habe mich damals bei einem großen Chemieunternehmen beworben und machte bei einem Farbtest (nach Lüscher) mit. Ich habe damals überhaupt nicht verstanden, dass man mich nach der Auswertung freundlich, aber bestimmt vor das Werkstor geführt hat – meine Bewerbungsunterlagen habe ich bis heute nicht zurückerhalten. Ich hatte wahrheitsgemäß meine Lieblingsfarben aufgezählt: Grau, Violett, Schwarz usw. Zur Erklärung: Wir hatten damals gerade unsere Wohnung neu bezogen; die Zentralfarbe war Grau (Fliesen, Teppiche usw.), die Akzentfarben Violett (fliederfarbene Sanitärkeramik, Siam-Kreide der Vorhang). Alle Hölzer strich man damals mit schwarzer Lasur (vgl. die Xyladecor-Farbe Schwarz). Wenn Sie wissen wollen, wieso ich als »Pestverdächtiger« behandelt wurde, schauen Sie sich doch einmal den Lüscher-Farbtest in diesem Kapitel an! Negativer geht es nicht mehr: Abschirmung gegenüber anderen (nicht teamfähig!), starke Ich-Bezogenheit, egoistische Anspruchshaltung usw.

In diesem Kapitel wollen wir zuerst einmal erörtern, wovon die Farbwahl generell beeinflusst wird. Es geht um die Frage der überlieferten Symbole und Zeichen. Vor dem Hintergrund der Wirksamkeit dieser Farbtraditionen wollen wir versuchen, Hinweise zu den Farbvorlieben von Käufern zu geben. Vielleicht gelingt es ja, Präferenzen herauszuarbeiten. Eher praktische Erwägungen speisen den dritten Teil: Von welchen konkreten Überlegungen wird die Farbentscheidung beim Kauf von Produkten abhängig gemacht? Die Ergebnisse stammen aus eigenen empirischen Forschungen.

1. Farbtraditionen (Symbole und Zeichen) Wir wissen aus der mittelalterlichen Heraldik sehr genau, welche Bedeutung die Muster und Farben innerhalb der Wappen hatten. Man nennt diese vereinbarten Unterscheidungsmerkmale ein Symbol. Diese Farbsymbolik bezogen auf die Bekleidungsmerkmale haben wir am Beispiel Purpur und Weiß schon ausführlich besprochen [vgl. Kapitel 2]. Noch weiter gehen die mittelalterlichen Symbole bei Wappen:

Im Wappen von Walther von der Vogelweide ist z.B. Rot und Gelb

und der eingesperrte Singvogel heraldisch bedeutsam.

So kommt der Frage: »Wofür steht die Farbe?« eine zentrale Stellung zu. Diese Symbolik der Farbe war im Mittelalter »genormt«. Es gibt eine ganze Reihe von Beispielen für
Farbensprache. Als Ausdrucksmittel bediente man sich der Kleidung oder auch der
Blume. Knuf [S. 16] führt das aus: »So kennen wir ein deutsches Fastnachtsspiel aus
dem 15. Jahrhundert, in dem Grün die Freiheit von der Minne bedeutet, Rot die brennen-
de Liebe, Blau die Treue, Schwarz die Trauer über Liebesleid, Weiß die hoffnungsvolle
Liebe und Braun die Gebundenheit in der Minne. Die Kleidung konnte solche Botschaften
aufgrund ihrer Konventionalität dann leicht transportieren.« Ähnliches konnte man
natürlich auch durch die Blume sagen:
»Rose (gelbe): Dieser Blume Farbe gemahnt mich an den neid'schen Blick Deiner Augen.
Rose (rothe): Sie ist das Pfand der Liebe und Treue.
Rose (weiße): Ihre bleiben Blätter deuten Dir auf ew'ger reiner Liebe Glück, denn es
mangelt ihr an ird'scher Gluth.
Rosenblatt (rotes): Ja!
Rosenblatt (weißes): Nein!«

Leider ist die **Farbsymbolik** heute nicht mehr so eindeutig. Obwohl es z.B. immer
noch Berufskleidung gibt, die einem Farbkodex folgt: Ärzte tragen Weiß, werden sogar
gelegentlich als »Götter in Weiß« bezeichnet, wenn sie nicht farbige OP-Kleidung tragen.
Handwerker tragen den »Blaumann«, Priester und Richter Schwarz, die Professoren,
besonders an angelsächsischen Hochschulen Talare, deren Farbe ihre Zugehörigkeit zu
den verschiedenen Fakultäten angibt. Besonders auffällig die Bhagwanjünger, die Sannya-
sin, die nach indischem Vorbild rote Kleidung und damit ihre Überzeugung auf dem Leib
tragen. Das Gleiche gilt für die Frauenbewegung (matter neuer Purpur) oder seit einiger
Zeit für alle Kreativen (Schwarz oder Anthrazit).

Zum Schluss wollen wir darauf verweisen, dass diese Farbsymbole je nach Kulturkreis sehr unterschiedlich verwendet werden. So steht z.B. Grün im deutschsprachigen
Raum für Hoffnung, in Schweden für Neid. Die Übersicht auf Seite 233 ist nicht sehr
aussagefähig, aber immerhin ein erster Anfang [vgl. Bitsch, S. 28]:

	Schwarz	Weiß	Rot	Grün	Blau	Gelb
Österreich	Trauer	Unschuld	Ärger, Liebe, Leidenschaft, Feuer	Hoffnung,	Treue	Eifersucht
Brasilien	Trauer, Tod, Geheimnis	Friede, Sauberkeit, Reinheit	Wärme, Leidenschaft, Hass, Feuer, Ärger, Gewalt	Hoffnung, Freiheit, unreif, Krankheit	Ruhe, Kälte, Gleichgültigkeit	Freude, Sonne, Glück, Neid, Krankheit
Dänemark	Trauer, Sorge	Unschuld, Reinheit	Liebe, Gefahr, Feuer	Hoffnung, Langeweile, Gesundheit	Qualität	Gefahr, Falschheit, Neid
Finnland	Sorge, Eifersucht	Unschuld, Sauberkeit	Ärger, Liebe, Leidenschaft, Feuer	Hoffnung, Neid	Kälte, ohne Geld, unschuldig	kein besonderer Ausdruck
Frankreich	Sorge, Trunkenheit, Eifersucht, Pessimismus	Reinheit, jung	Ärger, Hitze, Vergnügen, Schüchternheit	jugendlich, Furcht	Ärger, Furcht	Krankheit
Italien	Depression	Unschuld, Furcht, erfolglos, Liebesaffäre	Ärger, Gefahr, Feuer	Neid, Jugend, Geldknappheit, depressiver Ärger	Furcht	Ärger
Pakistan	Trauer, Hilflosigkeit	Trauer, Nüchternheit, Eleganz	Ärger, Heiratszusage (Frauen)	Glück, Frömmigkeit, ewiges Leben		Jungfräulichkeit, Schwäche, Ärger
Portugal	Trauer, Sorge, Hunger	Friede, Unschuld, Reinheit	Krieg, Blut, Leidenschaft, Feuer	Hoffnung, Neid	Eifersucht, Schwierigkeit, Probleme zu lösen	Verzweiflung, Plage
Schweden	Depression, Sorge	Güte	Ärger, Wut, Feuer	Neid, unerfahren, Güte	blauäugig, leichtgläubig, gefroren, kalt	Wut, Ärger, Romanze
Schweiz	Pessimismus, illegal	Reinheit, Unschuld	Ärger, Feuer	unwohl, unreif	Wut, Ärger, Romanze	Neid

2. Farbpräferenzen (Vorlieben, Bevorzugungen) Wenn wir über Farbpräferenzen sprechen, müssen wir klären, wer (Cluster) diese in welchem Zusammenhang (Zweckbereich) äußert. Zur Frage der Clusterung: Grundsätzlich können individuelle, auf Einzelpersonen bezogene Urteile abgegeben werden. Diese betreffen z.B. die individuelle Lieblingsfarbe oder die Wunschfarbe eines Interieurs (z.B. Geschmacks- oder Gefühlswelten). Bei der Interaktion im Verkaufsgespräch (Beratung) sind diese Kenntnisse besonders wichtig. Darüber hinaus gibt es segmentale Farbpräferenzen. Nach Kriterien wie Geschlecht, Alter, Schicht, Milieu usw. können für die Produktgestaltung die Ex-ante-Bevorzugungen fixiert werden. Ob sich daraus Hinweise für eine aktive Farbpolitik jedoch ableiten lassen, ist zu diskutieren. Für eine generalisierte Farbpolitik sind die kulturkreisspezifischen Farbpräferenzen wichtig. Je nach Kulturkreis können spezifische Farbbevorzugungen beschrieben werden. Interessant dabei ist, dass nicht einmal innerhalb eines Staatsgebiets mit einheitlichen Präferenzen zu rechnen ist. Für Frankreich z.B. gibt es ein signifikantes Nord-Süd-Gefälle der Farbintensität.

Zur Frage der Zweckbereiche: Es ist ein großer Unterschied, ob man Kunden generell ohne Finalbezug, also nach ihren Lieblingsfarben fragt, oder ob man auf den Nutzungsort bezogen (Küche, Bad usw.) Farbnormierungen analysiert. Letztlich gibt es auch noch Vorlieben für Einzelprodukte. Beim Kauf eines Teppichbodens, eines Vorhangstoffes usw. werden diese ganz speziellen Farbpräferenzen geäußert. Im nächsten Absatz beschreiben wir ausführlich das Kaufverhalten in Bezug auf Farben. Man kann die zuvor referierten Kriterien der Ziel- und Zweckbezogenheit von Farben in einer Matrix zusammenfassen.

Clustertyp/Zweckbereich	ohne Finalbezug	genereller Finalbezug	spezieller Finalbezug
individuelle Aussagen	Lieblingsfarben eines Kunden	Wunschfarben	Schlüsselfarben
zu Segmenten	Farbpräferenzen von Kunden	z.B. Farbpräferenzen der Wohnmilieus	z.B. Farbpräferenzen bei Nagellack im Jugendmarkt
zu Kulturen	z.B. deutsche Lieblingsfarben	z.B. Badfarben in Deutschland	z.B. Farbpräferenzen bei Teppichen in Europa
globale Aussagen	»Weltfarben« »Euro-Farben«		

Kulturbezogene Farbvorlieben ohne Finalbezug Das Ranking der nationalen Lieblingsfarben ist ein beliebtes Spiel. Hier die neuesten zur Verfügung stehenden Ergebnisse [Heller, Farben wirken]: Blau ist mit Abstand die beliebteste Farbe. Es ist die Lieblingsfarbe von 40 Prozent der Männer und 36 Prozent der Frauen. Und es gibt kaum jemanden, der Blau nicht mag: Nur 2 Prozent der Männer und 1 Prozent der Frauen schrieben Blau in die Fragebogenkategorie »Die Farbe, die mir am wenigsten gefällt.«

Blau ist so beliebt, weil diese Farbe viele positive Eigenschaften symbolisiert: Es ist die Farbe der Sympathie, der Harmonie, der Freundlichkeit und der Freundschaft, wie wir aus Kapitel 10 (unter Farbsemiotik) wissen. Gefolgt wird Blau von zehn weiteren Farben, die wir hier kurz auflisten und mit der unbeliebtesten kontrastieren [Heller, Farben wirken]:

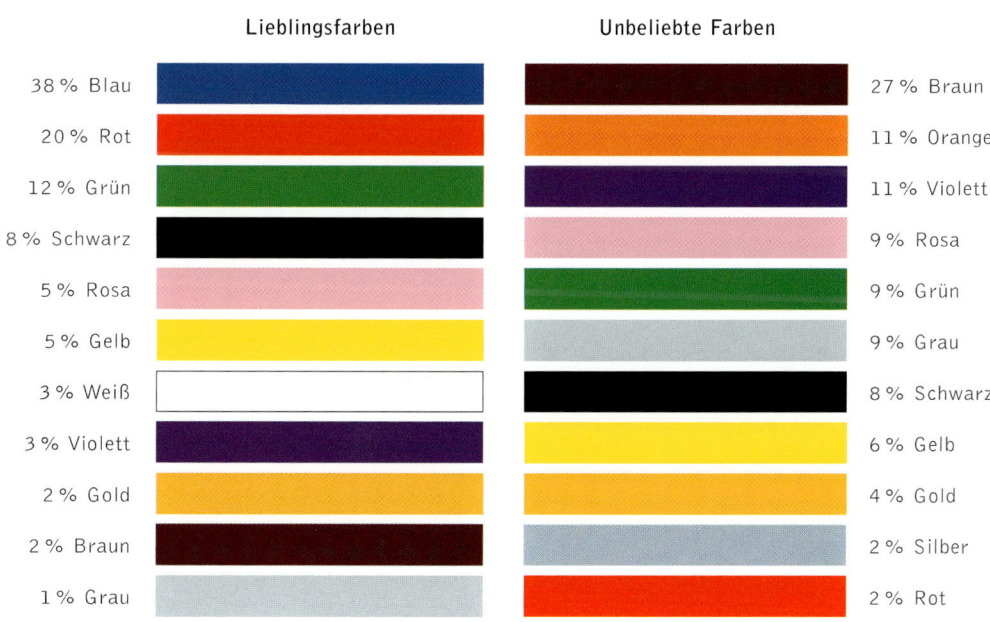

	Lieblingsfarben	Unbeliebte Farben	
38 % Blau			27 % Braun
20 % Rot			11 % Orange
12 % Grün			11 % Violett
8 % Schwarz			9 % Rosa
5 % Rosa			9 % Grün
5 % Gelb			9 % Grau
3 % Weiß			8 % Schwarz
3 % Violett			6 % Gelb
2 % Gold			4 % Gold
2 % Braun			2 % Silber
1 % Grau			2 % Rot

Individuelle Farbvorlieben entstehen aus einer rein persönlich gefärbten Farbbiographie und einem gleichzeitig erfolgten kollektiven Lebensstil – geprägt durch Milieu, Einkommen und Kultur. Farbvorlieben wechseln je nach persönlicher Bereitschaft, modische Veränderungen mitzumachen. Den Modemuffel wird seine Lieblingsfarbe ein ganzes Leben lang begleiten, der Modefreak wechselt sie so häufig wie die Farbe seines Blazers. Diese Lieblingsfarben eines Kulturkreises und erst recht die individuellen Farbvorlieben sind aber für die Produktgestaltung ziemlich unbedeutend, da hier, wenn überhaupt, Auskunft über die generelle Befindlichkeit einer Kultur gegeben wird. Vielleicht kann der Anthropologe hieraus Sehnsüchte, Ängste oder Wünsche einer Population herauslesen. In der Farbliteratur wird auch immer wieder auf »Kleinkulturen«, d.h. regionale Unterschiede bei Farbpräferenzen hingewiesen.

Frieling [Gesetz, S. 125] nennt Beispiele: So lassen sich bereits innerhalb der Schweiz Unterschiede in der Braunbevorzugung (Zürich und Bern) feststellen; im Ruhrgebiet lagen Rosa und Lichtblau wesentlich höher als in München, Oberbayern, Salzburg und Baden-Württemberg. Ultramarin erreichte in Baden-Württemberg die höchste Wertung, in München-Oberbayern und Salzburg die niedrigste. Violett erhielt im Ruhrgebiet die geringste Zahl, Rot in München-Oberbayern die relativ höchste. Dunkelbraun liegt in der Schweiz und dann noch in Baden-Württemberg deutlich über dem Durchschnitt, Eisblau dagegen im Ruhrgebiet. Oliv hat in München-Oberbayern seinen Höhepunkt (ebenso Grau), wogegen Lichtgrün wiederum (wie so viele Pastellfarben!) das Ruhrgebiet auszeichnet.

Auch für diese Tatbestände hat Frieling [Mensch, Farbe, Raum, S. 12] eine Erklärung bereit: »Warum wird eine mattgrüne Packung in den Städten Süddeutschlands mehr gekauft als eine kräftig grüne, die dafür wieder von der Industriebevölkerung des Nordwestens bevorzugt wird? Warum werden kräftig rote Packungen auf dem Lande in Süddeutschland orangeroten vorgezogen? Das alles hängt jeweils entscheidend mit der Stimmung der landschaftlich dominierenden Farben und mit der inneren Vorstellungswelt der Menschen zusammen. In einer industriearmen, waldreichen Gegend z.B. wird man dem Grün nicht als Sehender gegenüberstehen, weil man es als Erfüllung immer um sich hat; der unter Tage Arbeitende aber wird sich stets sehr nach frischem Grün sehnen und es daher auch erregender finden als einer, dem es zur Selbstverständlichkeit geworden oder dem es gleichsam in Fleisch und Blut übergegangen ist.« Auf eine solch einfache Erklärung sollte man sich im Marketing besser nicht verlassen. In der ökonomischen Realität wird eine Farbe nämlich immer im Zusammenhang mit einer Funktion gesehen. Deshalb ist es unmöglich, die Lieblingsfarbe oder allgemeine Regionalpräferenzen auf konkrete Produktentscheidungen zu beziehen.

Segmentbezogene Farbvorlieben ohne Finalbezug Geschlecht, Alter und Einkommen (Schicht) sind die Ur-Segmentierungskriterien. Typologien (z.B. Innovationsbereitschaft, Geschmack, Einstellungen usw.) machten in den 80er Jahren Furore. Neuere Segmentierungskriterien wie Geschmackswelten, Milieus, Szenen usw. sorgen für die Entdeckung immer engerer Marktlücken. Insbesondere für die Ur-Segmentierungen wurden Farbpräferenzen ohne Finalbezug herausgearbeitet.

13 bis 14 Jahre

■	Rot	männl. 14 %	weibl. 15 %
■	Ultramarin	männl. 15 %	weibl. 11 %
■	Grün	männl. 12 %	weibl. 10 %
■	Purpurviolett	männl. 6 %	weibl. 9 %

15 bis 16 Jahre

■	Ultramarinblau	männl. 14 %	weibl. 13 %
■	Rot	männl. 14 %	weibl. 12 %
■	Grün	männl. 12 %	weibl. 8 %
■	Gelb	männl. 7 %	weibl. 8 %

17 bis 19 Jahre

■	Ultramarinblau	männl. 12 %	weibl. 15 %
■	Rot	männl. 12 %	weibl. 12 %
■	Blau	männl. 6 %	weibl. 8 %
■	Grün	männl. 8 %	weibl. 6 %

Sozialkriterien Geschlecht und Alter und ihre jeweiligen Farbpräferenzen

Für Einkommenspyramiden existieren keine Farbpräferenzen, wohl aber zum neutralen Aspekt Schicht. Da Schicht nichts anderes als die Verbindung von Ausbildung, Beruf und Einkommen nach einem Punkteraster ist, kann man eine direkte Korrelation zwischen Einkommen und Schicht herstellen. Hier einige Ergebnisse aus der Literatur [Frieling, Becker/Flaig, Venn]: Die oberen Schichten verhalten sich nicht einheitlich in den Farbvorlieben. Wir können hier die »Funktionalisten« und die »Aufwandsorientierten« unterscheiden. Die Funktionalisten wollen ihre Bildung, ihr Wissen mit in die Farbentscheidung einbringen. Sie legen Wert auf Farben mit überlegten Gebrauchswerten (z.B. Weiß, Blau, Grau). Die Funktionalisten kennen die einfachen Gesetze der Farbharmonien (Kontraste), sie wollen keine üblichen Schemata, sondern intelligente, überlegte Farbvorschläge. Die Farben der breiten Massen (zzt. Braun und Grün) lehnen sie ab.

Ganz anders sind die aufwandsorientierten oberen Schichten zu beurteilen. Sie wollen ihren erworbenen Reichtum auch optisch ausdrücken. Man verlangt einmalige, einzigartige, sichtbar wertvolle Farben. Gold, Bronze, Messing und die satten und schweren, würdevollen Farben sind gerade richtig. Die klassischen Farben wie Königsblau, Pompejanisch-Rot (in etwa Rubin) können ihren Reichtum angemessen in Szene setzen. Die mittleren Schichten wollen eigentlich modisch »up to date« sein, jedoch sie trauen sich nicht, einen mutigen Farbschritt zu tun. So bleiben sie in engen Wahlmöglichkeiten wie Braun, Beige und Grün verhaftet.

Den Pastellfarben (Magnolie, Krokus, Vanille) stehen sie etwas ratlos gegenüber – man weiß diese Farben nicht so recht zu kombinieren. Also bleibt man bei Ton-in-Ton-Kreationen, und diese bieten sich eben besonders im Braun- und Grün-Bereich. Die für die unteren Schichten nötigen Anpassungsmechanismen haben auch in den Einrichtungs- und Kaufvorlieben dazu geführt, dass diese eine große Scheu vor jeglicher ästhetischer Innovation haben. Zudem hat die mangelnde Auseinandersetzung mit Gestaltfragen zu einem Rückzug auf traditionelle Einrichtungsmuster (so genannte Sofakissen-Parade) geführt. Jeder Neuerung stehen diese Schichten indifferent gegenüber. Wegen des engen Verkehrskreises in unteren Schichten ist die soziale Kontrolle recht ausgeprägt. Man bevorzugt einen namenlosen Mischstil, der geprägt ist von den Reklame-Stereotypen der Kauf- und Versandhäuser, der Baumärkte und Großlager. Den luxuriösen Ausstellungen des Handels stehen Unterschichten eher ratlos gegenüber (Schwellenangst). Neben der geringen Preisbewilligungsbereitschaft ist eine sehr begrenzte Farbvorliebe anzutreffen, die insbesondere der Gelb-Braun-Bereich sowie abgedunkelte Grüntöne umfasst. Deutliche Ablehnung der Farbe Weiß ist anzutreffen.

Wenn man diese Ausführungen mit den aktuellen Angeboten bei Textilien, Lacken, Teppichen usw. vergleicht, ergeben sich erhebliche Zweifel, ob diese Aussagen jemals richtig waren. Heute werden keine singulären Einzelfarben für Zielgruppen-Segmente mehr angeboten, sondern immer Farbwelten. Diese sind in der Regel so allgemein formuliert (Gefühlswelten), dass sie schichtübergreifend sind. Wir zeigen einige Beispiele:

Farbwelten für Wand- und Deckenfarben (Dulux)

Farbvorlieben: Individuelle ohne Finalbezug   Der bekannteste farbpsychologische Test ist der **Lüscher-Test**. Er arbeitet mit acht Grundfarben. Diese müssen in der Reihenfolge der individuellen Beliebtheit angeordnet werden. Das ist alles! Oder auch nicht?

		1. und 2. Stelle	3. und 4. Stelle	5. und 6. Stelle	7. und 8. Stelle
Farben mit positiver Grundbedeutung	Blau	Streben nach Harmonie	Zustand der Zufriedenheit	unmittelbarer Wunsch nach Harmonie	verdrängter Wunsch nach Harmonie
	Rot	Wunsch nach Aktivität	aktive Lebensphase	unterdrückte Aktivität, Lustlosigkeit	Ablehnung jeder Aktivität
	Grün	Wunsch nach Selbstbehauptung	erreichte Selbstbehauptung	Notwendigkeit, sich anzupassen	unerwünschte Abhängigkeit = Gegenteil zur Selbstbehauptung
	Gelb	Wunsch nach optimistischem Lebensgefühl	erreichtes optimistisches Lebensgefühl	Notwendigkeit, Enttäuschungen auszuweichen	Angst vor Enttäuschung
Farben mit negativer Grundbedeutung	Schwarz	Ablehnung aller Werte, Aggressionen	Egoistische Anspruchshaltung	Bereitschaft zur Anpassung	Ablehnung aller Aggressionen, Akzeptanz der Normen
	Violett	starke Ichbezogenheit	Empfindlichkeit	Empfindlichkeit im privaten Bereich (z.B. Ehe)	Unerfüllbare Ideale
	Braun	Wunsch zur Erfüllung körperlicher Bedürfnisse	Empfindsamkeit für alles Körperliche	richtiges Verhältnis zur Körperlichkeit	Abhängigkeit, Ablehnung aller Körperlichkeit
	Grau	Abschirmung gegenüber anderen	normales Verhältnis zu anderen	Bereitschaft zum Kontakt mit anderen	starke Bereitschaft zum Kontakt mit anderen

Der Lüscher-Farbtest und seine Auswertung in synoptischer Form

Die Frage der Lieblingsfarben lässt sich für Verkaufsgespräche sehr gut nutzen. Die Antwort sollte man jedoch nicht psychologisch, sondern ästhetisch interpretieren und damit in einen generelleren Bezug bringen. In Kapitel 9 haben wir gezeigt, welche Farben zu Farbwelten verdichtet werden können. Beratungskompetenz ist bei der Verkaufsinteraktion dann zu erreichen, wenn man aus Basis- und Akzentfarben auf Gefühlswelten schließt und damit Finalbezüge erstellt. Übrigens: Es geht nicht darum, z.B. ganze Räume in der Wunschkoloration auszustatten, sondern es werden wenige Schlüsseldetails in der Lieblingskoloristik gestaltet. Abschlüsse, Sockel, Blenden usw. reichen als Detail, um der Lieblingsfarbe zu entsprechen. Mit diesem Prozess gelingt es, finalbezuglose Farben in einen Funktionsbezug zu bringen.

Farbvorlieben: Kulturbezogene mit generellem Finalbezug Es ist immer wieder versucht worden, spezifische deutsche Farbpräferenzen für den Wohnbereich herauszuarbeiten. Weder bei Wohn- noch bei Küchenmöbeln ist das je gelungen. Die Farbzyklen wurden immer von speziellen Materialpräferenzen durchbrochen. Da aber »Material« (z.B. Esche, Nussbaum usw.) nicht als Farbe interpretiert werden darf, ergaben sich immer wenig aussagefähige Mischabläufe, wie folgendes Beispiel der Farbpräferenzen im Wohnbereich zeigt:

1972 – starkbunte Farben, Vielfarbigkeit
ab 1974 – Abdunkelung der Farben, dunkle Hölzer
ab 1976 – Erdfarben, insbes. Brauntöne, tiefe Beiztöne
ab 1979 – Aufhellung der Farben, helle naturhafte Farben, Beige, gebrochenes Weiß, Eiche hell
ab 1981 – Tendenz zu reinem Weiß, Eiche gekälkt
ab 1984 – unbunte Farben (Reinweiß, Grau, Anthrazit, Schwarz)
ab 1988 – unbunte Farben in Kombination mit starkbunten Farben
ab 1991 – Violettnuancen und Zunahme starkbunter Farben, neue Hölzer

Es gibt jedoch mindestens einen Bereich, der sich kulturbezogen jeweils eigenständig und homogen entwickelt hat: das Bad. Wir schildern deshalb diese interessanten Entwicklungszüge, weil sie sich zur Generalisierung eignen. Wenn man verstehen will, warum 95 Prozent der verkauften Sanitärkeramik weiß ist, muss man die Geschichte der Badfarben bemühen. Um 1900 boten die damals führenden englischen Royal Doulton Potteries drei Farben an: Pure white, Light green tint und French grey. Das »Pure white« war ein Weiß mit leicht gelblichem Schimmer, weil man keine reinweißen Glasurpigmente zur Verfügung hatte. Das aufgehellte (tint) Grün hatte wenig Charme und die dritte Farbe war ein blasses bläuliches Grau. Eigentlich waren alle drei angebotenen Farben zarte Pastelle, wobei »Pure white« auch pastellig ausfiel, weil es einen cremigen Charakter hatte.

50 Jahre später: Nach einem langen Krieg versuchte man einen farbigen Neuanfang. Während in der Wohnung die bunten Grundfarben nebeneinander gesetzt wurden (Farbe-an-sich-Kontrast), zogen ins Bad und auch in die Küche nun die echten Pastellfarben ein. Wer es sich leisten konnte, kaufte Rosa, Hellblau oder Hellgelb – alles echte Pastellfarben. Luxus im Bad wurde dadurch inszeniert, dass man die rosafarbene Sanitärkeramik mit hochglänzenden schwarzen Fliesen kombinierte – die Beseitigung der Kalkablagerungengenen überließ man der Zugehfrau. Die meisten Bäder waren indes nach dem Minimumschema eingerichtet: 4,5 Quadratmeter weiße Keramik und die Wände in resedagrünem Ölanstrich.

In den 70er Jahren wurden die Sanitärfarben noch intensiver, und vor allem Zwischenfarben wurden gerne gekauft: Flieder, Anemone, Beige usw. Schon jetzt ist eine gewisse Logik der Farbabfolge zu erkennen: zarte Pastelle, echte Pastelle der Grundfarben, kräftige Pastelle der Grund- und auch der Zwischenfarben.Bis 1975 wurde die Farbgebung weiter intensiviert. Echtbunte Farben wie Amarant (Rubinrot), Oasis (tiefes Grün), Curry, Sorrento (kräftiges Ultramarinblau) usw. wurden entwickelt und mit gleichfarbigen Fliesen und Accessoires (insbesondere Badteppichen!) angeboten.

Ende der 70er Jahre hatten die bunten Farben im Bad einen Marktanteil von mehr als 60 Prozent. In Anzeigen der Bauträger wurde damals bei Kaufeigentum mit dem Hinweis auf »farbige Sanitärkeramik« geworben. Heute dagegen fehlt in den meisten Anzeigen nicht der Hinweis auf »reinweiße Bäder«!

Doch der Umbruch war schon Ende der 70er Jahre vorgezeichnet: Das reine Weiß holte unaufhaltsam auf. Die bunten Farben büßten Marktanteile ein. Auch mit neuen mittelwertigen Farben (Mento, Aloa und Luxor) sowie den Whisper-Farben (d.h. den mitteltönigen Pastelle) ließ sich der Siegeszug des »modernen Weiß« nicht mehr stoppen. Bei den Sanitärfarben scheint also die Zyklusthese [vgl. Kapitel 10] in etwa zuzutreffen. Von den zartesten Farben hin zu den echtbunten Nuancen und — wieder zurück.

Es gibt im Bereich Verkehr eine weitere interessante Entwicklungslinie. Die Zulassungsstatistik für Automobile liefert Hinweise zu der Farbvorliebe bei PKWs. Wir zitieren hier die Ergebnisse aus der FAZ vom 31. Oktober 1995 [S. 3, »Welche Couleur ist dieses Jahr gefragt?«]. Wie man diese jedoch in aktive Farbpolitik umsetzt, ist damit nicht zu beantworten. »Blaue Töne lagen lange auf einem stabilen mittleren Niveau. Seit 1989 stieg die Nachfrage jedoch schlagartig auf über 26 Prozent, mit zunehmender Tendenz. Besonders Käufer von Mittelklassewagen schätzen diesen Farbton; interessant ist, dass die Nachfrage eher von Frauen und stärker aus den neuen Bundesländern kommt. Grüne Töne haben ihren Marktanteil in den vergangenen Jahren auf 10 Prozent verdoppelt und konnten so wieder ihren Stand von 1984 erreichen. Viele kleine Personenwagen haben dieses Segment gestärkt, neben den Modellen der Mittel- und Oberklasse. Grün ist weiter im Aufwind.

Graue Töne erlebten 1988 einen Boom mit einem Anteil von 35 Prozent an allen Personenwagen-Neuzulassungen, sind dann stark auf das niedrige Niveau der frühen 80er Jahre gefallen. Besonders Männer tragen zur Nachfrage bei. Der Trend ist kurzfristig weiter fallend, wird sich jedoch mittelfristig um 10 Prozent einpendeln.

Braune Töne liegen schon seit Mitte der 80er Jahre gleichbleibend unter 5 Prozent und werden auch nicht deutlich im Absatz steigen. Die Nachfrage geht eher von Männern und von den alten Bundesländern aus.

Schwarz lag noch 1984 unter 5 Prozent. 1990 hatte diese Karosseriefarbe mit knapp 15 Prozent ihren Höhepunkt und bröckelt jetzt langsam wieder ab. Vor allem in den alten Bundesländern trifft dieser Farbton noch auf Nachfrage.

Weiße Töne hatten 1987 mit rund 22 Prozent ihren Spitzenanteil erreicht, sind jetzt jedoch wieder auf knapp über 10 Prozent gefallen. Eher Männer wählen diesen Farbton, und er wird in der Prognose als gleich bleibend eingestuft.

Gelbe Töne sind aus der aktuellen Mode kaum wegzudenken. Als Autofarbe werden sie allerdings ihr Postauto-Image nur schwer los. In den vergangenen 15 Jahren lag der Marktanteil auf dem niedrigsten Niveau, um 1 Prozent. Jetzt lässt sich ein leichter Anstieg besonders für sportliche Personenwagen und kleine City-Autos erkennen. Die Nachfrage geht dabei aber von Männern aus.

Rote Töne sieht man sehr oft bei sportlichen und modischen Wagen der Mittelklasse. 1991 liefen 28 Prozent aller neuen Autos in dieser Farbe vom Band. Der Trend ist jedoch fallend in Richtung 20 Prozent. Vor allem Frauen aus den neuen Bundesländern schätzen diese Farbe.«

Segmentbezogene Farbvorlieben mit generellem Finalbezug Während Farbvorlieben nach Altersstaffel und Geschlecht erhoben werden, begannen Mitte der 80er Jahre Marktforschungsinstitute dezidierte Untersuchungen zum Wohn- und Einrichtungsverhalten. Diese Forschungen haben in Deutschland Tradition. Ende der 50er Jahre legte Silbermann die viel beachtete Studie »Vom Wohnen der Deutschen« vor. Leider sind hier nur Geschmackswelten (diese auch noch ohne eine Thematisierung) erhoben worden. Auch die vielzitierte Sinus-Studie (Wohnwelten in Deutschland) ist zwar reich an Geschmacksthemen, aber die Kolorits wurden nicht beschrieben.

Aufgespannt zwischen den Kriterien »soziale Lage« und »Geschmacksorientierung« (bei Sinus Wertewandel genannt) wurden acht soziale Gruppen ausgemacht. Diese verhalten sich aufgrund von Lebenszielen, Gesellschaftsbild, Lebensstil usw. homogen und grenzen sich trotz angedeuteter »Überlappungspotenziale« noch relativ signifikant zu anderen Gruppen ab. Interessant hierbei ist, dass die Dokumentation dieser Milieus durch Farbfotos geschieht.

Soziale Lage

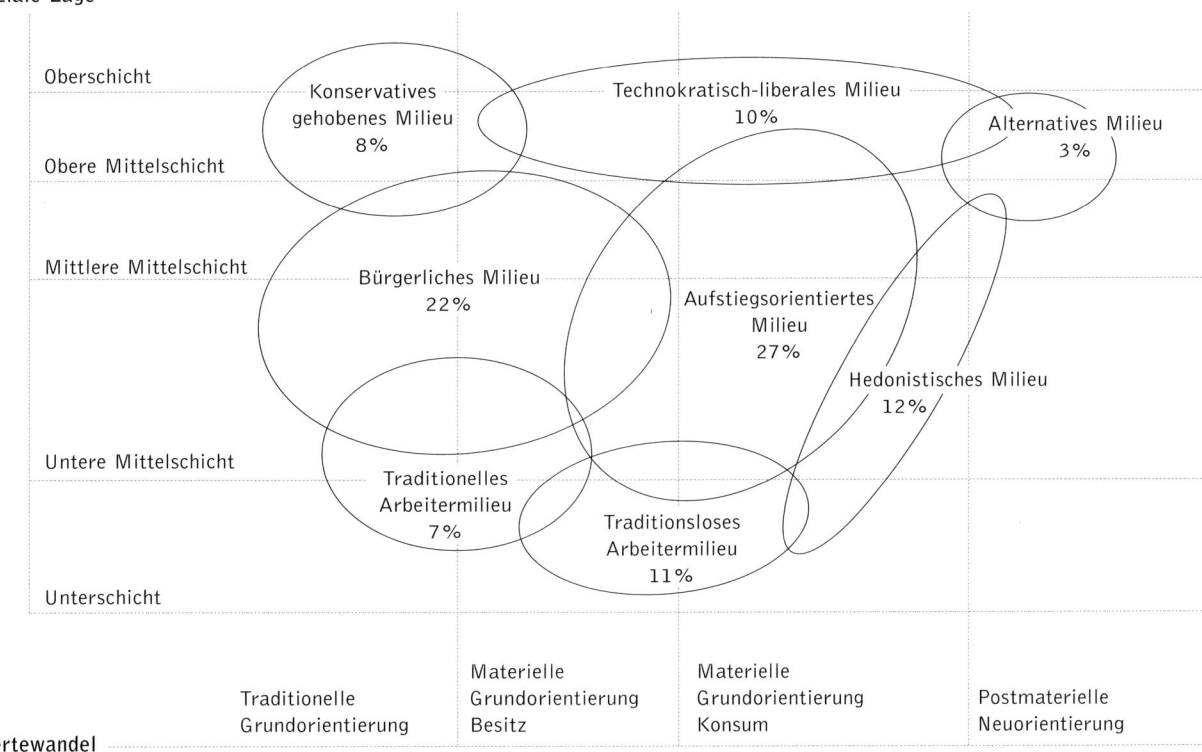

Oberschicht

Konservatives
gehobenes Milieu
8%

Technokratisch-liberales Milieu
10%

Alternatives Milieu
3%

Obere Mittelschicht

Mittlere Mittelschicht

Bürgerliches Milieu
22%

Aufstiegsorientiertes
Milieu
27%

Hedonistisches Milieu
12%

Untere Mittelschicht

Traditionelles
Arbeitermilieu
7%

Traditionsloses
Arbeitermilieu
11%

Unterschicht

Traditionelle
Grundorientierung

Materielle
Grundorientierung
Besitz

Materielle
Grundorientierung
Konsum

Postmaterielle
Neuorientierung

Wertewandel

Soziale Milieus und Farbe:

Soziale Stellung und Grundorientierung

Venn hat versucht, so genannte Signalbilder zu den Milieus zu entwickeln. Durch die Methode der teilnehmenden Beobachtung sind wir 1988 zu folgenden Ergebnissen gekommen:

- Das Signalbild »Traditionsloses Arbeitermilieu«: Beige und Beigegrau sind die Hauptfarben, die Akzente werden von Rot, Blau, Hellbeige und Braun gesetzt. Die grafische Dynamik ist verhalten; klein gemustert – von fast ängstlicher Bewegungsintensität. Die Wunschvorstellungen sind auf Sachwerte reduziert. Bargeld, Lotto und Toto sind die einzigen Möglichkeiten zu einer noch besseren Welt, die am Palmenstrand und bei Mickymaus endet.

- Das Signalbild »Traditionelles Arbeitermilieu«: Der Sieger ist er, in seiner Umgebung zwischen Fernseher, Olympiade und Kegelausflug. Die dessinierten Signale sind stark längs- und querbetont – sie sind einfach und verständlich. Die Lieblingsfarben sind Beige, Grau, Braun und Rot, die Akzente sind klares Blau, Orange, Grün und Hellbeige-Töne. Die Frau liebt blumige Muster.

- Das Signalbild »Bürgerliches Milieu«: Braun, Grau, Beige und mit Abstrich Grün sind des Bürgers Lieblingsfarben. Als dekorative Tupfer erlaubt er sich noch ein kräftiges Weinrot, Rosé, Blau, Hellgrau, Messing und Hellbeige. Karos in differenzierten Spannungsstufen beschreiben seine grafische Motorik: Der Ausgleich von oben nach unten, von links nach rechts ist gewahrt. Die dessinatorische Gestaltung reicht vom stilisierten Streublümchen bis zu schweren Brokatmusterungen. Die Sehnsucht nach Geborgenheit, historischen Marktplätzen, Renaissancefassaden und Dirndl ist genauso groß wie die nach Sonnenuntergang auf einer Kreuzfahrt in die Karibik.

- Das Signalbild »Aufstiegsorientiertes Milieu«: Aufsteigende und auch abfallende Balken und Linien im Fischgrät-Versatz sind die symbolischen, diabolischen Zeichen des mühsamen Weges »klassischer Aufsteiger«. Stahlblau, ein kräftiges Rosé – ein Beige – (noch Reminiszenz und Begleiter zum Aufstieg) sind die Leittöne; Eisgrün, Karminrot, Königsblau sind die Farben des entstandenen Wertgefühls und neuen Lebensgefühls. Blumige, rankende Muster sind Erinnerungen und Rudimente der Vergangenheit. Die Welt ist voll von Neuem: Abenteuer, Ferne, japanischer Geländewagen, Longdrinks und gelegentlich die FAZ.

Traditionsloses Arbeitermilieu

Traditionelles Arbeitermilieu

Bürgerliches Milieu

Aufstiegsorientiertes Milieu

Hier die ausgewählten Originalbilder aus der ersten Sinus-Veröffentlichung

- Das Signalbild »**Konservativ-gehobenes Milieu**«: Eine starke, horizontale, elegant gegliederte grafische Grundrichtung gefestigt durch einen mächtigen, vertikal verlaufenden Pfeiler beschreibt die gleichsam festgezurrte konservative Grundhaltung des »Konservativen«. Die Haupttöne sind tief und kräftig und kostbar, so das Ultramarinblau, das Bordeaux, die Nebentöne wertvoll auch in ihrem pastelligen Bereich: Rost, Gold, Rot, Türkis und Hellgrau, Creme und Lichtrosé. Zurückhaltende Eleganz und Sinn für Wert und Stil sind weitere Gestaltungsmerkmale.

- Das Signalbild »**Technokratisch-liberales Milieu**«: Optimismus, Fortschritt, Sinn für das Machbare; kaum geschmackliche Unsicherheiten stehen für die Farbvorlieben von Grau und Gelb mit den Nebentönen Violett, Blau, Rot, Schwarz und Graublau. Die von links unten nach rechts oben verlaufenden Linien signalisieren Erfolg auf einer soliden Plattform. Rundbögen, die über verfremdeten Städtelandschaften stehen, zeigen den Sinn und die Bereitschaft zu Harmonie und Geborgenheit.

- Das Signalbild »**Alternatives Milieu**«: Nicht zu aufregend, nicht zu dekorativ ist die formale Geschmacksstruktur der Nonkonformisten. Negativ- und Positivdarstellungen sind Sinnbild des harmonischen Ausgleichs. Ein rotes Creme, ein kühles Grün, begleitet von Ultramarin, Wolkengrau, Anthrazit, Rötlich-Blau, Karmin und Birkengrün beschreiben ihre Farbwelt. Klare Musterungen bis zu abstrakten floralen Zeichnungen passen zu dieser Welt. Die Technik ist auf Kleinwagen und eine Vespa reduziert.

- Das Signalbild »**Hedonistisches Milieu**«: Die Hedonisten sind jene, die genießen, Lust und Spaß als ihren einzigen wichtigen Lebensinhalt erachten. Das Leben spiegelt sich wider in kleinen lustbetonten fieberkurvenartig verlaufenden Wellen. Die Farben sind Rosé, Rot und Ultramarin. Die Akzentfarben lauten: Schwarz, Purpur, Türkis und Platin. Memphis-Zeichnungen und lockere Schraffurbewegungen sind wie schicke Sportcoupés und die sich im glänzenden Blech spiegelnde Statue of Liberty als Zeichen von Freiheit, Schnelligkeit und Schnelllebigkeit.

Es ist von Möbel-, Textil- und Teppichherstellern bis in die 80er Jahre hinein versucht worden, mit Hilfe dieser segmentspezifischen Farbvorlieben Wettbewerbsvorteile zu erreichen. Alle Versuche sind mehr oder weniger gescheitert. Es gibt keine veröffentlichten Erfolgsmeldungen.

Konservativ gehobenes Milieu

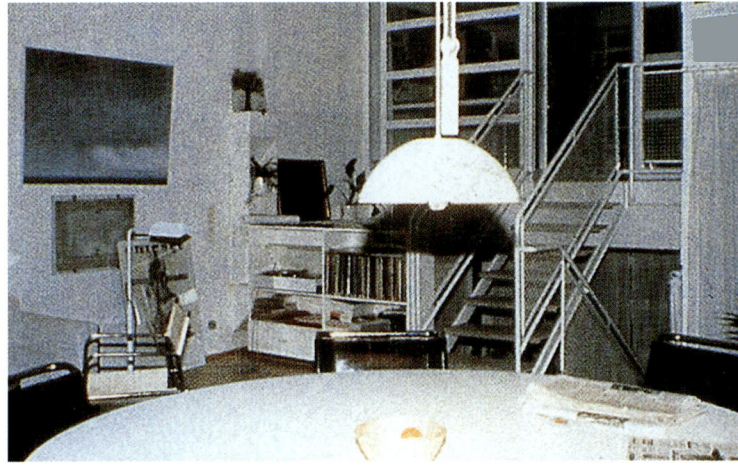

Technokratisch-liberales Milieu

Alternatives Milieu

Hedonistisches Milieu

Erlebniswelten und Farbe Ein größerer Erfolg war (und ist) der so genannten Erlebnisweltenforschung zu attestieren. »Erlebnisse« auf die Freizeitgesellschaft bezogen und auf Zielgruppen angewendet zu haben, ist ein Verdienst von Schulze [vgl. G. Schulze, Die Erlebnisgesellschaft, Frankfurt/New York 1992]. Ohne näher die Entstehung der Erlebniswelten zu charakterisieren, sei darauf verwiesen, dass zwischen den demographischen Kriterien »Alter« und »Bildungsniveau« (das korreliert direkt mit Status) folgende »Erlebnismilieus« positioniert werden können: Diese gut überschaubaren Erlebniswelten lassen sich nun nach alltagsästhetischen Merkmalen ausdifferenzieren, wobei besonders die bevorzugten Farbkombinationen zum Tragen kommen.

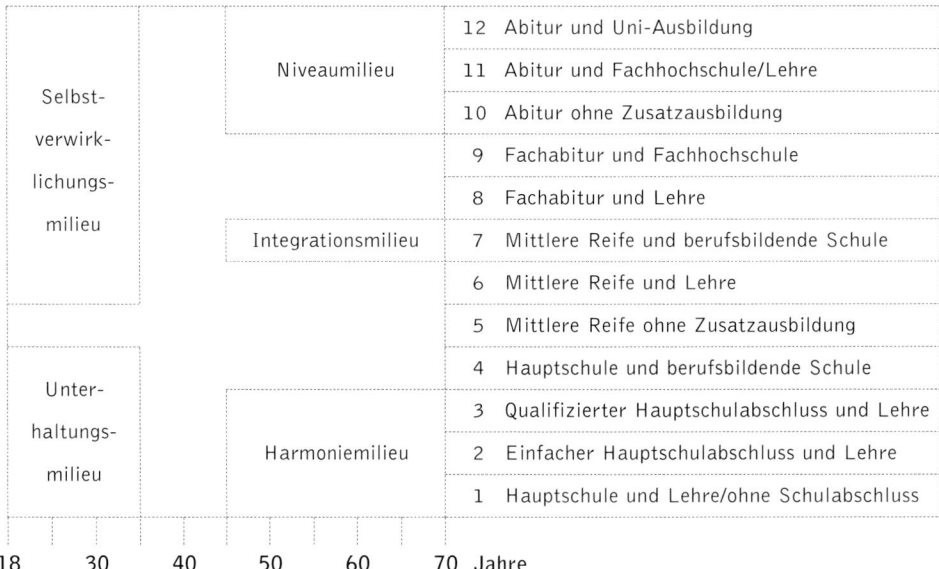

Bildung

	Niveaumilieu	12 Abitur und Uni-Ausbildung
		11 Abitur und Fachhochschule/Lehre
		10 Abitur ohne Zusatzausbildung
Selbstverwirklichungsmilieu		9 Fachabitur und Fachhochschule
		8 Fachabitur und Lehre
	Integrationsmilieu	7 Mittlere Reife und berufsbildende Schule
		6 Mittlere Reife und Lehre
		5 Mittlere Reife ohne Zusatzausbildung
		4 Hauptschule und berufsbildende Schule
Unterhaltungsmilieu		3 Qualifizierter Hauptschulabschluss und Lehre
	Harmoniemilieu	2 Einfacher Hauptschulabschluss und Lehre
		1 Hauptschule und Lehre/ohne Schulabschluss

Alter   18   30   40   50   60   70 Jahre

Erlebnismilieus nach Schulze

Das Unterhaltungsmilieu (Mächtigkeit 25%) Zur Einstimmung in dieses junge und vom Bildungsniveau her durchschnittliche Milieu dient folgende Themencollage: Im Unterhaltungsmilieu ist der Anteil der Singles besonders hoch und man wohnt üblicherweise zur Miete. Die finanzielle Situation liegt unter dem statistischen Durchschnitt. In diesem Milieu findet man ein Ambiente besonders schön, wenn es kontrastreich, neu und überraschend ist. Optische Stimulation und die Vermeidung von Langeweile sind die zentralen Motive bei jeder Art von Einrichtung. Sampling mit Zier- und Quatschformen (Design) ist zentrale Einrichtungsinszenierung. Da man immer auf der Suche nach Modischem ist und Gag-Design hoch im Kurs steht, sind die Gefühlswelten (neu, überraschend, schockierend) zentrales Dekorationskonstrukt. Von den Gestaltungsmitteln sind Farben, Material-Mix und Junk-Bezüge zentral.

Das Selbstverwirklichungsmilieu (Mächtigkeit 15%) Im jungen und vom Bildungsniveau her gehobenen Milieu (Selbstverwirklichungsmilieu) ist der Familienstand ziemlich ausgeglichen – Kinder sind eher selten. Ein großer Teil besitzt Wohnungseigentum – die finanzielle Situation ist gehoben und sicher. In diesem Milieu findet man ein Ambiente besonders schön, wenn man einige eigene Ideen perfekt inszenieren kann. Man nimmt sich die Freiheit, Räume unterschiedlich einzurichten und zu integrieren. So kommt es zu Aktion und Besinnlichkeit. Man geht relativ frei mit Wohnstilen um und interpretiert diese nach eigenem Gusto. Selbstreflexion und Selbstbestimmung sind fundamentaler Bestandteil des Einrichtungsmotivs. Sampling auf hohem Niveau ist das Formalziel. Die Produktqualität muss stimmen, daher greift man auf Werk- und Reißformen zurück. Zierformen dürfen nur »Àtout«-Charakter haben. Da man auf der Suche nach unabhängiger (nicht fremdbestimmter) Einrichtung ist, sind Katalogvorschläge der Hersteller dieser Zielgruppe ein Graus. Ausgehend von einer eigenen Zielvorstellung werden Themenwelten realisiert, die formal und inhaltlich überzeugen. Klassisches Design wird in einen modernen Rahmen gebracht – da haben vordergründige Gestaltungsmittel wie Farben keinen hohen Stellenwert.

»Unterhaltungsmilieu«   »Selbstverwirklichungsmilieu«

Das Integrationsmilieu (Mächtigkeit 15%)   Milieu mittleren Alters und mit mittlerem Bildungsniveau: Im Integrationsmilieu ist die Zahl der Ehepaare mit Kindern besonders groß. Man wohnt oft in den eigenen vier Wänden, die finanzielle Situation ist gesichert – aber nicht besonders üppig. In diesem Milieu findet man ein Ambiente besonders schön, wenn es praktisch, gut durchdacht und nicht auffallend ist. Gute Lösungen werden gerne übernommen.

Man mag keine exzentrischen Entwürfe und auffallenden Optiken. Auf Entwurfs- und Ausführungsqualität wird jedoch verstärkt geachtet. Man verfolgt eine Einrichtung zwischen Sampling und Stilisierung, die wir Composing nennen. Damit ist gemeint, dass »Gutes« aus dem näheren Verkehrskreis gern übernommen wird. Das Design kann zwischen Reiß- und Werkformen schwanken – Zierformen sind verpönt. Man ist auf der Suche nach dem guten Normalen und Fairen. Extravagantes wird eher skeptisch betrachtet – Schlichtes ist attraktiver. Farben werden sparsam eingesetzt (Unbunt-Vorlieben), Materialien müssen durabel sein.

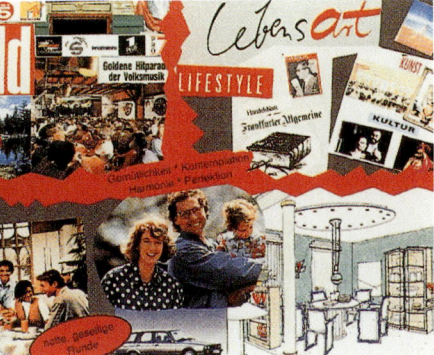

»Integrationsmilieu«   »Harmoniemilieu«   »Niveaumilieu«

Das Harmoniemilieu (Mächtigkeit 33%) Älteres und von der Bildung her eher durchschnittliches Milieu: Im Harmoniemilieu ist man stolz auf eine lange erfolgreiche Ehe und auf die Kinder, die es zu etwas gebracht haben. Die finanzielle Situation ist gesichert (Eigenheim), man liegt mit dem disponiblen Einkommen erheblich über dem statistischen Durchschnitt.

Im Harmoniemilieu findet man das Leben schön, wenn man zu Hause Geborgenheit und Gemütlichkeit erleben kann (Cocooning pur!). Zu einer Wohnung gehört das Festhalten an den gekauften Werten; das Althergebrachte hat allein dadurch Charakter, dass es die Zeit überdauert hat. Modernistische Tendenzen lehnt man ab – alles muss einen passenden Stil haben.

Stilisierung ist ein ganz wichtiges Thema. Die Stile sind jedoch nicht experimentell, sondern überliefert. Es geht um eine Stilmetamorphose zwischen Nostalgie, bürgerlicher Tradition, konventioneller Gemütlichkeit und Rustikalität. Nicht Themenreinheit, sondern Themenbreite ist wichtiges Normalitätskriterium. Beim Design geht es um Zierformen mit Traditionsbezug. Natürlich sind die Wohnwelten in diesem Milieu reine Gefühlswelten – ein dogmatisches Thema oder ein klassisches Design ist weniger bedeutsam in diesen geordneten Verhältnissen.

Ein einfaches
integriertes Milieu-
Konstrukt am
Beispiel von Vitra

Integrationsmilieu

Niveaumilieu

Erlebnismilieu

Niveaumilieu (Mächtigkeit 12%) Älteres Milieu mit hohem Bildungsprofil: Im Niveaumilieu ist der »Bund der Ehe« ein hohes Gut. Eventuell wohnen noch die Kinder – während des Studiums – zu Hause. Ansonsten gibt man sich frei einem kulturverpflichteten Leben hin. In diesem Milieu findet man das Ambiente schön, wenn man perfekt und kultiviert seiner Rolle als Gastgeber nachkommen kann. Das Raumdesign ist wohl durchdacht und komponiert.

Ein überlegter Stil, der konservativ an traditionellen Werten ausgerichtet sein kann, aber auch ein begrenzt moderner sein darf (vgl. die Bauhaus-Ideen), ist ein Muss. Die gewählten Themenwelten werden stringent durchgehalten; nirgendwo ist Raum für Primitivität, Kitsch oder Unüberlegtheit. Beim Design sind nur »überlegene« Formen erlaubt: Zweckformen, Werkformen, Reißformen - keine Zierformen oder Teak-Müll. Da man auf der Suche nach den kulturellen Werten ist, stehen die Themenwelten hoch im Kurs. Die Ausschmückung mit Mustern (Ornamenten) ist genauso wichtig wie die Suche nach neuen Strukturen und Texturen.

Zugegeben, diese Zielgruppenpositionierung ist noch relativ abstrakt – sie hat jedoch im Vergleich zu den Sinus-Milieus mehr Substanz und ist von den Aussagen her greifbarer. Zur Verdeutlichung der Aussagen zeigen wir drei Collagen (Vitra), die sich auf die referierten Aussagen zum Ambiente von Zielgruppen beziehen.

Farbpräferenzen für einzelne Produkte in Europa Rückblickend (ex post) lassen sich natürlich Farbvorlieben für Einzelprodukte aus der Verkaufsstatistik isolieren. Diese Zahlen sind nicht uninteressant, geben sie doch ein Gefühl für spezifische kulturbezogene Farbvorlieben. Wir zeigen hier an zwei Beispielen aus dem Teppichmarkt (getrennt nach privat und geschäftlich) die kulturspezifischen Farbvorlieben. Kreative Farbpolitik setzt jedoch zukünftige Farbentwicklungen voraus. Hierzu genügt es nicht mehr, Statistiken heranzuziehen. Auch hier heißt es wieder: Scouting! Wir zeigen vier Farbcollagen, die Farbvorlieben europäischer Länder nachstellen. Die Verwendung dieser Basiskolorationen gibt für Farbentscheidungen ein hohes Maß an Sicherheit.

Mit Scouting-Ansätzen erhobene Farbpräferenzen 95/96

für ausgesuchte europäische Länder, übersetzt in Farbcollagen.

Frankreich   **England**   **Niederlande**   **Italien mit Nord-Süd-Gefälle**

3. Farbentscheidungen (Kompositionsüberlegungen der Konsumenten)

Die Farbwahl spielt heute eine viel dominierendere Rolle als noch vor wenigen Jahren. Farbe ist inzwischen das Mittel zur Individualisierung (vom Erlebnis bis zum Luxus). Leider haben sich jedoch die in Kapitel 8 beschriebenen Farbharmonien in konkreten Kaufsituationen nur schwer bestätigen lassen. Wir haben jedoch in einer groß angelegten Studie für die Firma Vorwerk zumindest für den Teppichboden empirisch »generelle Farbwahlentscheidungen« erhoben. Diese Farbwahlentscheidungen treffen beim Kauf von Textilien genauso zu wie beim Kauf von Einrichtungsgegenständen. Auch der Erwerb von Kunst (Bilderrahmen z.B.) kann so erklärt werden. Im Folgenden dokumentieren wir elf Farbwahlentscheidungen an Interieurbeispielen.

Schlüsselfarbengleiche

Warum ist das Sortiment an Bilderrahmenleisten so ausgeufert? Noch in den 60er Jahren gab es überwiegend Silber- und Goldrahmen in den verschiedensten Stilrichtungen. Heute ist fast jeder Farbton im Angebot. Der Grund ist die Schlüsselfarbengleiche. Heute sucht man in der Regel einen Farbton des Bildes aus und überträgt diesen auf den Rahmen. Daher müssen tatsächlich so viele Farbnuancen angeboten werden. Auch bei Kaufentscheidungen im Einrichtungsbereich steht die Suche nach genau einer Farbe, die aus dem vorhandenen Kolorit abgeleitet wird, im Mittelpunkt der Farbentscheidung. Die Kunden wählen und vergleichen so lange, bis die Schlüsselfarbe wirklich gefunden worden ist.

Additionsgleiche

Wir haben schon darauf hingewiesen, dass der Begriff Ton-in-Ton die Modulation einer Grundfarbe verlangt. Sucht man z.B. die gleiche Schuhfarbe zum Kleid oder den Lippenstift passend zum Gürtel, ist das eine Additionsgleiche und keine Ton-in-Ton-Harmonie. Hinter dieser Farbgleiche steht ein Harmoniemotiv, welches man »erzwungene Gleichfarbigkeit« nennt. Die Käufer wollen mit der Additionsgleiche ihre besondere Geschmackssicherheit und vor allem ihre bewusste Initiative bei der Farbwahl ausdrücken.

**Schlüsselfarbengleiche:
Die Farbe des Stuhls
übertragen auf das
Colorit des Sideboards**

Additionsgleiche als Inszenierung
ist in allen Bereichen anzutreffen
[aus: SPIEGEL Nr. 33, 1995].

Unempfindlichkeitswahl   Die funktionale Entscheidung für eine Farbe, die Schmutz nicht sichtbar werden lässt, hat etwas mit den Tarnfarben zu tun. Da es unterschiedliche Schmutzarten gibt, müsste es eigentlich auch unterschiedliche Unempfindlichkeitsreihen geben. Nach unseren qualitativen Untersuchungen scheint es sich so zu verhalten, dass die meisten Käufer eine »Prototypik der Unempfindlichkeit« im Bewusstsein haben. Wir stellen hier die von uns erhobene »Unempfindlichkeitsreihe« kurz vor:

- Beige (mittlere Braunnuancen als Melange und kleingemustert und helles Braun in Uni-Kolorationen)
- Grau (alle mittleren Graunuancen als Melange und kleingemustert, auch Unis)
- Grün (neutrale Grüntöne)
- Rot (insbesondere Rostnuancen)
- Blau (je zarter, umso empfindlicher)
- Weiß (Cremenuancen vermindern die Empfindlichkeit)

Diese Reihe gilt natürlich insbesondere für Interieur vom Teppich bis zum Bezugsstoff.

Ton-in-Ton-Harmonien

Ton-in-Ton-Entscheidung   Jede »bunte Farbe« kann als Ausgangspunkt für »Ton-in-Ton-Entscheidungen« herangezogen werden. Meistens werden jedoch Beige, Grün und Blau Ton-in-Ton kombiniert. Bei der Schlüsselfarbengleiche geht es darum, dass ein Farbton möglichst genau getroffen wird. Bei der Ton-in-Ton-Entscheidung müssen mehrere Farbnuancen vorliegen, die sich dann in eine Farbreihe einzufügen haben. Die Entscheidung hängt davon ab, ob die Farbnuance passt und ob die Hell-Dunkel-Werte getroffen werden.

Zur Bestimmung von Farbe und Nuancierung sind mehrere Muster unverzichtbar – nur so gelingt eine ästhetisch abgesicherte Ton-in-Ton-Harmonie. Bei dieser Harmonieentscheidung ist der Boden meist von mittlerer Koloration. Die Bezüge der Polstermöbel sind dunkler (Kontrast!), die Dekoration (Vorhänge usw.) sind heller (Raumwirkung).

Trendentscheidung   Der Wunsch, bewusst gegen Normen und gewohnte Kolorationen zu verstoßen, findet sich bei vielen Singles. Man ist auf der Suche nach »modernen«, schicken, andersartigen Farben und Farbeinstellungen, weiß jedoch den »Grad der Modernität«, das »Maß der Andersartigkeit« nicht zu artikulieren. Viele Farben und vor allem Muster »beweisen« jedoch ihre Trendqualität nicht singulär, sondern erst im Vergleich mit tradierten, bewährten Angeboten.

Querschnittsharmonien   Bei den Ton-in-Ton-Harmonien wird eine Farbe moduliert, d.h. man bleibt bei der Farbentscheidung »in der Nuance«. Bei den Querschnittsharmonien wird die Farbintensität (in der Sprache der Farbmetrik die Sättigung) gleichgehalten, und man greift dabei auf unterschiedliche Farbtöne zurück. Ein Beispiel zur

Illustration: Zu den Wänden in »leichtem« Beige sucht man einen Teppich in »leichtem« Grün oder Blau oder zartem Pink. Querschnittsharmonien beziehen sich fast immer auf lichte, leichte Nuancen. Diese sind jedoch dann in ihrer Intensität genau zu bewerten und verlangen daher die Unterstützung durch Farb-Muster.

Aktualisierungsentscheidung

Eigentlich – man hat sich ja so daran gewöhnt – ist den meisten Käufern die »alte« Koloration »am liebsten«. Wenn also – aus welchen Erwägungen auch immer – eine neue Farbentscheidung ansteht, wird manchmal nicht die »Auswechselgleiche«, sondern ein Substrat gewünscht. Ein Produkt, welches dem gewohnten Ambiente noch ähnlich, jedoch etwas moderner, gefälliger oder zeitgemäßer ist.

Diese Aktualisierungsentscheidung kommt einer Evolution und keiner Revolution gleich. Es geht um Renovierung im Sinne von Erneuerung und nicht um Umbruch, hier greift das Prinzip der »feinen Unterschiede«. Aktualisierung verlangt also auch den Vergleich, damit aus der gewünschten Nuance nicht eine völlig andere Farbrichtung wird.

Sozialer Vergleich

Beim Kauf liegt bisweilen auch ein funktionaler Ersatzbedarf zugrunde. Darüber hinaus greift immer mehr der Kaufgrund der psychologischen Opuleszenz. Obwohl das Produkt »eigentlich noch gut« ist, will man ein anderes, weil man neue Farben, Muster oder Texturen gesehen hat. Die visuelle Anregung stammt aus dem Verkehrskreis, den Printmedien (z.B. den Wohnzeitschriften). Aber auch die elektronischen Medien prägen den Mehrheitsgeschmack immer stärker. Das Problem dieser Entscheidung liegt oft darin, dass man Muster benötigt, um die visuelle Anregung auch real zu überprüfen.

Farbempfindungen als Entscheidung (Farbemotionen)   Immer mehr Kunden kommen mit konkreten Farbvorstellungen in den Kaufprozess: Schlüsselfarben, Auswechselfarben, Ton-in-Ton-Basisfarben, Trendfarben, Visuabilitätsfarben. Einige Käufer haben jedoch noch keine präzise Farbnuance im Blick, sondern eine Farbempfindung. (Farbempfindungen haben wir in Kapitel 5 und 8 ausführlich beschrieben.) Dies können sein:

- hell versus dunkel
- kühl versus warm
- frisch versus gedämpft
- neutral versus dominant
- geborgen versus erhaben
- usw.

Mit nur wenigen Farbmustern kann man die Farbempfindungen sehr gut nachstellen und die Kontraste demonstrieren.

Farbphysiologische Entscheidung   Im Gegensatz zu Farbempfindungen, die an Begriffe wie »warm« und »kalt« geknüpft sind, tragen physiologische Farbentscheidungen so genannten Farbwirkungen Rechnung. Man kann durch geeignete Farbwahl Räume vergrößern oder verkleinern, verkürzen, verlängern oder verbreitern. Man kann Richtungen vorgeben oder Barrieren einziehen.

Für Privatkäufer spielt meist der psychologische Raumgewinn eine Rolle. Alle kühlen Pastellfarben vergrößern Räume, alle warmen verhüllten Farben verkleinern. Auch Figur-Grund-Beziehungen gehören hierher. Man wählt eine Teppichfarbe (Grund) bewusst so aus, dass die Möbel (Figur) besonders gut zur Wirkung kommen. Muster belegen in jedem Falle diese theoretischen Bezüge.

Gesamtharmonien   Innenarchitekten und Farbberater erstellen Materialcollagen, um die Gesamtwirkung von Farben zu dokumentieren. Diese Gesamtharmonien basieren in der Regel auf Farbwelten, Erlebniswelten, Begriffswelten usw. [vgl. dazu Kapitel 9].

Akzentuierung und Ranking der Wahlentscheidung   Man kann für die Farbwahl-
entscheidung ein Wichtigkeitsranking vornehmen. Hier das empirische Ergebnis für den
Interieur-Bereich:

Ranking der Farbwahlentscheidungen
Platz 1: Schlüsselfarbengleiche
Platz 2: Ton-in-Ton-Entscheidung
Platz 3: Querschnittsharmonien
Platz 4: Trendentscheidungen

Mittlere Wichtigkeit
- Gesamtthema
- Unempfindlichkeitsüberlegungen
- Farbemotionen
- Aktualisierung

Geringere Wichtigkeit
- sozialer Vergleich
- Farbphysiologie
- Additionsgleiche

Zusammenfassung   Traditionelle Farbsymbole verlieren immer mehr an Bedeutung.
Trotzdem versucht man immer wieder aufs Neue mit Farben »Zeichen zu setzen« (vgl.
Schwarz in der Bekleidung!). Spannend könnte es sein, verlässliche Ergebnisse zu den
Farbpräferenzen von Zielgruppen zu erlangen. Verlässlich sind nur wenige Megabezüge
[vgl. Schulze, Erlebnisgesellschaft]. Farbentscheidungen sind immer Kollektionsentschei-
dungen; wie bedeutsam die Schlüsselfarbengleiche dabei ist, haben wir herausgearbeitet.

Mit Farbentwürfen erfolgreich sein

Erfolgreiche Farbentwürfe benötigen gleich zwei Engpassfaktoren: Zeit und Wissen.

Deshalb lehnen Sie grundsätzlich alle Farbaufträge ab, die – mal eben – von Ihnen

eingefordert werden. Ich habe es kürzlich bitter bereut, als mich ein »alter« Kunde um

einige schnelle Ausführungen zum Thema »Farbe und Farbwirkungen für die Küche«

gebeten hat.

Die Recherche habe ich geliefert – der Kunde ist mittlerweile insolvent. Hätte man

seriös geforscht, die Studie hätte drei Monate gedauert und die unseriöse Auftrags-

basis wäre deutlich geworden. Besonders Firmen in schwierigen Situationen – das

ist die Konsequenz – benutzen das Gestaltungsmittel Farbe gerne als Rettungsanker.

Wir wählen hier bewusst den expressiven Begriff »Marketing«, um zu verdeutlichen, dass Farbgestaltung ein echtes Teilgebiet des Dienstleistungsmarketings oder des kreativen Produktmarketings ist. Farbmarketing kann sich auf die Corporate Factors (von der Architektur bis zum Corporate Design) beziehen, die Humanbezüge (Arbeitsfelder der Mitarbeiter) tangieren oder aber als Instrument des Absatzmarketings fungieren (Produktpolitik, Verpackungsgestaltung usw.). Farbmarketing kann dabei unternehmensintern als Serviceabteilung installiert werden (vgl. die Automobilindustrie) oder als Dienstleistung zugekauft werden.

In allen Fällen geht es darum, mit den vorgelegten Farbvorschlägen positive Resonanz auszulösen. In der Literatur zum Design finden sich einige Hinweise zur Farbgestaltung. Maier [S. 638] stellt so genannte Leitsätze zur Farbgebung heraus; Bitsch [S. 3] versucht es spezieller mit Funktionen der Farbe. Um den neuesten Stand des Farbmarketings zu markieren, berichten wir auch über Prinzipien und Prozeduren (Phasenabfolgen), die bei der Farbentwicklung zu befolgen sind.

(1) Leitsätze zum Farbmarketing   Die Leitsätze nach Maier wollen wir hier nur als Kontrastierungsprogramm zitieren. Sie dokumentieren krause Theorieansätze und naive vorwissenschaftliche Implikationen:

- »Starke Farbkontraste (Komplementärfarben) sind im Allgemeinen bei technischen Geräten zu vermeiden. Sie sind nur erforderlich bei hohem und besonderem Informationswert.
- Bei der Farbauswahl sind Umwelt (Kontraste, andere Farben, Farbtonveränderungen durch Kunstlicht, Anm. d. Verf.) und Beleuchtung auch im Hinblick auf die Simultanwirkungen besonders zu beachten.
- Bei Farbzusammenstellungen muss der Assoziationswert einer Farbe (z.B. Nähe/Ferne) in Betracht gezogen werden, um nicht unerwünschte Erscheinungen hervorzurufen und eine gewünschte Ordnung zu zerstören.
- Je größer eine Fläche ist, desto weniger Intensität (Reinheit) wird benötigt, um eine Farbe wahrnehmbar zu machen.

- Farbkontraste sollen auch in Abhängigkeit von ihrer Wirkungszeit gewählt werden, d.h. für lange Wirkungszeiten (tägliche Umgebung, Arbeitsräume, Arbeitsmittel) ruhige, getrübte (aber helle) Farben anwenden, für kurze Wirkungszeiten sind kräftigere Kontraste zulässig.
- Jede übertriebene Effekthascherei aus modischen oder werbetechnischen Gründen ist zu vermeiden, da sie den Verschleiß technischer Geräte fördert.«

Trotzdem gibt es einige Leitsätze zum Farbmarketing:

- Systembezug: Alle Farbvorschläge müssen aus einer logischen Farbordnung heraus entwickelt werden (RAL, NCS, Munsell usw.). Jede Eigenmischung sollte aus Gründen der anschließenden Farbdefinition vermieden werden (obwohl eine farbspektrographische Messung nachträglich natürlich möglich ist!). Außerdem haben diese Eigenfarben ein intendiertes Problem: Es fehlen Farbgruppen und vor allen Dingen Farbfamilien.
- Verwortung: Alle herausgearbeiteten Einzelfarben, Farbkombinationen oder Paletten müssen aus kommunikativen Überlegungen heraus einen Namen bekommen. In Kapitel 2 haben wir ausführlich die Möglichkeiten der Verwortung vorgestellt. Besonders die assoziativen Begriffe helfen weiter - von technologischem und farbtheoretischem Wortmaterial ist abzuraten. Machen Sie sich besondere Mühe bei den Metallfarben: Nicht alle kühlen Metallfarben sind »Silber«, da gibt es viel Auswahlspielraum zwischen Platin und Chrom.
- Kontextbezug: Die Farbe »an sich« ist völlig bedeutungslos – ein Auftraggeber muss sich vorstellen können, wie die kreative Leistung zustande kam. Es gibt nur zwei Möglichkeiten der Farbentwicklung:
- Entweder man entwickelt Farben nach bestimmten Prinzipien (siehe unten: Prinzipien des Farbmarketings), indem man auf bewährte Regeln oder Richtlinien zurückgreift,
- oder man ordnet die gewählten Farbentscheidungen ein in einen gedanklichen Bezugsrahmen. Es geht dabei um ein prozessuales Konzept, welches wir ebenfalls darstellen.

(2) Funktionen des Farbmarketings Bitsch weist auf die »Aufgaben« hin, die Farben bei industriell hergestellten Produkten zu erfüllen haben. Hier ist die Farbgebung dann ein Mittel, einen bestimmten vorgegebenen Zweck zu erfüllen.

Funktionen der Farbe bei Industrieprodukten

Farbe als Mittel der Unternehmensidentität

Farbe als Mittel der Verdeutlichung von Gebrauchsfunktionen

Farbe als Mittel der Anmutungsgestaltung

Farbe als Mittel der Sicherheitsfunktionen

Farbe als Mittel ästhetischer Funktionen

Farbe als Mittel der Intensivierung von Formwirkung

Man erkennt, dass Bitsch Designer ist, seine Funktionen kreisen bis auf die CI-Farben alle um das Produkt. Bezieht man die Aufgaben der Farbgestaltung jedoch auf das Umfeld oder den Markt, erhält man abstraktere Funktionen (Marketingfunktionen). Diese lassen sich wie folgt gruppieren:

Wettbewerbsfunktion der Farbe Hier geht es darum, die Farbpolitik zur Differenzierung von Konkurrenzangeboten einzusetzen. Man versucht, einen hohen Grad an Alleinstellung zu erreichen. Diese Abhebung vom Wettbewerb ist immer positiv zu bewerten, sie darf aber nicht die eigenen CI-Grenzen sprengen. Der gewachsene Identitätshorizont darf durch farbpolitische Strategien nicht überschritten werden, weil es sonst zu kognitiven Dissonanzen im kommunikativen Umfeld kommt.

Die avantgardistische Konkurrenzdifferenzierung durch das eingesetzte Gestaltungsmittel Farbe findet also seine natürliche Begrenzung durch das gewachsene Unternehmensimage. Versuche mit »trendigen« Farbpaletten sind bei »soliden« Herstellern bisher wenig erfolgreich gewesen.

Zielgruppenfunktion der Farbe Allen Farbaktivitäten ist zu Eigen, dass es immer bestimmte Personen geben muss, denen diese Farbe »gefällt«. Sie müssen Resonanz erzeugen! Farbpolitik hat die latenten oder evidenten Farbvorlieben von Zielgruppen zu berücksichtigen. Dabei ist es gleichgültig, ob es um demographische (Alter, Geschlecht, Einkommen usw.) oder soziographische (Geschmack, Distinktion, Werte usw.) Merkmale geht. Bei den Zielgruppenüberlegungen kann man natürlich die »Farbzumutung«, d.h. die zeitliche Bedeutsamwerdung des Farbanspruchs unterschiedlich stark auswerten. Wie weit man dabei (theoretisch) gehen darf, hat Loewy [Häßlichkeit verkauft sich schlecht, S. 238] eindrucksvoll herausgearbeitet.

Er zeigt, dass es eine MAYA-Schwelle gibt (Most-Advanced-Yet-Acceptable), die nicht überschritten werden darf. Für Farben heißt das eindeutig, die Schockzone muss vermieden werden. Wir zitieren hier einmal ausführlich Loewy: »Der Käufer wird bei seiner Wahl von zwei einander entgegengesetzten Gesichtspunkten beeinflußt: a) von der Anziehung durch das Neue und b) vom Widerstand gegen das Ungewohnte. ›Die Menschen sind für alles Neue sehr aufgeschlossen, solange es genau so aussieht wie das Alte.‹ Wenn der Widerstand gegen das Ungewohnte die kritische Zone berührt und Kaufunlust einsetzt, hat das fragliche Erzeugnis die MAYA-Schwelle erreicht, an der es so neuartig wie möglich gestaltet ist und doch noch gekauft wird.«

Trendfunktion der Farbe Die Trendorientierung der Farbe weist darauf hin, dass es mit den Methoden der Farbforschung [vgl. Kapitel 10: Farbtrends] möglich ist, Farbtrends frühzeitig zu erkennen und merkantil zu nutzen. Leider ergibt sich hier ein Problem. Es geht darum, zwischen »reiner Spekulation« und »schwachen Signalen« zu unterscheiden. Viele Farbberater meinen, aus der Intuition heraus »zu wissen«, wie sich die Farblandschaft darstellt. Das ist unwissenschaftlich, problematisch und strategisch unklug. Es geht darum, für Trendaussagen oder -schätzungen »schwachsignalorientierte Informationen« bereitzustellen.

Schwache Signale sind »Hinweise auf Diskontinuitäten, Innovationen und veränderte Bedürfnisse, die bisher noch keine allzu breite Diffusion erfahren haben und die bislang überhaupt nicht oder recht unvollkommen und inauthentisch artikuliert sind« [Kienzle,

S. 113]. Es geht also darum, diese schwachen Signale aufzunehmen, zu artikulieren und zu interpretieren, damit diese überhaupt von weniger sensiblen Personen (z.B. Entscheidern) erkannt werden. Die Trendfunktion kann nur ausgefüllt werden, indem man für schwachsignalisierte Informationen sorgt. Leider geschieht das oft durch unstrukturiertes Anmuten, Fühlen oder wildes Denken. Machen Sie sich auf zu einer sensitiven Expedition: Schwachen Signalen muss man zum Durchbruch verhelfen!

(3) Prinzipien des Farbmarketings Erlauben Sie einen Hinweis: Momentan richtet die Bundesregierung eine Ethikkommission ein, die Prinzipien für die embryonale Forschung erarbeiten soll. Prinzipien scheinen also notwendig als generelle Richtschnur, als Leitgedanken für die Grundwertediskussion. Wir haben gerade die so genannte postmoderne Phase der Wissenschaft generell hinter uns. Das Motto des »anything goes« scheint sich auszuleben. Wir benötigen wohl doch Regeln oder Normen, vielleicht auch nur Hilfsgrößen, an die wir uns halten können.

Die Farbgestaltung scheint eine ähnliche Entwicklung hinter sich zu haben: von der Theorie geleiteten (modernen) über die postmoderne zur prinzipiellen Farbkomposition. Da die Prinzipien der Farbentwicklung nicht immer gut verfügbar sind, haben wir diese in diesem Buch zusammengetragen und rekapitulieren sie jetzt noch einmal. Als gesichert gelten folgende Gruppen von Prinzipien:
- physiologische Prinzipien
- psychologische Prinzipien
- ästhetische Prinzipien
- symbolische Prinzipien
- semantische Prinzipien

Darüber hinaus müssen wir uns mit einem Phänomen der postmodernen Farbgebung auseinander setzen: dem Prinzip der unmöglichen Farbgebung. Hier geht es darum, Gestaltungsansätze nach den Regeln der Faszination, also nach der Anwendung des Appetenz-/Aversions-Konfliktes zu realisieren.

1. Prinzipien der Physiologie   In Kapitel 4 haben wir entsprechend den vier Dimensionen der Sensorik (Zeit-, Rand-, Qualitäts- und Intensitätsdimension) die Leistungsprinzipien des menschlichen Auges herausgestellt. Wir wollen hier nochmals zusammenfassen, auf welche Gestaltungshinweise für farbpolitische Entscheidungen man dabei abheben kann:

- Berücksichtigung des Simultankontrastes (z.B. bei grafischer Gestaltung, Messebau usw.)
- Beachtung der Lesefreundlichkeit bezogen auf die Erkennbarkeit (Werbegestaltung, Grafik usw.)
- Bezugnahme auf Sukzessivkontrast (Vermeidung von Sehverminderung: Farbergonomie)
- Unterscheidung von Flächen-, Oberflächen- und Raumfarben (flächige Farbgestaltung in Architektur und Raumdesign)
- Beachtung der Probleme der Randgradienten (z.B. bei Teppichen)
- Farbe und Beleuchtung: Prinzipien der Metamerie und des Normlichtabgleichs
- Beachtung der Farbdifferenzierung unter dem Aspekt Recall und Recognition
- Prinzipien der Eindrucks-, Empfindungs- und Wirkungsentsprechung
- Befolgung der Bewusstseinsstufen der Aktualgenese
- Beachtung der Farbempfindungen aus dem Bereich der Sinnesmannigfaltigkeit (z.B. Haptik: eckig versus rund usw.)
- Arbeit mit Polaritätenprofilen und Farbclusterung

2. Prinzipien der Psychologie   In Kapitel 5 wurden die wichtigsten Merkmale von menschlichem Erleben und Verhalten bezogen auf Farben zusammengetragen. Folgende Leitsätze oder Anknüpfungspunkte sind bedeutsam:

- Berücksichtigung des im kollektiven Unbewussten verankerten Farbarchetyps
- Steuerung der Farbwirkungen durch allgemeine und sinnesbezogene Assoziationen
- Verstärkung der Produktversprechen durch Synästhesien; besonders wichtig bei Geschmack, Geruch und Haptik
- Beachtung der Zusammenhänge von Form und Farbe unter synästhetischen Gesichtspunkten
- Farbanmutungen als schichtspezifisches Kommunikations- und emotionales Element
- Beachtung der Farbcharaktere

3. Prinzipien der Ästhetik

- Verdeutlichung von Farbkompositionen mit Hilfe mechanistischer Harmoniekonzepte: Goethe, Plochere, Itten, Albers
- Entwicklung von Harmonien nach ästhetischen Prinzipien: Kontrast, Versöhnung, Klarheit, ästhetische Mitte, Schwelle, Assoziation oder Stimmung
- Kompositionsanlage entsprechend der Itten'schen Kontrastlehre
- Orientierung am Konzept der Farbfamilien
- Beachtung der bekanntesten Kompositionskenntnisse: Ton-in-Ton, Nachbarschaftsfarben, Schlüsselfarbengleiche
- Arbeit mit Eindrucks-, Empfindungs- und Wirkungskontrasten
- Entwicklung von Farbwelten: Gefühls-, Geschmacks-, Themenwelten
- Beachtung der Ergebnisse der Farbarchäologie: Geschmacksweltenforschung

4. Prinzipien der symbolischen/semantischen Farbentwicklung

Wir haben in unterschiedlichen Kapiteln über Farbsymbolik berichtet. In Kapitel 4 wurden die semantischen, d.h. zeichenhaften und metaphysischen Symbole erörtert. In Kapitel 10 haben wir die überlieferten Symbole kulturkreisabhängig beschrieben. Exportbezogen ist diese Thematik von entscheidender Bedeutung.

- Beachtung der zeichenhaften Bedeutung von Farben: Gefahr, Sicherheit, Aufmerksamkeit in funktionalen Zusammenhängen (z.B. Norm)
- Die metaphorischen Symbole wie Trauer, Hoffnung usw. sind immer noch im Unbewussten aktiv und bedeutsam.
- Regionale, kulturkreisabhängige Farbsymbolik ist zwar von der Bedeutung her rückläufig – gehört als Hinweis jedoch in jede Farbanalyse.

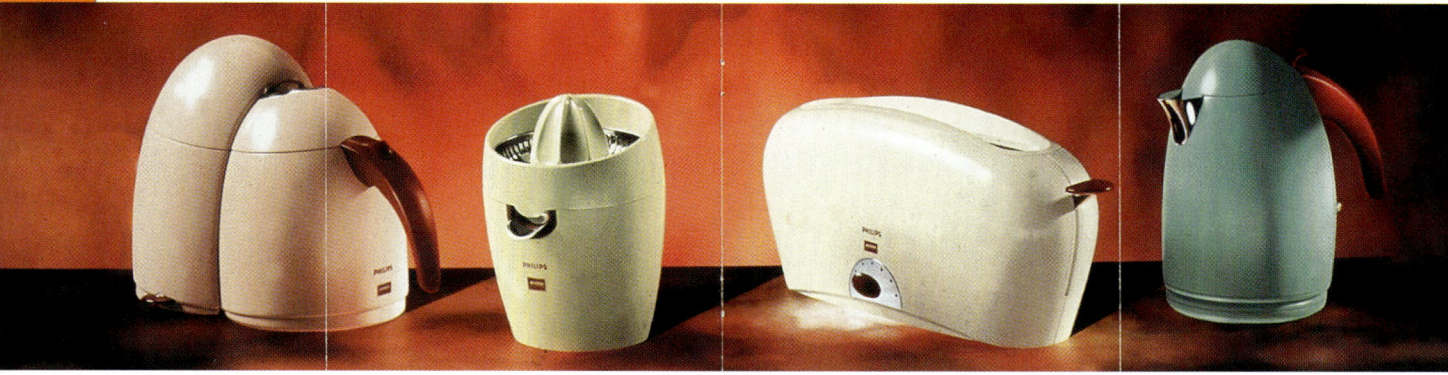

Philips und Alessi haben mit großem Erfolg das Prinzip der unmöglichen Farbgebung bei Elektrokleingeräten eingesetzt.

5. Das Prinzip der »unmöglichen« Farbgebung Es gibt die Möglichkeit, sich »bewusst« über alle Leitideen, Funktionen und Prinzipien hinwegzusetzen. Diese Negierung darf aber nicht aus Unkenntnis geschehen, sondern aus psychologischem Kalkül. In diesem Zusammenhang wird immer wieder das Beispiel »Milka« zitiert: In den 30er Jahren waren alle Schokoladenverpackungen in Brauntöne gehalten, manche mit Gold, manche mit Rot, andere mit Blau appliziert. Die »völlig unmögliche« Farbgebung mit Pastellviolett geht auf Domitzlaf (sein Buch »Die Gewinnung des öffentlichen Vertrauens« revolutionierte die Markenpolitik) zurück. Über den Erfolg dieser Farbgebung brauchen wir nicht länger zu diskutieren.

Es gibt ein psychologisches Prinzip der Faszination. Faszination heißt »Behexung« oder »Für-sich-Einnehmen« ohne dass die angesprochene Person um ihre Beeinflussung weiß. Als Mittel (Methode) hierzu verwendet man den Appetenz-/Aversions-Konflikt. Von einer Farbgebung/Koloration fühlt man sich gleichzeitig angezogen (Appetenz ... toll) und abgestoßen (Aversion ... Quatsch). Genau diese ambivalente Wirkung ist gewollt, weil sie diese Faszinationsfacetten entstehen lässt. Faszinative Farbgestaltung setzt sich daher bewusst über alle Regeln, Ziele, Strategien usw. hinweg und arbeitet mit dem Unmöglichkeitsparadigma. Die Entscheidungsträger zu finden, die diesem Prinzip folgen, sind selten: Akzeptanztests und Trendshops versagen bekanntlich bei Faszinationsstrategien. Trotzdem ... versuchen sollte man es immer wieder.

(4) Prozeduren des Farbmarketings Im allgemeinen Marketing haben sich phasenorientierte Modelle zur Problemlösung bewährt. Sie zerlegen ein Problem in Teilprobleme, die lösbar sind, und aggregieren diese aufeinander aufbauenden Ergebnisse zu einem Endergebnis.

Natürlich kann man an diesem Vorgehen Kritik üben: Übersummativität nicht bedacht, Eingrenzung des Problemfeldes usw. Bedenken Sie jedoch: Die Ökonomen wenden diese Prozedur permanent an – damit verstehen sie auch kreative Lösungsansätze, die eigentlich intuitiv ablaufen, besser.

Das phasenorientierte Farbmarketing beginnt mit einer konkreten (z.B. Entwicklung einer CI-Farbe aufgrund des Firmenimage) oder einer offenen unkonkretisierten (z.B. Modernisierung der Kollektion X) Aufgabe. Bei der konkreten Entwicklung wird man auf die Prinzipien des Farbmarketings zurückgreifen. Es wird überprüft, welche psychologischen und physiologischen Regeln herangezogen werden können. Natürlich spielt die individuelle Intuition eine (die!) große Rolle – sie wird aber immer durch die Prinzipienhinzuziehung logisch und empirisch untermauert. Liegt nur ein unkonkreter Auftrag vor, müssen die Methoden der Trendforschung [vgl. Kapitel 10: Farbtrends] eingesetzt werden. Welche das im einzelnen Fall sind, von der Delphi-Befragung bis zum Scanning, kann nicht generalisierend beantwortet werden. Auf jeden Fall hängt die Methode aber vom Auftragsumfang ab - ein preiswerter Relaunch verbietet jede Delphi-Ambition.

Eine ganz wichtige Aufgabe ist die zusammenfassende Darstellung, die Definition und Interpretation Ihrer Recherche. Sie müssen eindeutig darstellen, wie Sie zu den Ergebnissen gekommen sind. Bitte machen Sie von allen Möglichkeiten der Visualisierung Gebrauch: Polarkoordinaten, Matrizen, Morphologien, Differenziale usw.

Aus diesem vorliegenden Report (der Beschreibung der Ausgangsbasis für Farbentwicklungen) können Sie nun deduktiv Ihre Farbvorschläge ableiten oder aber induktiv Farbwelten erzeugen. Im ersten Fall (z.B. CI-Farbenentwicklung) werden Sie Farbzusammenstellungen in Form von Paletten, Spektren, Kompositionen oder Farbbildern vorlegen. Zur Erklärung dieser wichtigen Hilfsmittel haben wir auf den nächsten Seiten Beispiele dargestellt.

Farbpaletten sind aneinander gereihte gleich
große Farbmuster. Sie eignen sich besonders
zur Bemusterung von Kollektionen usw.

Farbspektren sind aneinander gereihte ungleiche Farbmuster. Sie zeigen
die Gewichtung, die prozentuale Verteilung der ausgewählten Farben.

Farbkompositionen sind nicht linear aufgebaut. In Streifenform [vgl. Designer's Guide to Colour] oder flächenbezogen [vgl. Farbkaleidoskop] werden Farbanmutungen präsentiert. Sie eignen sich besonders zur Vorbemusterung und als Auswahlheuristik.

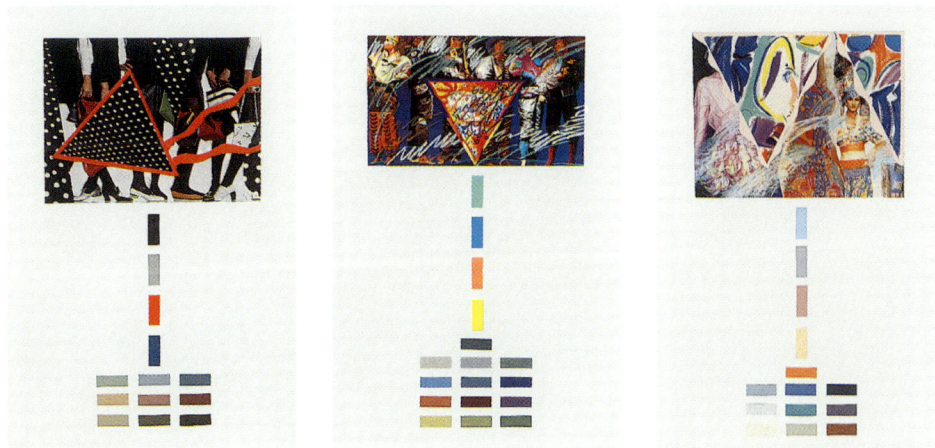

Farbbilder sind ungeometrisch als freie Formen ausgeführte Farbzusammenstellungen. Sie eignen sich besonders zur Präzisierung von Farbeindrücken und -empfindungen und erinnern schon an Collagen.

Themenbilder und -collagen und echte Collagen

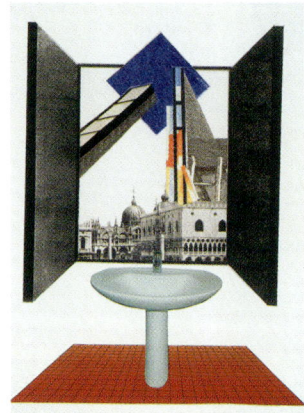

Die echte Collage besteht aus zer-
schnittenem Bildmaterial und schafft
damit räumliche Transformation.

Die Themencollage »Cool Drinks« besteht aus bearbeiteten und überlagerten
Bildern, aber schafft keine Raumwirkung.

Die echte Collage »Hot« schafft neue
Perspektiven und Bildzusammenhänge.

Das Themenbild »New Feeling« besteht aus unbearbeiteten, aneinander
gefügten Bildern.

Werden jedoch zusätzliche Schritte der Verdeutlichung der Farbwahl nötig, ist es unbedingt erforderlich, die Ergebnisse des Reports zu aggregieren. Hierzu existieren die hervorragenden Möglichkeiten der unterschiedlichen Form der Collage. Auch Mood-Charts oder Trend-Tableaus sind geeignet [vgl. Kapitel 10]. Bei der Collagetechnik gibt es mehrere Möglichkeiten [vgl. Küthe/Thun, Marketing mit Bildern]:

Aus den aggregierten Farblandschaften werden dann nach den schon beschriebenen Dekompositionsregeln Farbauszüge in Form von Paletten, Spektren usw. angefertigt. Alle Aktivitäten münden in einen Abgleichschritt, in dem die Leitsätze des Farbmarketings (von der Verwortung bis zum Systembezug) beachtet werden und eine Brücke zu den Funktionen des Farbmarketings geschlagen wird. Für die vorgeschlagenen Prozeduren ergibt sich damit ein Phasengerüst nach folgendem Muster:

konkrete Aufgaben unkonkrete Aufgaben

Anwendung der Prinzipien des Farbmarketings
Anwendung der Methoden der Trendforschung

Definition und Interpretation der Ergebnisse in Form eines »Reports«

Kompositionen
- Farbpaletten
- Farbspektren
- Farbkompositionen
- Farbbilder

Aggregationen
- Mood-Charts
- Trend-Tableaus
- Collagen

Dekompositionen
- Farbpaletten
- Farbspektren
- Farbkompositionen
- Farbbilder

Abgleich mit Funktionen des Farbmarketings
Beachtung der Leitsätze des Farbmarketings

Aggregation: die Collagen

Zweckbereich Sport (Arena)

Zweckbereich Ausstellung (Messe)

Dekomposition: die Farbpaletten

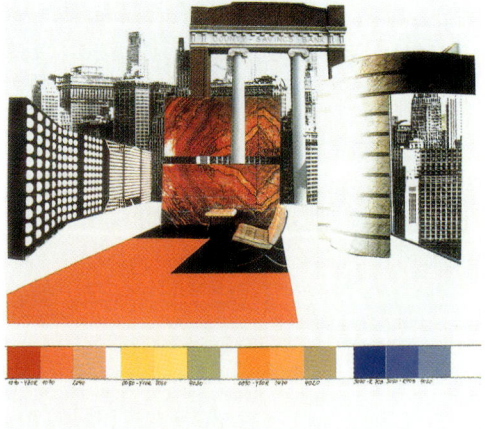

Zweckbereich Büro (mit Farbpalette)

Zweckbereich Shop (mit Farbpalette)

Abgleich: das Sortiment

Einbringung der Farben in eine komplette, geordnete Sortimentspalette

Praxisbeispiele des Farbmarketings   Wir wollen sozusagen als Beweis für die Folgerichtigkeit unserer Ausführungen einige Beispiele aus der Beratungspraxis einfügen. Die Aufgabe lautet: Entwicklung einer Teppichkollektion für den Objektbereich. Die Problemdefinition: Für die Verwendungszweckbereiche Büro, Shop, Forschung, Freizeit usw. existieren keine geeigneten Farbangebote. Aggregation: Kreation von echten Collagen für die Zweckbereiche. Dekomposition: Entwicklung von Farbpaletten aus den Collagen. Abgleich in Form von systematischen Sortimentspaletten.

Anstelle einer Schlussbemerkung   Vielleicht haben Sie es auch schon bemerkt – das klassische Marketing (Orientierung aller Unternehmensaktivitäten an den Kundenansprüchen) funktioniert nicht mehr. In Überdruss-, Freizeit-, Spaß- und Erlebnisgesellschaften weiß heute kein Käufer mehr, welche Farben er morgen kaufen will. Modernes Farbmarketing löst sich also (fast!) gänzlich vom Bedürfnisparadigma und arbeitet mit trend- und konkurrenzbezogenen Methoden. In diesem Kontext gewinnen ganzheitliche Bezüge (so genannte Welten) einen hohen Stellenwert. Im Zuge der allgemeinen Unsicherheit über Zukünftigkeiten (die richtige Ausdeutung schwacher Signale!) besinnen sich immer mehr Kreative auf das Bewährte, das Abgesicherte. Die lange verschmähten »allgemeinen Prinzipien der Farbgestaltung« gewinnen verstärkt an Bedeutung. Wir haben uns in dieser Veröffentlichung bemüht, besonders den beiden letzten Problemen (Trends und Prinzipien) größte Aufmerksamkeit zu widmen.

Literatur

Albers, J.: Interaction of Colour, Köln 1970

Albrecht H.J.: Farbe als Sprache, Köln 1974

Angus & Robertson Publishers (Hg.): Designer's Guide to Colour, Kawade Shobo 1984

Beazley, M. (Hg.): The Colour Book, London 1997

Becker, U., Flaig, B.: Wohnwelten in Deutschland 2, o. O. 1989

Berger, K.: Feng Shui, München 1998

Birren, E.: Schöpferische Farbe, Winterthur 1971

Bitsch, U.: Farbe und Industriedesign, hg. Deutsches Lackinstitut, Frankfurt o. J.

Bosch, R. (Hg.): Qualitätsfaktor Design, Stuttgart o. J.

Bruckmann, A.: Die schöne Wohnung, München 1962 (13. Auflage)

Caspers, M.: 70er – einmal Zukunft und zurück, Köln 1997

Collins, M.: Design und Postmoderne, München 1990

Copestick, J., Lloyd, M.: Wohnen mit Farbe, Berlin 1999

Dallmer, H. (Hg.): Handbuch Direktmarketing, Wiesbaden 1997 (7. Auflage)

Darmstadt, C.: Farbe in der Architektur ab 1800,
    in: Deutsche Bauzeitung 2/1987, S. 743–748

dies.: Farbenbewegungen in der Architekturgestaltung. Manuskript Bottrop 1985

dies.: Farbige Fassaden für Bürgerhäuser des Historismus und des Jugendstils
    unter heutigen Aspekten, Diss. Dortmund 1982

Favre, J.-P., November, A.: Colour and Communication, Zürich 1979

Fechner, G. Th.: Vorschule der Ästhetik, Jena 1976

Feininger, A.: Farbenlehre, Düsseldorf 1969

Fischer, V.: Design heute, München 1988

Frieling, H., Auer, X.: Mensch – Farbe – Raum, München 1961

Frieling, H.: Farbe hilft verkaufen, Göttingen 1980

ders.: Das Gesetz der Farbe, Göttingen 1968

ders.: Praktische Farbenlehre, Minden o. J.

Fuchs, W.R.: Denkmaschinen, München 1978

Gage, J.: Kulturgeschichte der Farbe, Leipzig 2001

Gekeler, H.: Handbuch der Farbe, Köln 2000

Gerritsen, F.: Entwicklung der Farbenlehre, Göttingen 1984

Gerstner, K.: Die Formen der Farben, Königstein 1986

Gladbach, M.: Archetypen von Produkten, Köln 1994

Goldstein, E.: Wahrnehmungspsychologie, Heidelberg 1997

Graff, K.: Farbe und Technik, Uelzen 1957

Graumann, J.: Verkaufserfolge durch professionelle Mailing-Aktion, München 1999

Grütter, J.K.: Ästhetik der Architektur, Stuttgart 1987

Gundelach, H., Vatsella K. (Hg.): Pfirsichblüt & Cyberblau – Goethe, Farbe, Raum, Eggingen 2000 (2. Auflage)

Hartmann, B.: NCS – Natural Colour System, hg. Institut für Farbe, Cleebronn o.J.

Hartmann, E.v.: Die deutsche Ästhetik, 2 Bde., Berlin 1886

Hauffe, T.: Schnellkurs Design, Köln 1995

Heller, E.: Wie Farben wirken, Reinbek 1989

Heller, E.: Die wahre Geschichte von allen Farben, Oldenburg 1994

Henning, H.: Der Geruch, Leipzig 1916

Hess, W.: Das Problem der Farbe, Düsseldorf 1957

Hickethier, A.: Farbenordnung Hickethier, Hannover 1952

Hofstätter, P.R.: Psychologie, Fischer-Lexikon Bd. 6, Frankfurt 1981

Holland, H.: Direktmarketing, München 1993

Horx, M., Wippermann, P.: Markenkult: Wie Marken zu Ikonen werden, Düsseldorf 1998

ders.: Das Trendbuch, Düsseldorf 1996

Institut für angewandte Marketingwissenschaft (Hg.): Die 99 besten Checklisten
 für Ihre Werbung, Landsberg/Lech 1997

Itten, J.: Der Farbstern, Ravensburg 1992

ders.: Kunst der Farbe, Ravensburg 1995 (22. Auflage)

ders.: Mein Vorkurs am Bauhaus, Ravensburg 1963

Jackson, L.: The Sixties, London 1998

Jellinek, P.: Die psychologischen Grundlagen der Parfümerie, Heidelberg 1973
 (3. Auflage)

Jung, C.G.: Die Archetypen und das kollektive Unbewusste, Solothorn 1995

Kandinsky, V.: Über das Geistige in der Kunst, Bern 1965 (8. Auflage)

Keidel, W.D. (Hg.): Physiologie, Stuttgart 1970

Knuf, J.: Unsere Welt der Farben, Köln 1988

König, R.: Soziologie, Fischer Lexikon Bd. 10, Frankfurt 1977

Koppelmann, U.: Produktmarketing, Berlin 2001 (6. Auflage)

Kornerup, A., Wanscher, J.H.: Taschenlexikon der Farben, Göttingen 1963

Küppers, H.: Farbe, München 1987 (4. Auflage)

ders.: Das Grundgesetz der Farbenlehre, Köln 1978

ders.: Harmonielehre der Farben, Köln 1989

Küthe, E.: Warenverkaufskunde für den branchengemischten Unterricht, Köln 1976

ders.: Lebensmittel anbieten und verkaufen, Bad Homburg 1982

ders.: Was Sie schon immer über Design wissen wollten, hg. Braun AG, o. O. 1986

ders.: Farbe im Bad: eine Einführung in die Farbenlehre, Ratingen 1988

ders.: Vom »Powderroom« zum Erlebnisbad, in: H. Grohe (Hg.): Badewonnen, Köln 1993

ders.: Farbtrends – mit der Zukunft Geld verdienen,
 in: Pfirsichblüt & Cyberblau, Eggingen 2000 (2. Auflage)

ders., Küthe, S.: Marketing mit Mustern, Köln 1998

ders., Thun, M.: Marketing mit Bildern, Köln 1995

Lersch, Ph.: Aufbau der Person, München 1970

Löffler, H., Scherfke, A.: Praxishandbuch Direktmarketing, Berlin 2000

Lüscher, M.: Der Lüschertest. Persönlichkeitsbeurteilung durch Farbwahl,
Reinbek 1971 (7. Auflage)

Lutz, A.: Geschmack ist erlernbar, München 1957 (2. Auflage)

Maier, B.: Industrial Design, Diss. Mannheim 1987

Martin, M.: Die Kontroverse um die Farbenlehre, Schaffhausen 1979

Marx, E.: Farbintegration und Simultankontrast, Göttingen/Zürich 1989

ders.: Die Farbkontraste, Ravensburg 1974

Matthaei, R. (Hg.): Goethes Farbenlehre, Ravensburg 1988 (2. Auflage)

McBeth – Division of Kollmorgen Corporation (Hg.): Munsell Book of Colour, 2 Bde.,
Baltimore 1976

Metzger, W.: Handbuch der Psychologie, Göttingen 1966

ders.: Gesetze des Sehens, Frankfurt 1975 (3. Auflage)

Micklei, M.: Vier-Farb Selector – Edition Euroscala Offset, Rottenburg o.J.

Morris, C.W.: Grundlagen der Zeichentheorie, Frankfurt 1988

ders.: Zeichen, Sprache und Verhalten, Frankfurt 1981

Nemcsics, A.: Farbenlehre und Farbendynamik: Theorie der farbigen Umweltplanung,
Göttingen 1994

Nöth, W.: Handbuch der Semiotik, Stuttgart 2000 (2. Auflage)

Oberascher, L.: Farbtrends: Zwischen Grau und Superbunt,
Manuskript Innsbruck o. J.

Ostwald, W.: Die Farbenlehre, 4 Bde. Leipzig 1923

Pawlik, J.; Theorie der Farbe, Köln 1984

ders.: Praxis der Farbe, Köln 1987

ders.: Goethes Farbenlehre, Köln 1988

Plochere, G.: Plochere colour system in book form.
A guide to colour and colour harmony, Los Angeles 1948

RDS: RAL-Design-System, Sankt Augustin o.J.

Rechenberg, I.: Evolutionsstrategie, Stuttgart 1973

Robert Bosch GmbH (Hg.): Vom Einfluss der Ergonomie auf das Design
von Elektrowerkzeugen, Stuttgart 1989

Pugh, J.: Bäder: Die richtige Farbe für das individuelle Bad, München 1996

Rost, W.: Emotionen, Berlin 2001 (2. Auflage)

Schultze, W.: Farbenlehre und Farbenmessung, Berlin 1975 (3. Auflage)

Schulze, G.: Die Erlebnisgesellschaft, Mainz 1999

Schwalbe, H.: Marketing-Praxis für Klein- und Mittelbetriebe, Freiburg 1993

Seufert, G.: Farbnamenlexikon von A–Z, Göttingen 1955

Skramlik, E.v.: Handbuch der Physiologie der niederen Sinne, Leipzig 1926

Sölch, R.: Die Evolution der Farben, Ravensburg 1998

Spillmann, W.: Architektur zwischen Grau und Superbunt,
in: Aktuelles Bauen 4/1981

Städtler, T.: Lexikon der Psychologie, Stuttgart 1998

Venn, A.: Colour Kaleidoscope, Overath 1997

ders.: Farbergonomie, hg. Weko, Köln o. J.

ders., Ohlhauser, G.: Farbiges Wohnen – aber wie!, Naumburg 2000

Vögele, S.: Dialogmethode, Landsberg/Lech 1996 (9. Auflage)

Weber, G.H.: Der Tastsinn und das Gemeingefühl,
in: Handwörterbuch der Psychologie, Bd. 3, Abt. 2, o. O., o. J., S. 559

Weisgerber, L.: Die Sprachliche Gestaltung der Welt, Bd. 2, Düsseldorf 1962
(3. Auflage)

Wingler, H.M.: Das Bauhaus, Bramsche/Köln 1975

Wundt, W.: Grundriss der Psychologie, Leipzig 1918 (13. Auflage)

Wyszecki, G.: Farbsysteme, Göttingen 1960

Register

Aktualgenese   **18, 78, 172, 268**

Akzentfarbe   **39, 183, 187, 204, 229f., 241, 248**

Anmutungscharaktere   **124f.**

Art Deco   **188, 195, 204f.**

Archetypische Farben   **34, 40**

Archetypik von Farben   **102f., 112**

Architekturwelten   **188**

Art Nouveau   **188, 227**

Aufbau des Auges   **65**

Blau als Charakterbild   **127**

Braun als Charakterbild   **130**

Buntstiftfarben   **82, 162f., 204**

CIE-Normfarbtafel   **31**

CMYK-System   **56**

Computerfarben   **30**

Contrasting Schemes   **160**

Differenzspektren   **64f., 98**

Dominanz-Farbe   **39**

Eindrücke   **63, 74, 77ff., 83f., 91, 95, 98, 102, 112, 119, 121f., 130, 148, 181**

Eindruckskontraste   **152, 172**

Effekt-Farben   **44**

Empfindungen   **27, 33, 57, 73, 77f., 83–88, 91, 94f., 98, 102, 112, 138ff., 140, 148, 176, 181–188, 260, 268, 273**

Empfindungskontraste   **152, 176**

Erdfarben   **79, 146, 162, 165f., 186, 190, 194, 241**

Euro-Norm-Farben   **60**

Euroskala Offset   **141**

Evolutionstheorie   **13, 200-204**

Evolution der Sehleistungen   **13**

Farbästhetik   **27, 29, 38, 56, 90, 98, 142-157**

Farbanmutungen   **77f., 88, 96, 122ff., 268, 273**

Farbe-an-sich-Kontrast   **150, 152, 242**

Farbassoziationen   **90, 102ff.**

Farbbewusstseinsentwicklung   **35**

Farbdreiecke   **32, 54, 148**

Farbeindrücke   **73f., 77, 82f., 95, 102, 136, 273**

Farbfamilien   **90, 150, 152, 162, 164, 193, 226, 264, 269**

Farbfaszination   **12ff., 31, 76, 138, 154**

Farbkombinationen, expressive   **148**

Farbkompositionen   **26f., 31, 51, 77, 81, 87, 126f., 142–152, 158–179, 181, 193, 206, 211, 223, 226, 267, 269, 273, 275**

Farbkompositionen, echt-komplementäre   **144**

Farbkompositionen, komplementäre   **144**

Farbkompositionen, variable   **144**

Farbkreis   **48ff., 56f., 59f., 80, 128, 143–146, 151f., 168**

Farblexika   **48**

Farbmarketing   **18, 25, 180, 193, 262–277**

Farbnamen   **30, 32–36, 42, 48**

Farbordnungen   16, 50–52, 57, 60, 132-136, 140f., 264

Farbordnungen, mechanistische   136, 141

Farbphysiologie   16, 29, 62–94, 136, 140, 152, 223, 261

Farbpsychologie   22, 33, 42, 45, 96ff., 122, 130, 223

Farbregister   132

Farbreihen   162, 168f., 258

Farbstern nach Itten   146f., 269

Farbsysteme   330, 40, 44, 49, 51, 56, 60, 132–141, 154, 162, 211, 220-223, 229

Farbtheorie additiv   64

Farbwahl   26, 83, 230–261, 275

Farbwelten   34–46, 84, 180–195, 205, 223, 226, 239, 241, 248, 260–269, 271

Farbwelt, ägyptische   186

Farbwelt des Barock/Rokokko   187

Farbwelt des Klassizismus   187

Farbwelt der Renaissance   187, 195

Farbwelt, gotische   187

Farbwelt, griechische   186

Farbwelt, nordische   186

Farbwelt, römische   186

Farbworte allgemein   59, 79

Farbworte generisch   40, 42

Farbe schafft Emotionen   22, 102, 104, 109, 122, 178

Farbe schafft Gestalt   15, 17

Farbe und Archetyp   98f., 268

Farbe und Dimension   118–120, 136, 154

Farbe und Direktmarketing   25

Farbe und Fläche   16, 72ff., 95, 118, 140, 268

Farbe und Formwahrnehmung   114

Farbe und Gefühlswelt   27, 157, 181–185, 193, 226, 234, 239, 241, 251, 253

Farbe und Geruch   85f., 110–112, 118, 121, 268

Farbe und Gesamtbefinden   121

Farbe und Gewicht   117, 154, 156

Farbe und Haptik   85, 118, 268

Farbe und Irradiation   74

Farbe und Lesbarkeit   28, 70

Farbe und Randgradient   73, 268

Farbe und Raum   63, 73f., 82, 197

Farbe und Synästhesien   42, 45, 98, 102, 108ff., 118–121, 268

Farbe und Tiefe   73f., 79, 81f., 162, 165

Farbe und Zahlen   76, 120

Farbe und Zeichen   16, 99, 231, 246, 248, 261

Farbe und Zielgruppe   26, 157, 239, 250f., 254, 261, 266

Feng-Shui   22

Figur-Grund-Beziehung   18f., 98, 260

Gefühlswelten   157, 181f., 184f., 183, 193, 226, 234, 239, 241, 251, 253

Gelb als Charakterbild   128

Geschmackswelten   157, 181, 183, 192f., 197, 234, 237, 244, 269

Gesetz der Geschlossenheit   20f.

Gesetz der Spiegelbildlichkeit   20

Gesetz der durchgehenden Linie **20**

Gesetz der Gleichartigkeit **20**

Gestaltungsmittel **12, 14, 17f., 31, 251, 262, 265**

Goethe **12, 33, 52–57, 88, 143, 269**

Goethe'scher Farbkreis **56f., 144**

Gold als Charakterbild **131**

Grau als Charakterbild **131**

Grautöne **66f., 80, 166, 243**

Grün als Charakterbild **128**

Grundfarben subtraktiv **58f.**

Grundfarben additiv **58f.**

Grundgerüche-Grundfarben **111f.**

Grundgeschmacksarten **113**

Hell-Dunkel-Kontrast **150, 154**

HKS-Farben **132, 134f., 140**

Isabellfarben **79, 164, 162, 165**

Kalt-Warm-Kontrast **150**

Komplementärfarben **29, 38, 56, 58, 69, 72, 151f.,
193, 263**

Komplementär-Kontrast **149, 151**

Komplementär-Regel **56**

Kompositionsregeln **29, 143, 152, 162**

Kontrast-Rose der Grundfarben **84**

Kreidefarben **162f., 196, 219**

Kreisharmonie **145**

Lasurfarbe **44**

Leuchtfarbe **44, 174**

Lichtfarbe **52f., 162, 166f.**

Lineare Farbordnungen **51f.**

Magenta (Geschichte) **32**

Magenta als Charakterbild **130**

Materialfarben **42**

Metallfarben **42, 44, 133**

Nachbarschaftsharmonien **168f.**

Nah- und Fernwirkung der Farbe **28, 118**

NCS-System **133, 138, 141, 154, 162f., 166, 222, 229**

Newton-Versuche **12, 52**

Newton'sche Regel **56**

Normlicht A **76**

Normlicht TL 84 **76**

Normlicht D 65 **76**

Oberflächenfarben **16, 73f., 268**

Opake Farben **44**

Pantone-Fächer **132–135, 140f.**

Pastellfarben **79, 134, 138, 146, 154, 164, 162, 168, 173,
201, 236, 238, 242, 260**

Polarharmonie **145**

Polaritätenprofile **92ff., 102, 125f., 268**

Primärfarben **38, 148, 163, 193, 189**

Prinzip der ästhetischen Mitte **149, 154, 211, 269**

Prinzip der Klarheit **149, 152, 158, 160, 162f., 168,
181, 269**

Prinzip des Kontrastes **149f., 152, 172**

Prinzip der Nähe **18f.**

Prinzip der Schwelle   138, 149, 154ff., 170, 269

Prinzip der Stimmungen und

der Assoziation   149, 157, 180, 211, 269

Prinzip der Versöhnung   149, 152f., 176, 211, 269

Purpur   27, 29, 31f., 36f., 52–59, 70ff., 79, 86ff., 104, 109,
    118, 128, 138, 143, 152, 176, 183, 194, 195, 231f., 248

Purpurschnecke   36

Purpur des Glaubens   36f.

Purpur der Macht   36f.

Qualitätskontrast   151f.

Quantitätskontrast   151

Querschnittsharmonien   162, 168, 259, 261

RAL-Farben   133–136, 139, 141, 264

RAL-Register   41, 132–139, 264

Rationalismus   188

RGB- (Rot-, Grün-, Blau-)Modus   30

RGB-System   50, 58

RDS-System   133, 136, 137f., 140f., 154, 222

Remission   63

Rot als Charakterbild   127

Schattenfarben   79f., 82, 162, 168

Schwarz als Charakterbild   130

Seelenkräfte der Farben   55

Silber als Charakterbild   131

Simultankontrast   66f., 70, 90, 98, 151, 268

single colour schemes   160

Sonderfarben   42, 44, 133

Spektren   50, 52, 54, 120f., 136f., 168f., 182, 271f., 275

Spezialfarben   44

Sprachfelder für Farben   35, 77

SRGB = Standard   30

Stäbchen   64f., 75

Sternharmonie   145

Sukzessivkontrast   66, 72, 152, 268

Symbolische Wirkungen der Farben   89f., 178

Tertiärfarben   38f., 148

Themenwelten   157, 180f., 190–193, 269

Transluzente Farben   44

Unterschiedsschwellen   76, 170

Urfarben   13, 34, 38, 163f., 169

Violett als Charakterbild   128

Weiß als Charakterbild   131

Wirkungen   18, 22, 62f., 66, 78f., 82, 88–92, 95, 118, 122,
    128, 154, 178, 184f., 204f., 223, 260ff., 270

Wirkungskontraste   178, 269

Ypsilonharmonie   145

Zapfen   64, 65, 75

Impressum

Erich Küthe & Fabian Küthe,
Marketing mit Farben: Gelb wie der Frosch.

Unter Verwendung künstlerischer Collagen
von Thomas Schiefers sowie Kompositionen und
Farbporträts von Axel Venn

Wissensreihe des Siegfried-Vögele-Instituts,
Königstein/Taunus

Wiesbaden 2002 (1. Auflage)

Realisation: P&P GmbH, Gütersloh
Layout: Lennart Hanebrink, Claudia Maschmeier
Redaktion: Michael Siedenhans
Lektorat: Karin Hirschmann
Druck: CW Niemeyer Druck GmbH, Hameln

Printed in Germany

ISBN 3-409-12280-X